世界史论丛 | 第二辑

全球史中的东亚世界

商兆琦 主编

上海三联书店

| 序 |

近年来，全球史的学术潮流日益兴盛。在此情形下，加强全球史视野下的东亚史研究，是对当前国际学术前沿动向的回应，也是拓宽东亚史研究领域和视野的尝试。2019年10月26日—27日，复旦大学历史学系主办了"全球史中的东亚世界"学术研讨会。来自中国社会科学院、北京大学、浙江大学、复旦大学、中山大学、首都师范大学、四川大学、河南大学、台湾大学、一桥大学和千叶经济大学的20余位海内外专家学者参加了本次会议。本辑《世界史论丛》刊出的论文是从这次参会文章中遴选出来的，共计13篇。

前四篇论文围绕"东亚世界的互动"展开，四位研究者分别从理论、战争、动物交换和货币交流的角度分析东亚世界相互影响、互相关联的种种样态和特征。

徐建新研究员指出，虽然古代世界尚不存在真正意义上的"全球史"和"世界体系"，但存在多个内部横向交往频繁、互动密切的区域。战后日本史学界的"古代东亚世界论"所提示的，正是这种极具启发性的区域整体史研究视角。池享教授以丰臣秀吉发动的侵朝战争为例，将近世日本的形成置于16至17世纪东亚史的整体框架内加以把握。丰臣政权的侵朝战争影响深远：对内形成了一整套的军事动员体制，对外则因失败被迫转为以锁国为代表的内向性政策。这两者都被后来的德川政权所继承，从而构成了日本近世的基本特征。王海燕教授从动物馈赠的角度，透视古代东亚国际情势的形成与演变,特别讨论了中日韩三地之间动物交流的种类、意义以及古代日本的动物观。由该篇论文可知,东亚地域间的动物赠予和交流,在不同的国际情势下拥有不同意义,如文化输出、军事交流、政治结盟和外交宣传等。川户贵史副教授也特别关注了东亚海域交流的内容和影响。通过梳理12世纪至17世纪日本货币的流通状况,他指出:日本中世存在的诸多公共权力,几乎都未曾干预国内的货币体系。由此,来自中国的钱币源源不断渗透至日本社会,并广为民间接受。日本中世的货币秩序,正是通过这种市场的自律性,而非国家权力的强制性得以成立的。

儒学是历史悠久、博大精深的学问体系,也是东亚前近代思想世界的基石。第五、六篇论文围绕儒学在近世日本和近代韩国产生的种种纠葛展开讨论,尝试厘清儒学在东亚近代转型过程中所扮演的角色。

张翔教授在系统梳理有关"封建—郡县"、"天下公共"讨论的东亚思想史脉络的基础上,集中考察了近世日本知识人将这些讨论应用于幕末改革的种种努力。他指出,这些努力其实也是当时的知识人尝试从观念内部着手,对近世封建制的机制和逻辑予以锈蚀的过程。与张翔教授着眼于近世不同,姜智恩副教授主要关注近代。她以福泽谕吉的儒学批判为线索,将中日韩三国的儒学置于东亚近代初期的视域内加以比较和考察,并对"儒学是近代化的障碍"的论点提出质疑。她指出,福泽对儒学非实用性的批判,一定程度上契合了德川日本的社会状况,但并不符合中韩两国的历史语境。而丸山真男作为福泽最重要的阐释者,指出了福泽的儒学批判乃是源于对朱子学思维样式的敌视,其根本目的在于树立以数理科学和个体独立为内涵的文明精神。丸山的这一论断虽然精彩且引人深思,但是该论断的前提,即"德川思想体系=朱子学"的思想图式,在当时的历史场景下却不一定能成立。因而,重述近代初期的东亚儒学史,仍是一项悬而未决的课题。

由西方的冲击开启的东亚近代化,不仅体现在思想文化转型上，还体现在社会组织形式和民族认同的重构之上。第七、八篇论文分别以近代"女医"身份的形成、变迁和话剧《山河泪》的创作、传播为切入点，展示中韩两国近代历史的性格与特征，以及两者之间"看不见的"互动和关联。

19世纪以来"女医"打破男权社会对于医师职业垄断的过程，一般被赋予了追求性别平等和社会正义的意义。但黄永远博士依据史实指出，近代韩国职业化的"女医"，与其说是现存性别规范和社会旧秩序的挑战者，毋宁说她们更是旧秩序与旧规范的拥护者。解决"女医"职业的制度性障碍，仍是一项有待努力的系统性社会改造工程。话剧《山河泪》以韩国三一独立运动为主题，但却是在中国诞生、由中国人创作、并在中国广为流传的作品。孙科志教授和孙晓博士针对《山河泪》的创作背景、内容及其传播样态进行分析后指出，《山河泪》诞生于1920年代中国反帝运动如火如荼的社会氛围中，该剧一方面传播了韩国独立运动的精神，另一方面又被用作疗治中国民气消沉、增进民族认同和危机意识的一剂良药，从而引发了强烈的社会反响。

在近代化过程中，日本可谓亚洲的"优等生"。可为什么该"优等生"对本国文明、富强的追求，总伴随着对他国的侵略和掠夺呢？第九、十、十一篇论文从日本幕末、明治和大正时代的知识人入手，探讨了他们关于国际秩序的构想及其思维模式等诸多问题，以求对上述问题提供一些解决线索。

唐利国副教授指出，幕末思想家吉田松阴以邻为壑的国防思想，标志着江户儒学普遍性规范的解体。不过，在放弃儒家普遍主义的同时，松阴又固守了儒学"道德政治合一"的传统。因而，该种道德形式最终沦为了"集团功利主义"的狭隘道德，并化身为极端日本中心主义的构成部分。可以说，松阴思想中"国家理性"和"国体信仰"的奇异结合，使他成为近代日本亚洲侵略思想的原型。与幕末思想家吉田松阴相比，明治思想家陆羯南的对外观也极具特色。那希芳博士指出，陆羯南的对外思想中存在着前后矛盾、左右摇摆的问题。他一方面鼓吹博爱主义，反对军备扩张、反对干涉他国内政，但另一方面又主张日本在东亚建立霸权，效仿欧美列强进行经济扩张。其实，从幕末到昭和，日本在谋求近代化的过程中，一直面临"国家主义"和"国际主义"的两难困境。徐静波教授以大正时代思想家吉野作造的"中国认识"为例，继续对该问题展开讨论。他说，吉野的思想资源是基督教和平思想、社会主义的平等思想以及宪政主义思想。深受西学洗礼的吉野，开始意识到需要尊重中国的国民情感、领土完整和主权独立，尽管他仍未摆脱国家主义立场的束缚。

东亚社会的近代转型，必然伴随着经济、政治体系以及与之相配套的思想观念的转型。作为后发型的国家，明治维新后的日本要如何参与全球市场经济体系，又要如何建构国家认同感，这是当时的知识人面临的另一项重要课题。

冯玮教授着眼于经济思想转型和论争，特别介绍了田口卯吉和犬养毅围绕"自由贸易问题"发生的论战。他指出，田口的经济思想具有"四海兄弟主义"色彩，主张自由贸易将达到世界物产的均衡分配。而犬养的主张则具有"经济民族主义"色彩，认为产业尚未发达的日本，必须保护刚开发振兴的产业。"田口—犬养"两人的思想交锋，不仅是当时两种政策对立的缩影，其实也代表了日本国家发展道路的两个方向。最后一篇论文由张博和李若愚两位副教授合作完成。他们尝试从天皇信仰的视角，发掘日本近代不断对外扩张、又自我毁灭的精神动力。该文指出，日本近代天皇信仰是一种"被发明的传统"。明治维新之后成立的藩阀政府，为了激起国民的忠诚心、塑造政权正统性以及国家认同感，不断制造、宣传了近代天皇信仰。当然，随着时代的变迁，近代天皇信仰呈现不同的样态，并发挥不同的历史作用。但就其结果而言，近代天皇信仰尽管促使日本国家力量的迅速崛起，但最终带给日本人民的却是深重的灾难。

从形式上来看，全球史提倡在全球规模的整体视野下，从长时段的历史演变角度,揭示各地域、各人类群体的交互作用和相互关联。由此而言,仅讨论东亚区域内部(中国、朝鲜半岛和日本列岛)的互动和交流尚有不足。不过,全球史所追求的不仅在于规模和视角的宏阔,更注重突破国别史和民族国家的框架,以"互相比较"和"相互关联"的方法,重新阐释各地区人们物质交换和精神交流的历史过程。本论文集收录的多篇文章都共享了这一方法论,并基于此展开了内容新颖且有说服力的论述。

以上论文的作者,均为海内外学有根基的专家学者。他们论文的充实和精彩,绝非寥寥数笔的介绍可以概括。本人才疏学浅,勉为其难草就此序言,顾此失彼在所难免,但愿能收抛砖引玉之效果。本论文集面世之际,首先要感谢各位研究者提供的优秀论文,同时,还要感谢复旦大学历史学系和上海三联书店的大力支持。限于各种条件,尤因新冠肺炎爆发肆虐之故,本论文集从收录、编辑、校订到出版,难以尽善,存在种种欠妥之处。在此,恳请各位读者方家谅解和批评指正。

商兆琦

目 录

001　序　　　　　　　　　　　　　　　　　　　　　商兆琦

001　日本的"古代东亚世界论"　　　　　　　　　　　徐建新
008　对外征服和近世国家群的诞生　　　　　　　　　池　享
028　古代日本对外交流中的动物赠予　　　　　　　　王海燕
059　东亚海域交流视域下的中世日本货币　　　　　　川户贵史
079　"天下公共"与封建郡县论
　　　——东亚思想连环中的传统中国与近世日本　　张　翔
114　福泽谕吉儒学批判的历史背景与解释
　　　——重新探讨东亚儒学史的出发点　　　　　　姜智恩
146　医学与女性社会地位变化之关系：
　　　近代韩国女医职业的形成（1876—1945）　　　黄永远
176　文学话语中的三一运动
　　　——话剧《山河泪》的创作与传播　　　孙科志　孙　晓
200　论近代日本亚洲侵略思想的原型吉田松阴　　　　唐利国
225　试析日本思想家陆羯南的对外观
　　　——博爱主义、反军备及对外经济扩张　　　　那希芳

240 吉野作造的中国因缘与中国认知　　　　　　　　　　徐静波

259 日本史上最著名的"贸易自由论"和"贸易保护论"之争
　　——田口卯吉和犬养毅论战述评　　　　　　　　　冯　玮

270 明治时代天皇信仰的重构　　　　　　　　　张　博　李若愚

日本的"古代东亚世界论"

徐建新

（中国社会科学院世界历史研究所）

将东亚地区作为一个整体来研究，并以东亚整体的历史发展为背景，探讨日本古代历史的发展过程，这样的一种研究路数，是战后至今日本古代史学界的主要研究趋势之一。在日本，指导这类研究的学说被称作"古代东亚世界论"。迄今为止，日本古代史学者在这方面的研究已经积累了不少微观和中观的研究成果，并且也引起了国际学术界的注意。比如杰弗里·巴勒克拉夫就曾在《当代史学主要趋势》一书评价说，"日本史学家习惯于从国际格局中而不是从孤立的地位上来看待日本历史"[1]。

战后日本史学研究中的"古代东亚世界论"在内涵上有一个逐渐变化发展的过程。日本学术界对古代东亚世界的看法与我国史学家的观点有相近之处，也有许多不同。梳理一下这一学说，对于了解战后日本古代史学的发展以及近年来我国学术界日渐兴盛的对古代中国的"天下观"、"华夷秩序"、"朝贡体系"等问题的研究，是有一定的启发的。

一、日本的"东亚世界论"及其讨论

战后日本学界提出的"东亚"（东アジア）和"东亚世界"（东

---

[1] 巴勒克拉夫：《当代史学主要趋势》，上海译文出版社，1987年，第201页。

アジア世界）概念是在反省战前史学倾向的基础上提出的。战后最早谈到"东亚世界"的是日本的元史学者前田直典。他在1948年发表的《东亚古代的终结》（《东アジアにおける古代の终末》）一文中说："一般以为，在近代之前，世界各地的历史尚未有共同性时，中国是一个世界，印度又是一个世界，从文化史的角度来看，中国的世界可以视为一个包括满洲、朝鲜、安南等在内的东亚世界，这也是过去大家的看法。把日本放进这个世界中虽然多少有些犹疑，但我们亦曾考虑过这个可能性。"显然，在该文中前田没有明确地表示日本在历史上应当归入古代东亚世界。但是他明确提出了东亚的历史是一体的，东亚各民族并不是只进行其各自的历史发展，相互间存在关联性。

1961年，日本筑摩书房出版了多卷本《世界的历史》，其中第六卷的副标题为《东亚世界的变貌》（《东アジア世界の变貌》）。这卷中收入了日本中世纪史学者松本新八郎的《东亚史上的日本与朝鲜》一文，该文首次关注了唐代与周边国家的册封关系，认为在8—10世纪的东亚世界处在这样一种状态，即处于不同社会发展阶段的各国通过册封关系、国家层面的交往、贸易等方式相互影响、相互制约。该文是最早关注唐以前的东亚诸国的册封关系的论文。

战后日本学者对"东亚"一词的定义参考了美国汉学家费正清的观点。在日本学者西岛定生看来，"东亚"一词具有多层含义，一是在地理上指亚洲被高山大漠一分为二的东部地区；二是在人种学上指蒙古人种（爱斯基摩人和印第安人除外）的栖居地；三是在文化上深受中国古代文明影响的地区；第四种含义所指最狭，即指中国、日本、朝鲜和越南。他并未把以下两个地区包括在内，其一为中亚地区，特别是蒙古、新疆和西藏，认为该地区游牧民族的历史是通过商业、战争和占领与中国的历史融为一体的。其二为东南亚地区，该地区似乎更多地受到印度的影响。

1962 年西岛定生发表了《6—8 世纪的东亚》一文。① 西岛的研究动机不仅来自对战后至五十年代日本社会的反思，也来源于对于近代以来以欧洲为中心的世界一体化的思考。他认为在一体化世界形成之前，存在着"东亚世界"、"伊斯兰世界"、"印度世界"、"欧洲世界"等多个历史世界。他在前文中提出中国、日本、朝鲜、越南乃至从蒙古草原到西藏高原中间地带的西北走廊地区，构成一个完整的、独立的、自律的"东亚世界"。西岛特别强调了古代中国在东亚世界中的核心地位，他指出"东亚世界是以中国文明的发生及发展为基轴而形成的"，是"随着中国文明的开发，其影响进而达到周边诸民族，在那里形成以中国文明为中心，而自我完成的文化圈"，他认为，在东亚世界的文化圈内的各种文化皆源于中国，或者受中国的影响而成长。唐以前存在于对东亚诸国的册封在制约 6—8 世纪的国际关系上具有重要的意义。中国对周边民族实施册封所依据的政治原理是中国古代对天下的认识，即所谓的"天下秩序"、"天下观"。就是说，西岛定生试图以中国的册封制度为杠杆，对唐以前的东亚世界中国际关系的结构作出概括。所以他的观点也被称作"册封体制论"。20 世纪 70 年代以后他还进一步论证了东亚世界中存在着的共同的基本文化要素，即汉字、儒学、律令制度和佛教。② 西岛定生的前述论文是日本的"东亚世界论"的奠基之作，他的观点在日本学界引起广泛的响应。60 年代以来的日本古代史领域的许多研究成果基本上是在古代东亚世界的视野下展开的。

西岛定生在《东アジア史论集・第三卷》（岩波书店，2002 年）中对东亚世界的册封体制论作了全面的归纳，其研究时代下限也进一步伸延到近代以前：即汉代是册封体制的产生期；公元 6 世纪前期是古代册封体制的完成期；从隋朝的建立到唐代是册封体制的全

---

① 后来标题改为《东亚世界与册封体制——6—8 世纪的东亚》，经过修改后收入《中国古代国家与东亚世界》（东京大学出版会，1983 年）一书。
② 台湾地区的高明士教授主张还有两个要素，即教育制度和科学技术。复旦大学的韩昇教授也支持此说。

盛期；随着唐朝的衰退，册封体制和古代东亚世界逐渐瓦解；宋元时期为以中国为中心的册封体制的复兴作了准备；明朝建立后册封体制再度复兴，清代把册封体制扩展到北亚和东南亚地区，但日本因实施锁国，没有进入中国的册封体制；19 世纪随着西方殖民主义的入侵，东亚的册封体制走向解体。

20 世纪 60 年代以来，学术界也在不同程度上对西岛定生的东亚世界论提出了质疑和批评。例如，日本的隋唐史学者堀敏一从修正、补充和完善西岛观点的角度提出了"羁縻体制论"，他认为以册封制度概括隋唐时期的东亚国际关系秩序并不妥当，在唐的西部和北部推行的是以怀柔和监视为目的的"羁縻制度"。堀敏一认为中国的适用于日本、朝鲜的政策有许多也适用于同北亚各民族的关系。具体说，西藏高原、河西走廊以西的地区也应包含在东亚的历史世界中。按堀敏一的观点，中国周边除了与中国的关系不甚密切的东南亚外，几乎所有的地区都被纳入了东亚世界的范围。① 另一方面，日本古代史学者认为西岛过于机械地解释了东亚世界背景下日本民族的历史发展，似乎古代日本社会的变革都是被动地对日本列岛以外的国际格局的反应。在隔海相望的朝鲜、韩国学术界，人们用警惕的目光注视着日本的"东亚世界论"的研究，毕竟人们对二战期间日本推行的"大东亚共荣圈"、"大东亚新秩序"的政治构想仍记忆犹新，对于日本的"假共荣、真侵占"给朝鲜民族造成的巨大伤害难以忘却。在朝鲜、韩国学者的论著中更多的是强调古代朝鲜文化对日本的深远影响，对于古代朝鲜半岛上的几个小国（高句丽、百济、新罗）加入到中国的册封体制的问题，则认为不过是当时朝鲜半岛人的一种生存手段。

20 世纪 80 年代以后，西岛定生等学者开始重视以日本为主体的东亚世界格局与变动的研究。这类研究强调古代日本在加入中国的册封体制的同时，还出现了谋求与古代中华帝国对等的"自我中

---

① 金子修一：《日本"东亚世界"论的回顾与展望》，2011 年。

心主义"的发展，指出日本和其他中国周边国家积极引进中国的"天下观"、"华夷观"，在周边小民族之间，构建自己的"小天下"，这就是所谓的日本"小中华帝国论"。

20世纪90年代后期以来，一些学者将区域整体史研究范围进一步扩大，努力发掘包括中亚地区在内的亚洲东部地区历史发展中的互动关系，进而提出了"亚欧大陆东部世界论"的观点。例如2011年初，中国学者发现了清代流传的南北朝时期梁元帝萧绎的《职贡图》的题记。[①] 新发现的题记（有18国的题记）比著名的国家图书馆藏北宋本题记（有13国的题记）多出了5个国家。此后有日本学者利用梁《职贡图》的新史料，力图证明在中国南北朝时期，亚欧大陆东部世界存在以南朝为中心的整体互动的国际秩序。[②]

二、几点想法

（一）在汉唐时期，中国古代帝王依据儒家伦理学说，将国内政治统治中的君臣关系延伸到与周边国家和民族的关系中，构建起一套以"华夷秩序"为特点的古代国际关系体系。在这一体系中，册封国的职责包括封臣、回赐、德化等；受封国的义务包括朝贡、称臣、奉正朔（即遵从奉行册封国王朝的年号和历法）等。册封和相关的制度（册封体制）是维护这一国际秩序的重要手段，除此之外，还有羁縻、和亲、征伐等手段。

中国古代的华夷秩序在实施过程中，促进了东亚世界的区域一体化。东亚世界在华夷秩序下的整体性发展是历史存在，不是一个从他者设置的概念而来的自我认同。早在"东亚"一词从西方传来

---

① 赵灿鹏：《南朝梁元帝〈职贡图〉题记佚文的新发现》，中华书局《文史》，2011年1期。
② 铃木靖民：《从梁职贡图到"亚欧大陆东部世界论"》，北京大学学术报告会讲演稿，2011年8月。

之前,东亚世界的区域认同就已经存在了。①

(二)中国古代的"天下秩序"、"华夷秩序"包含了中国王朝统治者的政治统治理念和原理。台湾大学的高明士教授认为,天下秩序包含了四种原理,即"结合原理"、"统治原理"、"亲疏原理"、"德化原理",针对构成天下的"内臣地区"、"外臣地区"和"暂不臣地区"这三类地区,所采用的统治和影响对策是不同的。② 对待"外臣地区"和"暂不臣地区",征伐不是最终目的和唯一手段。在中国古代"华夷秩序"的原理中"德化原理"占有重要地位,强调"修文德,服远人"、"柔远人则四方归之,怀诸侯则天下畏之"的德化、感化政策。只有当周边民族(四夷)不履行外臣的义务("不臣")、或破坏天下秩序("不轨")时,才会考虑采用征伐的手段。

(三)东亚世界的整体互动关系(包括交流和征伐),导致古代东亚世界内部人与物的大量流动,促进了区域内小国的社会经济发展,加速了区域内古代国家的形成和发展过程。如果只强调古代中国王朝与周边民族的矛盾和冲突,而忽视了在华夷体制下,中国文明对周边民族产生的积极且深远的影响,那么这种认识只能说是很不全面的。以日本为例,中国文明与国家的诸制度,如农耕生产技术、城市的规划与建设、文字的发明与使用、行政官僚制和法律制度的创建等等,是在非常漫长的数千年的历史过程中逐渐积累发展起来的。与中国相比,日本则是在较短的 1000—1200 年的时间里把这些在中国大陆和朝鲜半岛发展起来的先进文化成功地吸收进来,形成了古代国家。③ 实际上,日本学者前田直典也曾表达过同样的意思。他认为,在文明的形成期,中国比其周围各民族显示了 10 个世纪以上的先驱性发展;而伴随着自古代社会向封建社会的

---

① 韩昇:《东亚世界形成史论》,复旦大学出版社,2009 年。
② 高明士:《天下秩序与文化圈的探索——以东亚古代的政治与教育为中心》,上海古籍出版社,2008 年。
③ 徐建新:《日本古代国家形成史研究中的几个问题》,《世界历史》,2010 年。

过渡，日本与朝鲜和中国社会的差距则缩小为 2—3 个世纪。而在向近代社会过渡之时，大体已没什么差距了。① 就是说，在东亚世界形成时期，中国与日本、朝鲜半岛等周边地区处在不同的社会发展阶段上，而到了中世纪，中国与上述地区的发展开始具有了平行性。这种让日本和朝鲜半岛的文明发展提速的原因，正是因为上述地区大量学习和引进了来自东亚世界核心地带的先进的文物制度和思想文化。

（四）那么，"古代东亚世界论"的史学研究意义何在呢。刘家和先生曾经说过："历史的纵向研究解释的是历史的发展问题；历史的横向研究解释的是历史的结构问题"。人类历史正是在空间范围不断扩大、结构上不断变化的横向联系中向前发展的。古代世界尚不存在真正意义上的世界史（"全球史"、"世界体系"），但古代世界存在着多个内部横向交往频繁、互动关系密切的区域。20 世纪 60 年代以后日本古代史学界提出的"古代东亚世界论"就是这样一种区域整体史研究。

---

① 前田直典：《东アジアにおける古代の终末》，1948 年。

对外征服和近世国家群的诞生

池 享

(日本一桥大学)

一、课题的构思——侵略朝鲜对近世国家成立的意义

(一) 至"战后历史学"为止的研究

笔者负责的课题,是以东亚地区为视角,论述丰臣秀吉侵略朝鲜对日本的近世国家成立而言具有何种意义。众所周知,关于侵略朝鲜,自江户时代以来就有相关研究,关于其目的,有追逐功名心、渴望领土扩张、要求恢复勘合贸易等多种说法。然而,二战以前,虽然有研究从"海外雄飞论"即肯定日本帝国主义侵略的视角,探讨了这一课题与东亚地区的关系,但还未从与近世国家成立的关系这一角度进行讨论。战败以后,侵略朝鲜通常被描述成"侵略与抵抗的历史",但把这段历史放在囊括近世国家成立在内的整体历史来定位,这样的相关研究还未深入展开。

这种情况也和"战后历史学"的方法论问题相关。"战后历史学"以马克思主义作为方法论基础,以社会构成体的发展为基轴来把握历史。但由于这是以一国为单位来设定社会构成体,存在将对外关系当作次要问题的倾向。就这一时期的国家而言,"战后历史学"给与基本评价的标准在于其与封建制度成立和确立之间的关系。为了确定这一时期所处的历史阶段,通过检地所形成的土地制度研究成为主流。

关于侵略朝鲜，也主要是从其与封建制度成立的关系这一角度进行定位的。在 1960 年代，幕藩制国家论十分盛行。日本近世史研究的代表学者佐佐木润之介在丰臣政权的相关概说中，提出了"作为封建制度建立的诸指标的社会体制的展开，为何必须与侵略朝鲜形成互为表里的关系"这一问题。他指出，"仅从与朝鲜的外交关系以及作为统一君主的丰臣秀吉的个人性格来分析问题根源是不正确的"，强调"日本在侵略朝鲜的过程中，在国内急速推行所谓的统一政策"（佐佐木润之介，1965）。同样是日本近世史研究的代表学者朝尾直弘，在历史学研究会大会报告上进一步明确主张丰臣政权"将对外侵略这一国家性事业作为借口进行军事动员"，"出兵朝鲜……被丰臣政权利用作为推动军事动员的杠杆"（朝尾直弘，1964）。

（二）东亚国际关系论的导入

1970 年代以后随着东亚国际关系论性质视点的导入，前述状况发生变化。佐佐木润之介指出有必要从"传统东亚国际秩序的解体进程给我国的社会变动带来何种性质改变，以及我国的社会变动又如何推动传统东亚国际秩序的解体这一视角"来推进研究，提出应将"大陆侵略"理解为"对东亚秩序的逆反"（佐佐木润之介，1971）。朝尾直弘也基于 16 世纪伴随明帝国的衰退而来的东亚国际秩序解体，以及作为其中一环的日本战国动乱，主张在基于新理念的国家再编成与东亚诸国之间新秩序再建的过程中，对统一政权的成立和侵略朝鲜进行定位。在此基础上，他又指出信长、秀吉在不依靠国外势力的帮助下独自实现"天下统一"，这成为了基于自主独立意识的"日本型华夷意识"产生的基础。这一侵略并非基于明确的对外认识，而是来自"武威"之国相对于文官统治的"长袖之国"的优越意识（朝尾直弘，1970）。

进入 1980 年代，荒野泰典提出了"海禁"论，进一步推进了上述研究方向。荒野把 16 世纪中叶至 17 世纪后半叶在东亚至东南亚之间展开的交通网络中所产生的诸多现象称为"倭寇性状况"。

这一状况包括"中国内乱的持续和明朝的衰退，北方游牧民族的活跃化，特别是女真族的崛起，日本经历战国动乱形成并建立统一政权，北方阿伊努人活动的活跃化等。另一方面，将在中国沿海积极从事中间贸易的琉球和朝鲜由于党争激化而导致国家内乱"等等，定位为16世纪中叶至17世纪东亚局势变动的一环。概括来说，即"旧势力的衰退和新势力的崛起"。丰臣秀吉侵略朝鲜，也是统一政权为攫取上述状况的胜利成果而展开的行动（荒野泰典，1987）。最终，德川政权实行了被称为"锁国"的对外政策。荒野主张"近世日本的对外关系政策，并不一定是日本的独创……是基于东亚传统性国际惯例而形成的"。这样，"18世纪的东亚就形成了这样的状态。日本、中国、朝鲜等国，确立了各自的'华夷秩序'，相互交涉妥协，并且各自实施'海禁'，将国际纷争的火种压到最小，维持稳定的国际关系"（荒野泰典，1988）。换言之，荒野重视16至17世纪东亚国际秩序的变动中，日本与诸势力动向之间存在的共通性，深化了"亚洲中的日本史"这一视角。

近年来，这一研究视角变得更加具体和明确化。专门研究中国明清时期历史的岸本美绪，认为"16世纪后半叶至17世纪前半叶的东亚与东南亚地区，以明朝为中心的国际贸易秩序走向解体，出现了白热化的商业热潮。以此为背景，新兴的商业—军事势力急速发展壮大，展开你死我活的冲突"。16世纪中国北方的军事紧张和日本白银产量爆发式的增长，引发了商业热潮。以明帝国为中心的国际秩序产生动摇，在东亚和东南亚的"周边"地域，以交易利益为经济性基础的新兴军事势力崛起，并朝着国家形成的方向发展。岸本认为，在日本，"以白银为主要交易商品的日本对外贸易热潮"也推动了统一政权的成立，统一政权也应该定位为"新兴军事势力"之一。在此基础上，岸本指出，"丰臣秀吉的侵略朝鲜试图将朝鲜和中国置于支配之下，是16世纪的'倭寇性状况'孕育出的最为突出的军事行动之一。在这一状况之下，国家之间的边境也变得如同沸腾的坩埚一般模糊起来"（岸本美绪，1998）。

明王朝灭亡后，在"新兴军事势力"中，北方大陆势力的女真（满洲）族，与南方海洋势力郑氏势力经过激烈冲突，建立起清朝的统治。而日本建立了"锁国"体制。由此"倭寇性状况"走向了终结。对此，日本中世史研究者村井章介评价称，"或许可以说秀吉播其种，满清得其实"。村井基于与岸本相同的认识，指出"16世纪的东亚……因为军事力量的高度集中，产生了新国家形成的动向。其中的中心是，日本从战国动乱中形成统一政权，和女真族的统一与国家形成"。在日本，社会的高度军事化得以推进，统治阶层依托武力萌生出一种自信心理，反弹到日本在国际社会中的自我意识上，对朝鲜和明朝也采取了强硬的行动。由此，"丰臣秀吉在战国动乱中脱颖而出成为天下人，怀揣更大的自信心和自尊意识去面对国际社会，也是自然的走向"（村井章介，2005）。

（三）当下的课题

如上，将侵略朝鲜和近世国家的形成，置于16至17世纪东亚历史整体之中进行定位，是这一研究的学术前沿。一般而言，保持领土完整是国家的主要职责之一，那么可以说国家的存在形态与国际环境有着紧密的联系，这在世界史范围内也是共通的。特别是，对外性关系紧张的加剧会促进国家性统合和集中的强化。日本历史上，毋庸赘言西方冲击促进了近代国家的形成。而古代国家的发展归结为律令国家的建立，这与朝鲜半岛之间的关系等国际契机紧密相关。这些都可以说是常识。因此，单纯指出从侵略朝鲜到"锁国"体制形成过程中的国际性契机，并不能解决这一课题。那么，当下我们应该怎样开展相关研究呢？

石母田正在论及国家成立过程中对外性契机的重要性时，也强调"只有参与战争的诸民族内部阶级关系发展到一定阶段时，征服和战争才能发挥作用成为国家成立的契机"（石母田正，1998）。这个观点批判了主张征服和战争是国家成立基础的"强力说"，重视社会的内在性契机。就本课题而言，他指出了考察日本战国至织丰时代社会发展过程的重要性。特别是关于侵略朝鲜，与其说是对对外性紧张加剧的应对，不如说是由于日本社会的内部发展而导致的事态，其本身又导致了东亚形成紧张局势。这是这一视角的重要所在。这里需要考察的是，如石母田正在其他文章中所阐述的，"对外关系这一契机转化为一国内政，反之内政又成为定义对外关系的基础，二者是互相关联且不可分割的统一"（石母田正，1971）。那么，在关注东亚地域动向共通性的同时，也有必要留意日本历史发展的特殊性。

关于这一点，已经有一些研究成果可供参考。例如三鬼清一郎，明确了通过为侵略朝鲜进行的军事动员，石高制兵役体系得以整备的具体过程，指出"国内统一的进展和出兵朝鲜的准备并行推进，如果不能将太阁检地的施行原理和对外侵略的逻辑建立起联系"，那么就无法评价侵略朝鲜（三鬼清一郎，1966）。同时，他论述了丰臣政权试图在朝鲜推行石高制但最终失败的事实（三鬼清一郎，1974）。提出"丰臣和平令"论的藤木久志则认为，"丰臣政权侵略朝鲜的特质是……试图将国内统一政策直接输出后强制推行"。换言之，藤木主张，当时的认识是将要求朝鲜臣服的命令定位于对日本大名发出的"总无事令"（命令禁止武力解决领土纷争，接受丰臣政权的裁定）的延长线上，认为侵略朝鲜是针对其不遵从命令而做出的"征伐"行为。由此，他作出以下评价，"日本计划将国内统一政策即总无事令扩大至朝鲜，这说明其缺乏对外意识。又即使战败撤退后也没有意识到自己的失败，反而存留了渡海征伐的昂扬士气"（藤木久志，1985）。这些观点表明，丰臣政权的意图是把侵略朝鲜看作是国内政治的延伸。但重要的是，我们必须探讨日本为何会实行这种无视国家和民族差别的政策，其给日本近世国家的成立带来了何种影响。

二、女真（满洲）族的情况

（一）与统一政权的共通点和差异点

探讨第一章设定的问题时，比较的视点是有效的。村井认为，由于军事力量高度集中，16世纪东亚出现了新兴国家形成的动向。其中的中心是统一政权，以及女真族的统一与国家形成，乃至建立清朝。两者是合适的比较对象。具体而言，为何丰臣秀吉侵略朝鲜失败，而女真族政权却能达成征服中国的目标？借用村井的表述，即为何"秀吉播其种，满清得其实"？

针对女真族政权和统一政权这两股"新兴军事势力"，除了共通点之外，岸本也指出了其不同点。她认为，女真族政权以在中华帝国边境从事远距离商业带来的利益作为财政基础，在角逐利益的过程中确立支配。与之相对，统一政权的财政基础则是土地。另外，女真族政权是在多元文化环境中展开活动，在其统治下包含多种族群，必要时愿意与其他民族联合，具备开放性和战略性的视野。与之相对，统一政权的统治集团内部少有多元文化特性，甚至可以说统一进程与对多元文化状况的危机感是互为表里的（岸本美绪，1989）。下面，按照岸本的观点，简单梳理女真族政权的历史。

(二) 努尔哈赤统合女真族

女真族在金朝灭亡后以部族为单位盘踞在中国东北部，到15世纪初为止所有部族都各自归顺了明朝。简言之，明朝将归顺的女真族大致划分为建州女真、海西女真和野人女真，以卫、所等为单位对各部族进行整编，将各个部族集团首领任命为卫、所的官职，授予证明其官职的敕书和印玺。这种敕书是在指定地点进行交易的许可证。将这一权利分别授予各部族，以此分离他们之间的联系，这即是明朝针对女真族的政策。当时的女真族，一方面定居下来从事以粗放农业为主的食物生产，另一方面狩猎或采集貂的毛皮、药用人参等物，与明朝展开贸易，也具有商业集团的一面（细谷良夫，1990）。

到16世纪中叶，明朝和蒙古议和，从而使"北虏"危机缓解。万历皇帝骄奢淫逸，边境防卫需要巨额军费，由此产生了贸易热潮，女真族各部族之间围绕相关利益展开激烈对抗。他们通过联姻时而结盟时而互相背叛。在这当中，作为爱新觉罗一族成员的努尔哈赤和明朝——实际上是和当时的辽东总兵官李成梁（日本侵略朝鲜之际明军指挥李如松的父亲），他在北方拥有堪称"独立王国"一般的势力——加强联系，被任命为"建州左卫都指挥使"，同时被授予30道敕书，试图以其颁布权为武器来统合爱新觉罗一族。当初被部族孤立的努尔哈赤，于1588年左右统一建州女真部，建立国家。明朝于1589年任命努尔哈赤为"建州都督佥事"以示支持。1606年，蒙古喀尔喀五部赠与他昆都伦汗（恭敬汗）的称号，承认他作为建州国王的地位。

努尔哈赤并没有停止统合女真族的进程。邻近的海西女真分为四国，通过人质、婚姻等手段时而合作，时而对抗。努尔哈赤借机逐个击破，实现了统合。然而，明朝对努尔哈赤的日益强盛开始产生警戒并加以牵制，尤其到1608年李成梁倒台后，开始联合努尔哈赤的对立势力与之对抗。然而，1619年两军在抚顺东部的萨尔浒山交战，努尔哈赤大胜明朝和朝鲜的联军，将辽东一带也纳入统治范围，实现了整个女真族的统合。在统合过程中，努尔哈赤于1616年以英明汗、金国汗等称号建立后金，成为女真族国家的汗。

与明朝对立之后，后金必须不依附于明朝授予的官职，来建立统治正当性，于是创造出了独立的建国传说。根据传说，努尔哈赤的祖先是天女把神鹊衔来的红色果实含入口中后怀孕而生，这其实是来源于高句丽的扶余系建国传说。同时，这位天女是佛陀的化身，生下的祖先布库里雍顺是佛陀派来平定乱世的文殊菩萨化身。因此，女真族就自称为Manchu（满洲＝文殊）族，由此上溯之前建州部的国家也被称为满洲国。这一传说被评价为"喇嘛教粉饰的满洲萨满信仰的世界"（三田村泰助，1965），可知女真族和藏传佛教影响深远的蒙古族世界有着密不可分的联系。

（三）清朝的成立及其统治方式的特征

努尔哈赤于1626年去世，皇太极继承汗位，继续与明朝及蒙古察哈尔部首领林丹汗对峙。在这一过程中，与和林丹汗对立的东部蒙古部族缔结征明盟约，把麾下的汉族和蒙古族也编成八旗，依靠汉族的政治、经济、军事势力和蒙古族骑兵的机动战力强化统治体制。然而，汗的地位依然只是女真族贝勒（王）中的一员，即不过只是部落联盟首领。直到1636年"大清国"建立，这一状况就此发生变化。在此，推戴皇太极即位为"大清皇帝"的，不仅是满洲族，也包括蒙古族诸王和汉族武将。这样一来，他就获得了明显区别于其他贝勒的地位。众所周知，之后大清国于1644年接受明朝将领吴三桂的请求，跨越山海关前往镇压李自成的叛乱，进入北京城后建立了清王朝。而其统治原型在1636年"大清国"建立时就已经形成了（石桥崇雄，1997）。

在这一意义上，女真族政权自成立初期就孕育着多民族性，清朝成立后，也维持了与之相应的统治结构。譬如，清朝的皇帝权被认为确立于第五代雍正帝时期，同时也通过整顿八旗制度确立了汗权。也就是说，清朝的皇帝权和汗权是一体的。其统治权得以确立，不仅依靠与臣下的关系，皇帝作为汗，成为八旗这一"家"中唯一的额真（主人）也非常重要。在整顿后的八旗制内部，存在满洲国阶段的四旗、女真国阶段的八旗和大清国阶段按民族之别编成的八旗这一序列。这些八旗不论内部的民族差异，均位于中原汉族之上。其统治领域内，也区分为东北部满洲、蒙古和汉族的"旗"，蒙古、西藏和回部的"藩"，以及中国内部的"汉"。与之相对应的宫殿，分别有盛京（沈阳）的奉天行宫、热河（承德）避暑山庄和北京的紫禁城。各个宫殿内部存在对应八旗而建造的十王亭，具备藏传佛教和伊斯兰教等建筑样式的外八庙，直接继承沿用明朝宫殿建筑群的紫禁城等各具特征的建筑物（石桥崇雄，1998）。

三、通往侵略朝鲜之路

（一）标榜"入唐"

那么，丰臣秀吉侵略朝鲜又是什么样的情况？首先，按时间顺序确认至侵略之前的过程。

丰臣秀吉第一次表明"入唐"的意向，是在1585年（天正13年）9月就任关白，降伏四国的长宗我部元亲和越中的佐佐成政之后。大垣城守将加藤光泰拥有很多下属，甚至给与他们"藏入米"（收入领主仓库内的年贡大米，其用途本不能用于下属俸禄——译者注），丰臣秀吉对此颇感愤怒，说若是为了光泰，"吾心之欲不限及日本，乃至于号令唐国"（《伊予小松一柳家文书》）。在制霸全国大业逐渐提上日程之后，打出了意图实现领土扩张的"入唐"旗号，作为驱使武士投入战争的口号。到1568年，丰臣秀吉致书担任征服九州先锋的毛利辉元，在下达兵粮、城郭等事务的指示中，设有"高丽御渡海之事"一项（《毛利家文书》）。虽然具体内容不明，从阶段性来看，其目的也是为了领土扩张，并进一步有所落实。这一时期，丰臣秀吉曾对耶稣会传教士说，待达成制霸全国目标后，要把日本让给弟弟丰臣秀长，自己则专心负责征服朝鲜和中国（路易斯·弗洛伊斯致范礼安书简，《耶稣会日本年报（下）》）。

之后重要的节点是实现了征服九州。首先，1587年（天正15年）6月7日，丰臣秀吉在筑前箱崎做出"九州国分"即分封九州知行地的决定。值得注意的是，新设置了大规模的丰臣氏藏入地（直辖领），以及小早川隆景、黑田孝高、佐佐成政等丰臣系大名的知行地。据秀吉所言，这都是为了"乃至号令唐、南蛮"（《小早川家文书》）。10日秀吉视察东亚贸易的据点博多，将其设为直辖地，推进战后的复兴，掌握流通的同时，试图将此地作为侵略朝鲜的军事基地。至15日，对马大名宗氏到访箱崎请求所领安堵。丰臣指示他告知朝鲜国王，令其朝贡、上洛，若不答应就渡海加以"御诛罚"（《宗家文书》）。这一指示的背景中包括秀吉误以朝鲜国王为对马宗氏的下属这一认识（北岛万次，1982）。

（二）侵略正当化的原理——"太阳之子"和"海域和平"

如此，丰臣秀吉的侵略朝鲜构想渐趋具体化。值得注意的是，他在随后的19日发布了"伴天连追放令"。一般认为这是因为秀吉到九州后目睹长崎已渐成教会领地等事态而采取的措施。这里需要确认的是，如条文中写道"日本乃神国，自基督国传来之邪法之事，甚不可然"（《松浦文书》），认为"日本国家"的属性是"神国"。应当注意的是，这里提到的"神国"，并非如二战前的国体论所述那样，认为是天照大神子孙历代统治的"日本国家"固有的样态。在这项法令中强烈表达了对伴天连"破坏日域之佛法"的担忧，从这一点也可以明确看到，在中世以来神道和佛教混合的状况之下，"神"、"佛"被认为是合为一体的。

在之后对明和平谈判中，秀吉向石田三成等负责交涉的官员下达了《对大明敕使报告条目》（以下简称《条目》）。他首先指出"大日本乃神国，神即为天帝，天帝即为神"。在此基础上，指出自己出生时，母亲梦到自己怀上了太阳。换言之，这时出生的孩子长大后"德耀天下，乃四海弥纶之嘉瑞"（《续善邻国宝记》）。当然这并非是丰臣秀吉的原创，是由外交事务负责人西笑承兑等起草的草案。受战国时代广泛传播的儒教、佛教、神道三教一致论的影响，"神"（天照大神）是和天帝（以及大日如来）成为一体的太阳神，即被赋予了东亚形而上学性普世神的性格。继承这一性格的太阳怀胎祥瑞，属于王朝始祖诞生传说中的感生帝说，在东亚各地都能广泛见到。丰臣秀吉通过这种具有普遍性的原理，试图使自己"征明"的行为正当化（北岛万次，1990）。

下一个节点是1588年（天正16年）7月8日《海贼停止令》的发布（同日也发布了"刀狩令"）。这项法令禁绝国内的海盗活动，目的是让各地方（各国、各浦）的领主（地头、代官）掌控从事海上交通的相关人员（《小早川家文书》）。然而，命令发布之前，他就对肥前领主深堀纯贤的海盗活动（对进入长崎港口的"大唐、南蛮并诸商船"征收礼物）做出过处罚。翌年针对以名为"てつくわい"的中国人为大将的海盗船袭击来自中国的商船一事，命令平户松浦氏严厉打击（藤木久志，1985）。由此可见，这项法令范围将东中国海的贸易路线也覆盖在内。实际上，丰臣秀吉在《条目》中主张，自己积极打击日本海盗船，创造了"海路平稳，通贯无所障碍"的状况,明朝应当表示感谢。

(三)国内外的准备工作

这样,丰臣秀吉在建构起东亚支配正当化原理之后,向朝鲜以外的海外诸国,也发出要求臣服、朝贡的命令。该年8月,丰臣秀吉通过岛津氏命令琉球国王臣服、朝贡。这道命令是高压性质的,以1575年(天正3年)"纹船一件"事件以来琉球对岛津氏的愈加臣服为背景,对琉球还未朝贡斥以"无礼"(《岛津家文书》)。另一方面,丰臣秀吉向完全没有政治性联系的地区也分别发出了要求臣服、朝贡并协助其"入唐"的书信。如从1591年(天正19年)开始向吕宋发送了4次,1593年(文禄2年)向"高山国"(台湾)发送了1次。在文书中,感生帝说被作为命令正当性的根据而使用(北岛万次,1990)。

吕宋和"高山国"都没有回应,琉球国王则在1589年(天正17年)向京都派遣祝贺"天下统一"的使节。丰臣秀吉将此视作对日本的臣服。1591年(天正19年)侵略朝鲜准备之际,秀吉命令琉球提供兵粮米和名护屋城的普请役。琉球也基本答应了这些要求。另一方面,以松前为根据地向虾夷地扩张势力的蛎崎氏,于1593年1月自行至名护屋参战,丰臣秀吉授予其松前地区阿伊努贸易船役征收权。侵略朝鲜就此成为统一政权统治"异域"的重要契机。

在"日本"国内,为侵略朝鲜而进行的军事动员也成为重整支配体制的杠杆。众所周知,丰臣政权在整编全国的武家时,导入了石高制性质的知行—军役制度。这一制度得以具体化则是通过侵略朝鲜的过程而实现的。为此,在毛利领国等地实施检地,以此为基础确定了"每百石地出四人服役"的兵役标准。在1592年(天正20年)制定的针对第一次侵略的《阵立书》中,这一兵役数得以实现。此后为了填补兵源不足的状况,针对第二次侵略,在岛津、佐竹、上杉领国等地实施了太阁检地(池享,1999)。不仅如此,1591年(天正19年)8月,为了确保参与侵略的武家奉公人人数,发布了禁止"百姓"、"町人"、"奉公人"之间转变身份的身分统制令，这与身分制的确立也关系密切。

（四）客观和主观的差距——缺乏国际关系的认识

这样，侵略朝鲜的准备工作，与建构侵略正当化原理以及重整国内统治体制作为一个整体得以施行。然而其中却蕴含着不容忽视的问题。确实，客观上可以将此定位为针对"倭寇性状况"的解除这一国家性或国际性课题的对策。正如丰臣秀吉也主张的，《海贼停止令》具有这样的意义。但是，根据其在主观性意图—战略中定位的不同，意义也会发生巨大变化。对丰臣秀吉来说，这无非是为"入唐"制造口实。此外，由于没有考虑到当时东亚的现实状况，海上秩序的恢复和"入唐"方针之间存在巨大差距。若无现实性基础，感生帝说也不过只是一个空洞的神话。

其中最重要的问题是，缺乏国际关系的认识。这在派遣宗氏对朝鲜展开交涉时就表现得很明显。虽说是出于丰臣秀吉的误解，但要让尊奉明朝为宗主国的朝鲜向日本朝贡，终究是不可能的。因此，宗氏使用了苦肉计，偷偷更换要求，派遣了冒牌的日本国王使者，要求朝鲜派遣祝贺"新国王"即位的通信使。朝鲜方面提出了引渡劫掠国土的倭寇的条件，宗氏引渡了犯人和俘虏，终于让朝鲜答应派遣通信使。小西行长也参与了这次逮捕倭寇的行动，但向朝鲜送交俘虏之事并未让丰臣秀吉所知（米谷均，2003）。这样，朝鲜通信使终于在 1590 年（天正 18 年）7 月到访京都。然而，丰臣秀吉刚处理完"奥州仕置"归来，同时收到谎报称这是来表示臣服的使节，因此一直搁置至 11 月才会见了通信使。而且，丰臣秀吉不知为何误认通信使是表示臣服的使节，在答书中命令他们参战"入唐"。使节提出抗议但没有得到认可。使节回国之后，外交僧景辙玄苏体察到宗氏的意图，将要求从"征明向导"（担任"入唐"的先锋部队）换成"借途入明"（借用"入唐"的通道），和朝鲜进行交涉。当然朝鲜绝不可能接受（北岛万次，1982）。无论宗氏还是西笑承兑等外交僧，都十分知晓东亚国际关系的实际情况。然而西笑承兑等人一方面知道明朝为大国，担忧侵略行为的最后走向，一方面仍然起草了"定当诛伐如处女地之大明国，其势有如泰山压卵"的檄文（《毛利家文书》）（北岛万次，1982）。在丰臣秀吉的威势面前，他们无法明说事情的真相。

四、侵略朝鲜的失败

（一）从统治构想到和平条件

侵略朝鲜就此展开，对国际关系认识的缺乏则进一步增大。1592年（天正20年，文禄元年）4月13日，宗义智、小西行长率领的第一军在釜山登陆，要求"借途入明"，被拒绝后开战，釜山城随即在两小时后沦陷。朝鲜方面反应迟钝，日本军队持续的快速进攻，5月3日首都汉城沦陷。丰臣秀吉收到捷报后，公布了如下的东亚统治构想。后阳成天皇和公家众移居"大唐都"北京，给与其周边十国。丰臣秀次为"大唐关白"，给与其一百国。朝鲜国王由羽柴秀胜（秀次之弟）或宇喜多秀家担任，"日本帝位"由良仁亲王（后阳成天皇之子）或智仁亲王（后阳成天皇之弟）担任。任命羽柴秀保（秀次之弟）或宇喜多秀家为"日本关白"。丰臣秀吉本人定居"日本的船港"宁波，进而直指天竺（《组屋文书》）。他关注宁波，可以说是基于东亚的客观性状况之上，然而总体的构想不过是将日本的统治方式（分封知行）进一步扩张而已。这从第一章所述的向朝鲜导入石高制，并强加"总无事令"，也可得到印证。

然而，7月巨济岛近海的海战中遭遇大败，朝鲜各路义军起兵，且明朝派遣援军至朝鲜，由此初战的气势迅速衰退，丰臣秀吉无法实现渡海登陆。翌年4月，日本军从汉城撤退，开始与明朝展开和平谈判。如前所述，丰臣秀吉在向负责交涉的石田三成等人下达指示的《条目》中，陈述了己方交涉前提的原理。然而，日本实际提出的"大明日本和平条件"（《续善邻国宝记》），并非是明朝方面可以进行讨论的内容。具体内容包括：

1. 大明皇帝的女儿嫁到日本当后妃，作为缔结和平的证明；
2. 改变勘合贸易停止的状况，让官船、商船往来；
3. 两国高官交换今后继续"通好"的相关誓词；
4. 将朝鲜八道割与明朝，其中四道和汉城归还朝鲜国王；
5. 朝鲜王子和大臣前往日本充当人质；
6. 朝鲜国王的高官立下誓词，保证今后不会忤逆日本。

(二) 暴露出来的国际关系认识的缺乏

虽说以明朝为顶点的东亚国际秩序已经动摇，但这份提案，无视这一国际秩序，试图与明朝缔结对等关系，并将朝鲜置于下位，自然不可能为对方所接受。第1、3、6条，是日本战国时代"国分"手续的沿用。关于第1条，日后甚至引发了本居宣长等国学家的批评（三鬼清一郎，1987）。而有学说以第2条为依据，认为丰臣秀吉是为了恢复"勘合贸易"才实施"入唐"。实际上丰臣秀吉不可能要求恢复以朝贡为前提的"勘合贸易"，其主旨仅仅是希望相互承认通过"官船、商船"进行交流而已，而海禁解除后明朝也禁止与日本的直接交易，因此无法期待明朝一方的认可。实际上，明朝对于日本提出这样的"和平条件"感到困惑，对负责交涉的小西行长提出疑问，包括为何要入侵恭顺于明朝的朝鲜；永乐年间日本来朝朝贡，封足利义满为日本国王，其子孙现在如何；日本的天皇、国王是谁等问题。

小西行长没有办法，安排家臣内藤如安担任伪使，让其带上自己伪造的"关白降表"前往北京。对此，明朝以日本军从朝鲜撤军、与朝鲜修好为条件，派遣了册封使，1596年（庆长元年）9月，在大坂城谒见了丰臣秀吉。丰臣秀吉不可能承认明朝的册封，翌年1月起再次发动侵略。然而，光是维持在朝鲜南部的据点就已相当吃力，随着1598年（庆长3年）8月丰臣秀吉去世而撤军，侵略朝鲜就此结束。

五、侵略朝鲜和近世国家的形成

（一）应对国际关系的特征及其原因

综前所述，侵略朝鲜和统一政权的确立即近世国家的形成有着密切的关系。"入唐"这一口号，原本是意图动员以扩张领土为目标的武家领主阶层参与制霸全国战争而开始的。不仅如此，为实施侵略而推行的石高制性质的知行-军役制度、身分统制令等军事动员体制的整备，也成为社会的国家性统合强化的巨大杠杆。

但是，侵略本身失败，也成了丰臣政权崩塌的导火索。其中最大的原因，是丰臣秀吉缺乏对国际关系的认识。海盗取缔以及"海贼停止令"的发布，否定了"倭寇性状况"，或许成为了新的东亚国际秩序形成的出发点。然而，秀吉完全没有成为统治其他民族的主导者所必须的相关构想，有的只是一股自信，相信"弓箭齐严之国"日本相比"长袖国"大明更加具备"武威"（《毛利家文书》）。这一自信确实可与"从战国动乱中脱颖而出成为天下人"这一事实相互印证，但在朝鲜和明朝看来，他和倭寇并无两样。

其中的一个原因可能与丰臣秀吉的个性以及衰老后导致判断力衰退有关。但更重要的原因在于，"倭寇性状况"导致的明朝和日本之间国家性关系的断绝。这一情况本身也是日本发生战国动乱的国际性因素之一，也影响了此后战国大名领国支配的展开，以及织丰政权统合的进展。但是，根本上影响这一动向的还是日本社会的内部情况（池享，2006）。正如第三节所述，从一定阶段开始对外侵略成为现实，这自身与国际关系的发展并无直接联系。在日本历史上，古代律令国家的形成，以及幕末至维新时期近代国家的形成，都与国际关系的发展密切相关。而近世国家的形成则与此不同。又如第二节所述，女真族通过贸易与明朝有着密切联系，努尔哈赤和皇太极在与明朝的官僚和军人合作扩大势力的过程中，推动了女真族的国家统合。但同时期日本近世国家的形成也与此相异。

朝鲜同样也要应对16世纪东亚册封体制秩序的解体,然而由于地域的历史性情况,国家建立的方式各自具有特殊性,与日本和中国相比,朝鲜参与国际交易热潮的方式相对被动、间接(岸本美绪,1998),和明朝一直维持着朝贡关系。

关于这种特殊的日本性特征产生的原因,有观点指出源于"日本武士的登场,由武士建立的统一政权的成立……这一根本性问题"(宫岛博史,2006)。这一观点与过去入间田宣夫对武人政权的评价也是相通的。入间田将这一问题与近现代的"和平"问题相联系,认为与朱子学理念不相容的武士推进了"近世化",赋予了日本国家武断性性格(入间田宣夫,1984)。日本在中世以后,"武士"发展了领主制,成长为推动国家发展的主导性力量,这点确实与中国及朝鲜等诸多东亚国家的样态不同(池享,2007)。毫无疑问,这样的历史性前提,一定程度上规定了国际关系展开的对应方式,以及由此形成的近世国家的特质。武士们基于希望获得领地的要求,确实抱有强烈的侵略志向。然而,如果断定武人政权的存在就是侵略朝鲜的原因,不得不说是把问题过于简单化了。翻开历史可以发现,侵略志向并非是"武士"即领主阶级独有的意识。不仅如此,也不能认为"武士"总是一味把侵略作为志向。在"倭寇性状况"下,以宗氏为代表的西国"武士"们,时而与"倭寇"合作,时而与朝鲜、中国之间展开"和平性"贸易和外交活动(米谷均,2003)。而且,不能说丰臣政权制霸全国本身是历史的必然。即便日本列岛社会以某种形式实现政治性再统合,由此所形成的"近世国家",其形式也存在多种可能性,如大名领地的独立性更高等。而国际关系的应对,或许由此也有很多可能性。

(二)德川政权"日本型华夷秩序"的形成

现实中,由于侵略朝鲜这一负面遗产,继承丰臣政权的德川政权面对外交事务,不得不转为内向性政策,最终形成了由锁国导致的独立的"日本型华夷秩序"。

日本在撤退之后,通过宗氏与朝鲜议和。由于维持"武威"的需要，就向朝鲜提出，要求其向日本派出通信使以表示投降（按照当时的外交惯例，先向对方派遣使节、递交国书的一方被视为表示臣服的意思）。朝鲜方面显然不可能同意这个要求。于是宗氏伪造了国书并答应送还朝鲜俘虏，朝鲜为了"应答"国书并且带回俘虏，于1607年（庆长12年）派遣使节来日，议和的形式才终于得以完成。由此日本国内方面形成了朝鲜一方臣服的虚构假象。随后，日本委托朝鲜方面居中调停对明朝议和一事。朝鲜深知明朝不可能接受议和，没有任何行动。之后宗氏爆发内乱〔1633年（宽永10年）开始的"柳川一件"事件〕，伪造国书一事败露。在应对的过程中最终确定朝鲜方面的国书致与方为"日本国大君"，日本方的国书发送方则为"日本国源某"。通过采取这种独特的形式，日本试图表明自身独立于以明朝为中心的国际秩序，并在对朝鲜关系中居于优位。

在对琉球关系方面，德川幕府认可岛津氏出兵琉球。但在1609年（庆长14年）的征服行动以后，依然让琉球王国存续。日本要求琉球在幕府将军换代时派遣庆贺使，琉球国王继位时派遣谢恩使来日并参府，以此作为对外炫耀威光的手段。另一方面，也让琉球继续维持和明朝的册封关系。为了确保对明外交的渠道，让琉球传达了"恢复勘合"的要求，当然明朝方面没有任何回应。

日本近世国家的对外关系窗口，被认为有长崎（对荷兰、中国）、对马（对朝鲜）、萨摩（对琉球）和松前（对阿伊努）四个。松前和长崎两个窗口，也在17世纪前半叶形成了体系。在松前，如前所述，松前（蛎崎）氏对阿伊努的交易统括权得到认可，在1633年（宽永10年）幕府巡见使派遣来访之际，划定了虾夷地与和人地之间的边界，禁止双方的私人性往来。另外接见阿伊努巡见使举行"UYIMAMU"（晋见仪式）也渐成定例。荷兰方面，1628年（宽永5年）在台湾发生了荷兰与朱印船船长滨田弥兵卫发之间的冲突事件（台湾事件），平户商馆因而封闭，贸易关系断绝。之后关系得到修复，1633年（宽永10年）起商馆长开始前往江户参府。此后，以禁止葡萄牙船来航为契机，商馆从平户搬移到了长崎出岛。

（三）内向发展的日本近世国家

这样，锁国体制逐步形成。这一体制不仅是国家权力垄断对外关系，并实施"海禁"的出入国管理政策，并且也否定了"倭寇性状况"之下存在的"诸民族杂居"状态。人们被封锁在与国际关系隔绝的空间之内，自上而下创造出了"日本人"这一"国民"。众所周知，锁国体制下，除了获许在四个窗口交流的人员以外，禁止所有"异国船"来航，荷兰人只能居住在出岛，中国人只能居住在唐人屋敷。另一方面，"日本人"被禁止出海至海外，在海外居住的"日本人"一旦归国就是死罪。为了实行这样的区别工作，就有必要明确谁是"日本人"。这项工作，应是通过登记"宗门人别改帐"而进行的。在"诸民族杂居"状况显著的平户，1642 年（宽永 19 年）制作了"平户町人别生所纠"（中村质，1981）。通常认为这是用于核实"弃教者"的，其中可见有许多人或父母是"高丽人"，或生于"高丽"，或父母是"唐人"。这些人既有侵略朝鲜时带来的俘虏，也有的是以前来到日本并与"日本人"结为夫妇。他们改成"助右卫门尉"、"孙右卫门尉"等日本风格的名字。恐怕连衣服和发型也变成日本风格的模样（荒野泰典，1987）。清朝强制汉族剃发，德川政权是否也强制执行类似政策不得而知。然而，在日本，发展了与中国完全相反的自闭性同化。

在此之后，明朝灭亡，清朝建立（1644 年），东亚迎来大变动。郑成功率领的海上势力，支援明朝的后继王朝与清朝对抗，还向德川政权请求军事援助（日本乞师）。然而，德川政权自 1644 年（正保元年）起开始编纂《华夷变态》，并收集情报，最终没有回应援助请求。这种闭锁性的"日本型华夷秩序"，在 18 世纪后半叶以后随着近代欧洲势力进入东亚发生动摇乃至崩溃。不过，远离以中国为中心的国际秩序，也使得日本能够迅速适应近代欧洲式的外交关系。然而，这又与蔑视朝鲜为首的其他地域相并行，成为了近代帝国主义性侵略的出发点。

（李文俊译，钱静怡校）

参考文献：

朝尾直弘：《丰臣政权の基盘》，《历史学研究》292 号，1954 年。

——《锁国制の成立》（历史学研究会等编《讲座日本史》4，东京大学出版会，1970 年）。

荒野泰典：《日本型华夷秩序の形成》（《日本の社会史 1》，岩波书店，1987 年）。

——《近世日本と东アジア》，东京大学出版会，1988 年。

池享：《庄园の消灭と太阁检地》（《讲座日本庄园史 4 庄园の解体》，吉川弘文馆，1999 年）。

——《地域国家の分立から统一国家の确立へ》（《新大系日本史 1 国家史》，山川出版社，2007 年）。

——《领主制理论の射程》（佐藤和彦编《中世の内乱と社会》、东京堂出版，2007 年）。

石桥崇雄：《マンジュ（manju，满州）王朝论——清朝国家论序说》（《中国史学の基本问题 4 明清时代史の基本问题》，汲古书院，1997 年）。

石母田正：《古代における《帝国主义》について》（石母田正著作集第四卷《古代国家论》，岩波书店，1989 年）。

——《日本の古代国家》，岩波书店，1971 年。

入间田宣夫：《守护·地头と领主制》（《讲座日本历史 3 中世 1》，东京大学出版会，1984 年）。

岸本美绪：《东アジア·东南アジア传统社会の形成》（岩波讲座《世界历史》13，1998 年）。

北岛万次：《朝鲜日々记·高丽日记——秀吉の朝鲜侵略とその历史的告发》（そしえて，1982 年）。

——《丰臣政权の对外认识と朝鲜侵略》，校仓书房，1990 年。

佐々木润之介：《幕藩制国家の成立》（北岛正元编：《体系日本史丛书 2 政治史Ⅱ》）山川出版社，1965 年。

——《统一政权论についてのノート》，《历史评论》253 号，1971 年。

中村质：《锁国制下の贸易》（加藤荣一·山田忠雄编：《讲座日本近世史 2 锁国》，有斐阁，1981 年）。

藤木久志：《丰臣平和令と战国社会》，东京大学出版会，1985 年。

细谷良夫：《マンジュ·グルンと《满州国》》（《世界史への问い 8 历史のなかの地域》，岩波书店，1990 年）。

三鬼清一郎：《朝鲜役における军役体系について》，《史学杂志》75-2 号，1966 年。

——《朝鮮役における国際条件について》,《名古屋大学文学部研究論集（史学）》21，1974 年。
——《関白外交体制の特質をめぐって》（田中健夫編：《日本前近代の国家と対外関係》，吉川弘文館，1987 年）。
三田村泰助：《清朝前史の研究》，同朋社，1965 年。
宮島博史：《東アジア世界における日本の〈近世化〉—日本史研究批判—》（《历史学研究》821 号，2006 年）。
村井章介：《東アジアのなかの日本文化》，放送大学教育振興会，2005 年。
米谷均：《后期倭寇から朝鮮侵略へ》（池享編：《日本の時代史 13　天下統一と朝鮮侵略》，吉川弘文館，2003 年）。

古代日本对外交流中的动物赠予

王海燕

（浙江大学人文学院历史系）

古代东亚的国际交流中，作为土特产或珍禽奇兽的动物馈赠，常常出现在各国或各地区间的外交、贸易舞台上。古代日本的对外交流也不例外。根据文献史料所载，6世纪至12世纪之间，从中国、朝鲜半岛被赠送至日本列岛的动物种类有：马、骆驼、驴、骡、羊、白雉、孔雀、鹦鹉、水牛、山鸡、犬、鹊、鹕鹆、鹅、骊猫、鸠、麝等等。与此对应，从日本列岛输出到朝鲜半岛的动物种类，主要有马、牛。

有关古代日本对外交流中的动物赠答的研究，虽然见于动物学、博物学的通史性研究中，但是在运用历史学方法论的详细考察方面，尽管关于孔雀、鹦鹉的研究近年来有所进展[1]，然而对其他动物的研究，却颇为少见[2]。

关于古代日本列岛的动物种类，《魏志》倭人传有如下记载[3]：

其地无牛、马、虎、豹、羊、鹊。（中略）有猕猴、黑雉。

---

[1] 关于古代日本对外交流中的孔雀与鹦鹉，近年的研究成果有：新川登龟男：《调（物产）の意味》（同《古代日本の对外交涉と佛教—アジアの中の政治文化》，吉川弘文馆，1999年）；皆川雅树：《动物の赠答—六—十二世纪における鹦鹉・孔雀の交易—》（同《日本古代王权と唐物交易》，吉川弘文馆，2014年，初出2006年）等。

[2] 仅限于笔者所见，有关古代日本的舶来羊的先行研究，仅有皆川雅树：《モノからみた遣唐使以后の交易—书籍と羊を手がかりとして—》（同《日本古代王权と唐物交易》）。

[3]《三国志・魏书・倭人传》。

毋庸多言，上述记事是《三国志》编撰者陈寿，依据3世纪中原王朝所掌握的信息而归纳的当时日本列岛的动物种类，即虽有狝猴、黑雉，但无牛、马、虎、豹、羊、鹊生息。但是，至十一世纪时，日本列岛上的动物种类发生了变化。根据日本入宋僧成寻的日记《参天台五台山记》，熙宁五年（1072）十月，成寻至东京开封后，曾回答来自宋神宗的有关日本风土习俗问题，其中包括①：

一问：本地有是何禽兽？
答：本国无师子、象、虎、羊、孔雀、鹦鹉等，余类皆有。

成寻所叙述的日本列岛不存在的动物，与上述《魏志》倭人传的记载相比，除了虎、羊以外，其他皆不相同。狮子、象、孔雀、鹦鹉是古代印度的常见动物，在佛教文献中也有语及②。因此，身为僧侣的成寻，或许是基于佛教知识列举了狮子、象、孔雀等动物名。但《魏志》倭人传所记的马、牛，也确实早已在日本列岛生息了。也就是说，古代日本的动物种类，亦或被视为珍禽奇兽的动物种类随着时代的推进，并非固定不变，与之相应，被赠送至日本列岛的动物种类也具有时代特征，例如7世纪作为馈赠品的骆驼、水牛、山鸡、鹊等，在8世纪以后就未出现在舶来动物名单之中③。

根据文献史料，出现在古代日本对外交流中的动物，可以大分为两类：一是马、牛、骆驼、驴、骡、羊等家畜类；一是白雉、孔雀、鹦鹉、山鸡、鹊、鹅等禽鸟类。本文以马、骆驼、驴、羊等家畜为中心，考察古代日本对外交流中的动物种类及其变化，同时从动物赠答的视角，探究古代东亚的国际情势以及赠送动物一方的意图，与古代日本应对动物赠答的姿态。

---

① 《参天台五台山记》熙宁五年十月十五日条。
② 陈怀宇：《中古时期佛教动植物分类》，《动物与中古政治宗教秩序》，上海古籍出版社，2012年。
③ 皆川雅树：《动物の赠答—六—十二世纪における鹦鹉・孔雀の交易—》。

一、马——6世纪倭与百济交流的媒介

在古代东亚世界,马因其军用价值,被视为"甲兵之本,国之大用"①。古代日本的律令制国家也同样认识到"良马者,国家之资,机急之要"②。不过,如前已述,根据《魏志》倭人传,日本列岛原本并不产马,那么马是何时从大陆东渡至日本列岛的呢?由于考古资料和文献史料的不足,目前尚无法详明。依据考古学成果可知的是,5世纪以后的日本列岛,马已经普及且在人类活动中占有一席之地③。文献记载的马的传入,是在相当于5世纪初前后的应神时期。《日本书纪》应神十五年八月丁卯条记载:

> 百济王遣阿直岐贡良马二匹,即养于轻坂上厩。因以以阿直岐令掌饲,故号其养马之处曰厩坂也。

这是有关马从朝鲜半岛东渡至日本列岛的初见记事,勾画出在百济王权的"外交"活动中,马是作为有利于百济对倭王权交涉的动物,被赠送至日本列岛的。《古事记》应神记也记载了同样的传承,而且进一步说明百济赠送的二匹良马,一匹是牡马,一匹是牝马,反映出两匹良马的繁殖价值。百济在赠送良马的同时,也向倭王权输入了养马的技术人才,携马而来的阿直岐留在倭国,负责马匹的饲养,将厩舍饲育技术传入日本列岛。

百济赠送的良马,其具体品种不明。"良马"一词,一般是形容品种优良骏马的用语,亦称为"善马"。在古代,判断良马的主

---

① 《后汉书·马援传》。
② 《类聚三代格》卷十八·弘仁二年五月廿二日太政官符。
③ 松井章:《家畜と牧》(石野博信等编《古坟时代の研究4 生产と流通》,雄山阁,1991年)。松井章,神谷正弘:《古代の朝鲜半岛および日本列岛における马の殉杀について》(《考古学杂志》80——1,1994年12月)。

要依据是马的外形,因此在古代中国有"相马术"技术。例如,成书于6世纪的《齐民要术》卷六,依据马的毛色确定善马的基本标准是:

> 骝马、骊肩、鹿毛、□马、骓、骆马,皆善马也。

即,善马包括"赤毛黑鬣"之马,"肩部毛黑"之马,"毛色褐黄"之马,"青毛中交杂着灰白毛"之马,"白毛黑鬣"之马①。

根据《魏志》东夷传记载,百济建国前的马韩地区有以牛、马殉葬的习俗,但不乘骑牛、马②。由此可知,百济之地早已有马生息。4世纪至5世纪时的百济,不仅在对倭关系上以良马相赠,而且在对新罗关系中也运用了良马赠予策略。例如4世纪中叶,势力强大的百济近肖古王采取与高句丽对立的政策,其时,于368年遣使新罗,赠送良马二匹③;5世纪后,依然为了对抗高句丽,百济毗有王于433年,向新罗求和,翌年(434)二月,赠予新罗良马二匹,同年(434)九月,又赠白鹰④;面对百济的积极态势,新罗于同年(434)十月,以黄金、明珠作为回礼赠送百济⑤。据此可以说,良马二匹作为一种模式,是百济向其他国显示协力、合作意向的道具。

再回看倭国的情况。根据《日本书纪》记载,前述的阿直岐不仅身怀饲育马匹的技术,而且"亦能读经典",于是成为太子菟道稚郎子之师;进而,应神大王问阿直岐:有比汝更优秀的博士吗?

---

① 贾思勰著,缪启愉校释:《齐民要术校释(第二版)》卷第六·养牛马驴骡,中国农业出版社,1998年。
② 《三国志·魏书》韩传记载,韩人有"其葬有椁无棺,不知乘牛马,牛马尽于送死"的习俗。
③ 《三国史记》奈勿尼师今十三年条,近肖古王二十三年三月丁巳朔条。
④ 《三国史记》讷只麻立十八年二月条,九月条,毗有王八年二月条,九月条。
⑤ 《三国史记》讷只麻立十八年十月条,毗有王八年十月条。

阿直岐答曰："有王仁者，是秀也。"① 为此，倭王为召聘王仁，特派使者前往百济。应神十六年，王仁携带《千字文》、《论语》等书籍抵达倭国，教授太子菟道稚郎子。由于《日本书纪》应神纪的记事存在着后人的润色，因此有关阿直岐、王仁的叙述或许带有传承成分，但这一传承被认为是有关汉字文化正式传入日本的记事。对于倭国来说，百济赠送的良马不单是舶来动物，并且也是"文化的"传播媒介。毋宁说，作为马"外交"的延长线，携马而来的掌握知识、技能的优秀人才的饲养者更为当时倭王权所期盼。

进入6世纪，面对高句丽的不断强大以及新罗的抬头，百济从512年开始向加耶地区扩张。依据《日本书纪》的记事，恰是此时，倭国的继体王权遣使向百济赠送了四十匹筑紫马②，即，马的赠予方由百济变为倭国。四十匹是不小的数目，因此赠予的目的并不是为了马的繁殖，而是军事性的动物赠予。

根据《日本书纪》的记载，540年代至550年代，钦明王权曾数次向百济王权赠送马匹，具体事例如下：（见表1）

a. 钦明七年（546）正月，百济使者归国时，倭国赠予良马七十匹，船十艘③。

b. 钦明十四年（553）正月，百济派遣使者向倭国请求军兵。对此，同年六月，倭国的使者出使百济，向百济赠予了马二匹、同船二只、弓五十张、箭五十具，表示答应百济请求的军事援助（"所请军者，随王所须"），但要求百济轮换在倭的医博士、易博士、历博士，以及向倭王权赠送卜书、历本、药物等④。

c. 钦明十五年（554）正月，百济的使者至倭国，确认和催促前一年（553）向钦明王权请求的弓马等军事支援。于是，倭国决定军事支援百济，包括马百匹、军兵千人和船四十只；二月，百济

---

① 《日本书纪》应神十五年八月丁卯条。
② 《日本书纪》继体六年四月丙寅条。
③ 《日本书纪》钦明七年正月丙午条。
④ 《日本书纪》钦明十四年正月乙亥条，六月条。

遵从钦明王权的要求，送医博士、历博士、采药师等至倭国，并再次请求救兵；五月，倭国的舟师抵达百济①。

d. 钦明十七年（556）正月，百济王子惠归国之时，倭国赠送甚多兵仗与良马②。

从以上事例可以看出，钦明王权赠送百济马匹的举动，基本上集中在553年至556年的期间内。此时恰是百济讨伐新罗的时间段。551年，百济借助新罗的协力，从高句丽手中收复了汉江下游一带的故地，但由于这一地区于552年又被新罗夺去，554年，百济圣明王亲征讨伐新罗，结果却在战争中战死。其后，百济又遭受高句丽攻击。对于疲于应付战争的百济来说，军需马及武器等的补给无疑是必要的③。为此，百济频繁地向倭国遣派使者，请求钦明王权给予军事上的联合或支援。

不过，前述的b、c事例表明，在百济与倭国的关系中，不单是百济一方提出要求，钦明王权亦希望百济提供具有大陆技术的人与物。尤其是b事例，553年，钦明王权赠送百济的马匹只有二匹。前已叙述，在百济的"外交"行为中，为了向对方国显示友好意图，存在良马二匹相赠模式。以此参照，钦明王权向百济赠送的良马二匹，不仅与船、弓、矢一同是体现军事支援百济之旨的赠予，而且亦是以百济通用的方法传递协力、修好之意，更是向百济要求医博士、易博士、历博士及卜书、历本、药等的"外交"行为。也就是说，倭国与百济结成了相互要求、各取所需的协力关系，即倭国以马、船、兵士、武器等交换百济的技术、技能人才及体现大陆文化的物。这种协力关系，田中史生氏定性为基于平等交换志向的

---

① 《日本书纪》钦明十五年正月丙申条，二月条，五月戊子条。
② 《日本书纪》钦明十七年春正月条。
③ 《三国遗事》卷一真兴王条记载，承圣三年（554）九月，百济军兵进入新罗的珍城，"掠取人男女三万九千，马八千匹而去"。此记事佐证了当时的百济有大量的马的需求。

赠答关系①。

自 6 世纪末，倭国与百济之间的动物赠答交流中，马就不见踪影了②，取而代之的是骆驼、驴等动物。但值得注意的是，百济对唐交流中，马匹依然是赠予动物。根据文献史料记载，百济的武王扶余璋于 621 年向唐王朝派遣使者，其时百济使者向唐王朝献上了果下马③。早在东汉时代，朝鲜半岛濊地特产的有名矮马——果下马——就常被献于中原王朝④。又，《魏志·高句丽传》记载：高句丽的马"皆小，便登山"⑤。因此，后世的中国文献也将高句丽小马理解为相当果下马的马种⑥。即，所谓的果下马，是指产于朝鲜半岛的矮小马种的用语。

618 年隋唐王朝交替后，新罗、高句丽、百济相继于 621 年向唐王朝遣使朝贡。624 年，朝鲜三国同时受到唐王朝的册封。百济以特产动物果子马献唐王朝的时间点，恰是成立之初的唐王朝与朝鲜半岛三国之间建立朝贡-册封关系的过程中。由此可知，百济依据其与对方国的不同关系，选择不同的赠予动物种类，有意识地将

---

① 田中史生：《军事と交易》，《国际交易の日本列岛》，KADOKAWA，2016 年。
② 《日本书纪》皇极元年四月乙未条记载，"苏我大臣于亩傍家唤百济翘岐等，亲对语话，仍赐良马一疋，铁廿铤，唯不唤塞上"。即苏我虾夷在位于亩傍的自己的家，接待百济的翘岐等人，其时向翘岐等人赠送了铁及良马。由于翘岐等人虽名为大使，但是因百济政变而亡命倭国的人，并且赠送物品和动物可以说是苏我虾夷的个人行为，因此本文没有将该事例作为国与国的交流事例。
③ 《旧唐书·百济传》。《新唐书·百济传》。《三国史记》武王二十二年冬十月条。
④ 《后汉书》东夷传记载，"（濊）多文豹，有果下马，海出班鱼，使来皆献之"。又，《三国志·魏书》东夷传也有"（濊）其海出班鱼皮，土地饶文豹，又出果子马，汉桓时献之"的记录，对此，南朝裴松子引用晋·张华的《博物志》和晋·左思的《魏都赋》注解道："果下马，高三尺，乘之可于果树下行，故谓果下。"薛爱华（Edward H. Schafer）氏认为，"果下"是当时中国东北地区方言的音译的汉字表现，而"三尺"则是古代中国常常用来形容矮小生物的象征性言语。（薛爱华：《家畜》，《撒马尔罕的金桃——唐代舶来品研究》，吴玉贵译，社会科学文献出版社 2016 年，原著 1963 年）。
⑤ 《三国志·魏书·高句丽传》。
⑥ 《魏书》与《北史》各自的高句丽传中，都记载了"出三尺马。云本，朱蒙所乘马种，即果下也"的传承。

动物赠答运用于对外关系或对外交流。

二、骆驼、驴、骡——统一新罗的自我宣扬

朝鲜半岛的三国时代，除了前述的百济以外，新罗与高句丽在各自对倭交流中也运用赠送动物的方策。若从朝鲜半岛三国对倭国赠送的动物种类来看，6世纪末至7世纪前半叶，百济赠送的动物数量最多，包括骆驼、驴、羊、白雉、鹦鹉；新罗赠送的动物有孔雀、鹦鹉、鹊三种；高句丽则仅赠送骆驼一种。在此，首先考察来自朝鲜半岛三国的骆驼、驴和骡马三种赠予动物。

1. 百济、高句丽的骆驼赠予

一提起骆驼，人们的眼前或许会浮现适于沙漠的背上有一个或两个驼峰的动物形象，亦或许是作为商队的驮载动物或骑乘动物往来于唐代丝绸之路的情景，抑或是唐三彩作品所表现的骆驼造形。众所周知，骆驼原是产于中亚、西亚的动物，自古以来就活跃在世界东西交流的历史舞台上。

在《逸周书》所录的《伊尹朝献商书》中，宰相伊尹受商汤之令，制定了《四方（献）令》。该令以殷王朝为中心，规定东南西北四方的诸国、诸地域必须向殷王朝贡献各自的土特产。其中，位于北方的空同（崆峒）、大夏、莎车、姑他、旦略、豹胡、代翟、匈奴、楼烦、月氏、孅犁、其龙、东胡诸国"以橐驼（骆驼）、白玉、野马、駒騟、駃騠、良弓为献"[①]。据此传承，自先秦时代起，中原王朝就与其北方（包含西北、东北）诸国、诸地域交流马、骆驼、骡马等家畜。关于汉王朝与匈奴的交流，《盐铁论》中有如下叙述[②]：

[①]《逸周书·王会解》所附《伊尹朝献商书》。
[②]《盐铁论·力耕》。

> 夫中国一端之缦，得匈奴累金之物，而损敌国之用。是以赢（骡马）、驴、馲馳（骆驼），衔尾入塞。驒騱（野马）、騵马（赤身白腹马），尽为我畜。

即为了削弱敌国匈奴的经济能力，汉王朝采取以丝绸交换匈奴的骡、驴、骆驼等家畜的策略。由此可见，在秦代以前的中原地区，北方游牧民族的骆驼、驴、骡等家畜都属于稀有之物①。但是，汉武帝时代以后，由于国家性地采取了引进驴的政策，因此驴逐渐地被中原地区的人们利用、饲育、繁殖，至东汉末，在巴蜀地区及江汉平原，驴亦已广为普及②。王子今氏认为，具有政治性意义的汉王朝与匈奴之间的丝绸—家畜交换贸易，使得许多骆驼、驴等家畜进入中原地区，改变了汉代交通运输的畜力组成③。

相比较中国，骆驼与驴跨海至日本列岛的时间较晚。推古七年（599）九月，骆驼一匹、驴一匹、羊二头、白雉一只首次由百济赠送给倭国④。关于这次来自百济的赠予动物，成立于10世纪的《圣德太子传历》有如下评价⑤：

> 太子奏曰：白雉者凤类也，余是彼土常兽，不足为奇。厚修其使，答信陪多。

即，除了白雉是祥瑞鸟以外，骆驼、驴、羊都是百济的普通家畜，并非珍奇畜兽，然而推古王权却优遇百济使者，以价值高于骆驼、

---

① 顾炎武曰："自秦以上，传记无言驴者，意其虽有，而非人家所常畜也"（《日知录》卷二十九·驴赢条）。
② 王子今：《论汉昭帝平陵从葬驴的发现》，《南都学坛》（人文社会科学学报）35—1，2015年1月。
③ 王子今：《骡驴馲馳，衔尾入塞——汉代动物考古和丝路史研究的一个课题》，《国学学刊》，2013年第4期。
④ 《日本书纪》推古七年九月癸亥朔条。
⑤ 《圣德太子传历》卷上·推古七年八月条。

驴、羊等的礼品回赠百济。《圣德太子传历》的看法当然是与10世纪日本对朝鲜半岛的认识相关。但是，参照齐明三年（657），倭国的遣百济使从百济携回骆驼一匹、驴二匹的事例①，对于百济来说，骆驼和驴似乎并不是难以入手的动物。又，推古二十六年（618），高句丽将隋俘虏二名，兵器、土物及骆驼一匹赠送推古王权②。

朝鲜半岛本不是骆驼的产地，那么百济和高句丽的骆驼是从哪里入手的呢？有学者认为，百济的骆驼来自中国互市贸易中的蒙古或西域方面的交易物③。然而，山东省的济南、临沂、滕州、济宁、邹城等地以及徐州一带发现的汉画像石中，描绘骆驼形象的画像时有所见，尤其是山东省西古村出土的东汉画像石中，存在亲子骆驼的画像（滕州汉画像石馆所藏）。据此可以推定，东汉以后，在中原至东部地区，骆驼已不是陌生的动物。隋唐时代，除了通过与周边诸国、诸地域的畜产贸易引入骆驼以外，中原王朝还非常重视官牧畜养骆驼，骆驼的饲育技术也有了发展④。此外，如后所述，高句丽与突厥、契丹等北方游牧民亦有交易，因此不能否认存在百济从中原东部地区或邻接的高句丽获得骆驼的可能性。

599年的百济，惠王亡故，法王即位。就在这一年向推古王权赠送骆驼等动物，可以说是新百济王向倭国表示交聘意愿的举动。其中的骆驼仅有一匹，无繁殖的价值，应是作为观赏性动物赠送给倭国的。时代下移，655年重祚王位的齐明女王，在对外关系上采取积极的方针，同时内政方面也好兴土木工事，齐明二年（656）筑造王宫——飞鸟冈本宫后，"乃使水工穿渠，自香山西至石上山，以舟二百只载石上山石，顺流控引于宫东山，累石为垣"⑤，整备王宫周边的景观，建造禁苑性质的设施。位于奈良县明日香村的飞鸟

---

① 《日本书纪》齐明三年是岁条。
② 《日本书纪》推古廿六年八月癸酉朔条。
③ 新川登龟男：《调（物产）の意味》。
④ 贺新民，杨宪孝：《中国骆驼发展史（下）》，《农业考古》1981年1期。
⑤ 《日本书纪》齐明二年是岁条。

京迹苑池遗址，被推定为齐明时代始造，天武时代建成的"白锦后苑"所在地，有学者认为"白锦后苑"中存在动物园①。如若这一推论成立的话，禁苑的整备似与倭国的遣百济使于656年携回鹦鹉，以及前述的657年携回骆驼、驴有关，作为倭王权对外关系成果的象征，鹦鹉、骆驼等动物被饲养在禁苑里以供观赏②。

与百济相比，高句丽由于其所处的地理位置，故与畜产骆驼地区的交流机会更多。根据《史记》记载，有名的苏秦曾向秦王建策"燕代橐驼、良马，必实外厩"③。由此可知，燕代地区是骆驼、良马生息之地。所谓的燕代地区，大体上是指雁门、太原以东至辽东的广阔范围④，而自辽东向东行千里，即至高句丽之境⑤。因此，可以推想高句丽与邻接的燕代地区之间存在包括骆驼等的畜产交易。又，高句丽为了对抗隋朝，曾与盛产马、羊、骆驼、牛等的突厥接近，因此存在与活动在蒙古高原的游牧民进行畜产交流的可能性⑥。此外，《旧唐书》记载，高句丽灭亡后，唐王朝对旧高句丽领内的民众采取了移民政策，总章二年（669），"移高丽（高句丽）户二万八千二百、车一千八十乘、牛三千三百头、马二千九百匹、

---

① 小野健吉：《飞鸟京迹苑池遗构のなかの动物园》，《奈良文化财研究所纪要》2003年。
② 关于汉武帝的禁苑——上林苑的动物，汉代司马相如在《上林赋》中描写道："其兽则麒麟角端，䭾䮪橐驼，蛩蛩驒騱，䭾𫘪驴骡"。根据《史记》匈奴传，西汉时的中原地区，骆驼，驴，骡等尚未作为家畜普遍饲养，因此被称为匈奴的"奇畜"。参考汉代的上林苑，齐明王权或许将鹦鹉、骆驼、驴视为"珍禽奇畜"，由遣百济使带入日本列岛。再则，《日本书纪》齐明四年（658）是岁条记载，阿倍比罗夫讨伐肃慎，以生罴二匹，罴皮七十枚为胜利品献上。阿倍比罗夫献上的罴也有可能被饲养于禁苑性质的设施中，以显示齐明王权的威势。
③ 《史记·苏秦列传》。
④ 《史记》汉兴以来诸侯王年表记载，"自雁门，太原以东至辽阳，为燕代国"。
⑤ 《后汉书·高句丽传》。
⑥ 根据《隋书·突厥传》，突厥遣使者曾向隋贡献"马万匹，羊二万口，驼牛各五百头"，希望开通与中原王朝的互市贸易，这一要求被隋王朝许可。由此佐证了突厥不仅饲育骆驼，而且将骆驼用于交易。此外，后世的《高丽史》记载，10—11世纪的契丹、西女真等在与高丽的贸易中，也曾是利用骆驼。（《高丽史》靖宗二年二月甲寅条，武宗三十三年六月癸亥条，诸臣·崔承老传·崔承老上书文）。

驼六十头,将入内地、莱、营二州般次发遣,量配于江淮以南及山南、并、凉以西诸州空闲处安置"①,其中的骆驼 60 头虽然在匹数上少于牛、马的数千,但反映出在 7 世纪中叶,骆驼已是高句丽的家畜动物,由此可以佐证 7 世纪初高句丽较易获得骆驼的可能性。

在高句丽与倭国交流中,骆驼是唯一的动物种类,且仅有 618 年一次。618 年三月,隋炀帝被杀;五月,唐王朝建立。从与隋的紧张关系中解脱出来的高句丽,于同年(618)八月遣使倭国,赠送隋俘虏及骆驼等,并夸耀"隋炀帝兴三十万众攻我,返之为我所破"②。隋与高句丽的战争于 614 年已经结束,因此高句丽使者的言语不过是借隋灭亡之机,向倭国炫耀自国的军事力,而赠送给倭国的隋俘虏二人及鼓吹、弩、抛石等军用物品则是宣扬高句丽对隋抗争胜利的道具。然而,在与刚建立的唐王朝的关系前景未卜的情况下,赠送骆驼及土产品等"方物",折射出高句丽欲维持对倭交聘关系的意志。

2. 来自统一新罗的骆驼、驴、骡马

660 年代,朝鲜半岛的情势发生了巨大的变化。由于唐、新罗的联合,百济、高句丽相继灭亡。但是随着百济、高句丽的灭亡,新罗与唐之间的共同利益也继而消失,二者的关系由联合转向紧张。自 670 年,新罗就显示出与唐王朝对抗的姿态,不断迫使唐势力在朝鲜半岛后撤。676 年,在所夫里州的伎伐浦,新罗军和唐军进行了大大小小多次战斗,最后以唐军失败告终。其后,唐的军事势力完全撤出朝鲜半岛。678 年,唐高宗曾计划讨伐新罗,但因臣下的谏言而没有付诸行动。另一方面,与唐处于紧张关系的新罗,积极地构筑与日本的亲近关系。其中,671 年至 732 年间,动物赠予频频出现在新罗对倭(日本)的外交中。

新罗赠送倭国动物的事例初见于 6 世纪末,推古六年(598)

---

① 《旧唐书》高宗本纪·总章二年五月庚子条。
② 《日本书纪》推古廿六年八月癸酉朔条。

四月，推古王权于前一年（597）派遣的遣新罗使回国，并带回了鹊二只①；同年（598）八月，新罗赠送倭国孔雀一只②。此时的朝鲜半岛正值三国时代。大化三年（647），新罗再次向倭国赠送了孔雀一只，鹦鹉一只③。由此可以看出，7世纪前半叶以前，三国时代的新罗赠送倭王权的动物种类，主要限于鹊、孔雀、鹦鹉等禽鸟。进入统一新罗时代后，新罗赠予倭国·日本的动物种类发生了变化，根据文献史料，列举具体事例如下：

a. 天智十年（671）六月，新罗遣使"进调，别献水牛一头，山鸡一只"④。

b. 天武八年（679）十月，新罗使"朝贡"，所送"调物"有金、银、铁、鼎、锦、绢、布、皮、马、狗、驴、骆驼等十余类⑤。

c. 天武十四年（685）五月，天武王权于前一年（684）派遣的遣新罗使自新罗归国，带回的新罗王"献物"中，有马二匹、犬三头、鹦鹉二只、鹊二只及种种宝物⑥。

d. 天武十四年（685）十一月，新罗使"请政"进调，送细马一匹、骡一头、犬二狗、镂金器、金、银、霞锦、绫罗、虎豹皮及药物之类，共百余种。此外，新罗使等人的"别献物"有金、银、霞锦、绫罗、屏风、药物之类，各六十余种。并"别献"皇后、太子及诸亲王其他物⑦。

e. 持统元年（687）九月，新罗王子、使者等"奏请国政"，送上"调赋"金、银、绢、布、皮、铜、铁等类十余种。此外，还"别献"佛像、种种彩绢、鸟、马等十余种，以及新罗王子个人赠

---

① 《日本书纪》推古六年四月条。
② 《日本书纪》推古六年八月己亥朔条。
③ 《日本书纪》大化三年是岁条。
④ 《日本书纪》天智十年六月是月条。
⑤ 《日本书纪》天武八年十月甲子条。
⑥ 《日本书纪》天武十四年五月辛未条。
⑦ 《日本书纪》天武十四年十一月己巳条，朱鸟元年四月戊子条。

送的金、银、彩绢、种种珍异之物，共计八十余种①。

f. 文武四年（700）五月，日本向新罗派出使节。同年十月，遣新罗使回国，并带回孔雀及其他珍物②。

g. 灵龟二年（716）六月，正七位上马史伊麻吕等献上新罗紫骠马二匹（高五尺五寸）③。

h. 养老三年（719）闰七月，新罗使"献调物并骡、马牡牝各一匹④。

i. 天平四年（732）正月，新罗使至大宰府，并带有种种财物及"鹦鹉一口、鸲鹆一口、蜀狗一口、猎狗一口、驴二头、骡二头"；五月，新罗使入京（平城京），送上种种财物和动物，并"奏请来朝年期"，对此日本应允新罗使节可以"三年一度"来朝⑤。

从以上九例可以看出，7世纪后半叶以后，新罗赠予倭国·日本的动物种类，除了鹊、孔雀、鹦鹉、山鸡等禽鸟类以外，还有水牛、马、犬、骡、骆驼、驴等家畜类动物。其中，首先值得注意的是骆驼的赠予，仅有679年一例（b例）。前已叙述，随着唐王朝放弃678年讨伐新罗的计划，新罗实现了朝鲜半岛的统一。翌年（679），新罗选择百济或高句丽曾经赠送倭国的骆驼、马、骡等动物种类，应用于对倭关系中，折射出新罗有意识地通过畜产，向天武王权积极显示其一统旧百济和旧高句丽领有土地及民众的意图。

然而，旧高句丽领有的北部领域大部分实际上都在唐王朝的统治下，因此与唐王朝的高涨的紧张关系，极可能使得新罗难以获取骆驼，进而导致骆驼的身影从新罗对倭国·日本的赠予动物中消失。又，从上述的c例与f例二例来看，倭国·日本遣新罗使携带回国的动物种类，只有马、犬、鹦鹉、鹊、孔雀，由此推测骆驼、

---

① 《日本书纪》持统元年九月甲申条，持统二年二月辛卯条。
② 《续日本纪》文武四年十月癸亥条。
③ 《续日本纪》灵龟二年六月辛亥条。
④ 《续日本纪》养老三年闰七月癸亥条。
⑤ 《续日本纪》天平四年正月丙寅条，五月庚申条，壬戌条。

驴和骡或许并不是倭国·日本最期望的赠予动物。

关于新罗的畜产，《新唐书》记载："畜无羊，少驴、骡，多马。马虽高大，不善行。"① 据此可知，驴、骡虽然数量上不及马多，但在新罗是家畜饲养，并非珍奇动物。换句话说，新罗赠送倭国·日本的驴、骡是生息在新罗的家畜动物。

如前所述，采取对抗唐王朝方针的新罗，频繁地向倭国·日本派遣使者，推进紧密的交流往来。另一方面，自天武元年（672）至大宝元年（701），倭国·日本正值停止派遣遣唐使的时期，因此为了摄取大陆文化，同样积极地向新罗派遣使节。三十年间，新罗与倭国·日本之间互派使者的次数共达三十次以上。然而，新罗向倭国·日本赠送马、骡的年份，除前述的 679 年以外，仅有 685 年和 687 年。从新罗的国内形势来看，684 年末，新罗消灭了位于金马渚的高句丽遗民建立的高句丽国（报德国），名副其实地统一了朝鲜半岛。翌年，即 685 年，新罗使带入日本列岛的物品种类是包括马、骡、狗在内的"调物"百种，以及新罗使等人的"别献物"六十余种（d 例）。此外同年（685），遣新罗使归国时，新罗王赠送了马、犬、鹦鹉、鹊和种种宝物（c 例）。与以往的新罗赠物相比，685 年的赠送物品种类之多，是从未曾有过的。新罗赠予众予物品的目的，并不是为了贸易往来，而是以政治因素为首要意图的外交行为②，通过多样的礼物显示前一年（684）的朝鲜半岛的统一。

关于新罗赠送的马的种类，《日本书纪》基本上是不言及的，因此 685 年的"细马"记录（d 例）可以说是特例。所谓的"细马"，原本是表现骏马或小马的用语。根据前述的《新唐书》的记载，新罗的马有高大马种，但不善行，上述 g 例的正七位上马史伊麻吕等人于灵龟二年（716）献上的新罗紫骠马颇为高大，可能就

---

① 《新唐书》东夷传·新罗。
② 铃木靖民：《天平初期の对新罗关系》，《古代对外关系史の研究》，吉川弘文馆 1985 年。

是新罗的高大马品种。但是，中国的文献史料中，关于同时期新罗赠送唐王朝的马，不少被描述为"小马"或"果下马"①。若参照前述的百济赠送唐王朝的果下马与高句丽的小马为同种马，则新罗的"细马"极有可能是小马的含义，相当于果下马的马种。

新罗的神文王，686年确立中央集权性质的官位制和骨品制，翌年（687）创始五庙制，用儒教的政治理念树立王统的正统性，实现强化王权，安定内政②。随后不久，新罗派出了高于以往级别的使节团，即新罗王子为首的使节团出使倭国·日本，似是存在向外传递中央集权的国家体制整备的意图③。687年的新罗使携带至日本列岛的赠予动物，虽然只是简略地记录为鸟、马，但与佛像、种种彩绢一同属于"别献物"（e例）。在日本的文献史料中，统一新罗赠送倭国·日本的物品，分为"调"和"别献物"二类，将动物作为"别献物"赠予的事例只有671年和687年二例。关于"调"和"别献物"的区别，新川登龟男氏指出，以天武八年（679）为界，其前是"调"送大王，"别献物"赠群臣；而天武八年以后，则变化为"调"赠国家体系的"官"，"别献物"送天皇、皇后、太子及亲王等④。687年的鸟、马是天武八年以后作为"别献物"的动物赠予的最初事例，同时也是最后事例。此外，与鸟、

---

① 《册府元龟》外臣部·朝贡四·开元十一年四月条（果下马），开元二十二年四月条（小马），《册府元龟》外臣部·朝贡五·开元十八年二月条（小马）等。《三国史记》圣德王二十二年（723）四月条（果下马一匹），同二十九年（730）二月条（小马五匹、狗一头、海豹皮十张），同三十三年（734）四月条（小马二匹，狗三头，海豹皮十六张）。《新唐书》新罗传记载"玄宗开元中，数入朝，献果下马，朝霞紬、鱼牙紬、海豹皮"。
② 李成市：《6—8世纪の东アジアと东アジア世界论》，大津透等编：《岩波讲座 日本历史》第2卷·古代2，岩波书店2014年。
③ 《日本书纪》持统元年九月甲申条记载，687年的新罗使"奏请国政，且献调赋"。所谓的"奏请国政"，被认为与"请政"具有相同含义，是天武·持统王权为了解新罗国制，国情而举行的外交礼仪行为（铃木靖民：《日本律令制の成立·展开と对外关系》，《古代对外关系史の研究》）。
④ 新川登龟男：《调と别献物》。

马同时作为"别献物"赠送的佛像,被认为是统一新罗向倭国·日本夸耀新罗技术、文化的道具①。据此推测,"别献物"的鸟、马作为赠送给天武·持统王权的礼物,或许具有显示新罗中央集权体制统括物产、畜产的象征意义。

驴、骡的赠予也意味着新罗的畜产技术传到了日本列岛。例如,新罗于养老三年(719)赠送的动物是雄骡和雌马各一匹(h例),雌雄的记录似乎隐喻着被赠予的动物具有繁殖价值的可能性②。

如上所述,8世纪初,日本与新罗两国之间保持着频繁的交流。但是养老年间(717—724),由于日本海贼的出现及新罗筑造毛伐郡城等事件,给两国的关系投下了阴影。一方面,随着唐与新罗关系的修复,新罗与日本的关系渐趋疏远。天平四年(732),以"奏请来朝年期"(三年一度)为由,新罗时隔六年再次遣使日本,赠送了种种财物及鹦鹉、鸲鹆、蜀狗、猎狗、驴、骡等动物(i例)。在新罗对日交流中,鸲鹆是初见。鸲鹆与鹦鹉同样属于观赏性动物,俗称"八哥",是产于中国的鸟禽,五月五日时取雏鸟,"剪去舌端,即能效人言"③。又,犬是新罗的特产,不仅多次作为礼物献送唐王朝④,而且也出现在新罗对倭国·日本的交流中(c、d、i例)。蜀狗,顾名思义是四川省的犬种。根据《尔雅》的解释,"未成毫,狗"⑤,即"狗"字的含义是身上尚未长出毛的幼犬。据此,天平四年新罗赠送的蜀狗与猎狗,从"狗"字的记述来看,或许是幼犬。鸲鹆与蜀狗作为赠予动物,即使是在新罗诞生,但其名

---

① 新川登龟男:《调(物产)の意味》。
② 众所周知,骡是驴和马的杂种。一般认为相比雄马与雌驴交配,雄驴与雌马交配更容易成功。由于骡本身几乎没有生殖能力,因此从现代科学来看,新罗于养老三年的雄骡和雌马是无法完成繁殖之任的。
③ 李时珍:《本草纲目》卷49·鸲鹆条所引唐·陈藏器《本草拾遗》。
④ 《册府元龟》外臣部·朝贡四·开元二十二年四月条,《册府元龟》外臣部·褒异二·开元十八年二月条。
⑤ 《尔雅》释畜·狗属。

称很容易使人联想新罗与唐的交流,因此新种类的赠予动物具有向日本显示新罗与唐王朝交流的含义。

733年,渤海国渡海攻击唐的登州。于是,唐王朝要求新罗发兵讨伐渤海国,进而唐王朝与新罗再度结成同盟关系。其后,在新罗对日外交中,不再见赠予动物的事例。

三、羊——来自商人的赠予

前已叙及,百济于推古七年(599)赠送倭王权的家畜动物中,除了骆驼、驴马以外,尚有羊二头。这是羊渡海至日本列岛的最初记录,但没有记载羊的品种以及推古王权对待羊的措施。

7世纪至8世纪,自朝鲜半岛被赠送至日本列岛的动物,虽有孔雀、鹦鹉、骆驼等,却不见羊的身影。然而,在正仓院收藏的屏风和染织品等遗物中,可以看到羊的形象。例如著名的﨟缬羊木屏风,由于画面下方有"天平胜宝三年十月"的文字,是调的墨书铭识的一部分,因此一般认为该屏风是日本本地制品[1]。该屏风的绘画是萨珊王朝风格的树下动物纹样,其表现的羊带有涡卷型羊角,如同波斯的摩弗伦羊[2]。此外,正仓院收藏的锦、绫等织物断片上的纹样中,也存在羊或山羊的纹样,有些羊或山羊的形象看上去与鹿相似[3]。

根据考古学的调查,平城京等遗址出土了8世纪羊形砚的头部残件,其中羊角部分的残留状态,平城京遗址的两件分别是角的基部和角的先端,斋宫遗址的一件是角的先端,经过复元,羊角的造

---

[1] 这扇﨟缬羊木屏风,齐衡三年(856)六月的《杂财物实录》记为"橡地象羊木屏风一叠高五尺"。该屏风也是《国家珍宝帐》记录的﨟缬屏风中的一扇。
[2] 正仓院事务所编:《正仓院宝物 北仓》(增补改订版),每日新闻社,1987年。
[3] 正仓院所藏的绘有羊,山羊纹样的染织品可以列举有:鹿羊文晕繝锦,紫地花树双羊文锦,紫地山羊花卉文锦,浅绿地鸟兽花卉文锦等(正仓院事务所编:《正仓院宝物 染缋》上下,朝日新闻社,1963—1964年)。

型都是卷状①。又，在歧阜县、冈山县等地的国府遗址或国府相关连的官衙遗址，也发现了被推定为羊形砚的遗物，由于出土数较少，因此推测羊形砚可能是一定阶层以上的嗜好品②。

综上所述可以推定，8世纪时，不生息在日本列岛本土的羊，通过物品的意匠表现，其形象被一定范围的人们所知且受欢迎。尤其是在正仓院收藏的屏风的绘画或染织品的纹样，除了羊以外，还有被视为"珍兽"或"瑞兽"的象、凤等动物，因此可以认为，受中国动物观的影响，羊同样也被视为具有祥瑞意义的动物。这一观念也对日后真正的羊多次被带入日本列岛有所影响。

9世纪以后，在日本的国际交流中，商人逐渐成为发挥重要作用的群体。随之，羊作为赠予动物乘坐商船，再度登上日本与大陆的交流舞台。表3是文献史料所记的9世纪至11世纪期间来自大陆的舶来羊一览表。如表所示，这一时期被带至日本的舶来羊共有七例，其品种分别被记为羊、山羊、白羊、羖㸺羊等。

1. 舶来羊的种类

一言及羊，或许人们的眼前就会浮现绵羊的形象。然而根据《日本大百科全书》，现代语言的"羊"是哺乳纲偶蹄目牛科羊属动物的总称。绵羊不过是羊属的一种。此外，在动物学中，虽然关于牛科的亚科分类实际上并未有定论，但对于将牛科大分为牛亚科、山羊亚科、羚羊亚科的分类法，几乎没有异议，一般认为羊、髭羚（カモシカ，serow）等动物是山羊的同类，可以归入山羊亚科③。

古代日本的史料中，虽然见有"羊"、"山羊"、"零羊"（羚羊）等动物名的记录，但是这些动物名称并非如同现代动物学一样严格

---

① 奈良国立文化财研究所：《平城京左京四条四坊九坪发掘调查报告》，1983年。奈良国立文化财研究所：《平城京右京八条一坊十三・十四坪发掘调查报告》，1989年。斋宫历史博物馆：《史迹斋宫迹　平城3年度发掘调查概报》，1992年。
② 冈山市教育委员会：《ハガ遗迹——备前国府关连遗迹的发掘调查报告——》，2004年。
③ 今泉吉典：《世界の动物　分类と饲育7　偶蹄目Ⅲ　ウシ科の分类》，东京动物园协会，1988年。

区分使用。如后所述,汉字表记为"羊"的动物中,不仅有现代动物学定义的羊,而且还可能包括山羊。顺便提及,也存在"零羊"含义为山羊的情况①。那么,被带至古代日本的羊是何种羊呢?由于史料的制约,无法对表3所列的七例全部分析,在此仅就其中的三例羊种作一探讨。

(1)弘仁十一年(820)的羖䍽羊、白羊、山羊

弘仁十一年五月,新罗商人李长行等抵达日本,进上羖䍽羊二头、白羊四头、山羊一头和鹅二只。此史料明确记载了羖䍽羊、白羊、山羊三羊种②。

首先看羖䍽羊。《倭名类聚抄》记有"羝音低,一名䍽音历,和名比豆之,羊也"③,认为䍽是羊的异名,"比豆之"(ヒツジ)是日语的训读。但是在中国文献中,随着时代或解释者的不同,有关羖䍽羊的说明也有所不同。现在一般认为,羖䍽羊也略称为䍽羊,若是黑色的羖䍽,有别名羖羊。敦煌文献中的《俗务要名林》是日常生活用语词汇集(S·617),其中就有"羖䍽"作为羊的相关语汇而被收录④。由此可知,唐代社会尤其是敦煌社会,"羖䍽"一词是日常普遍使用的语汇,也就意味着羖䍽羊是普遍存在的家畜。

---

① 例如,根据《日本书纪》皇极二年十月戊午条记载的童谣及皇极二年十一月丙子朔条对童谣的说明可知,山背大兄白发杂乱的样子,因相似山羊而被以"歌麻之之"二者同之语形容。平安时代的《本草和名》,《倭名类聚抄》,《医心方》,《色叶学类抄》等辞书,关于"カマシシ"的解释是"零羊"的训读。此外,"零羊"的汉字表记还有"䴢羊","䍽"等;训读也有"カモシシ","カナシシ"等,是指髭羚(カモシカ)。近世的贝原益轩所著的《本草和名抄》,是将《本草纲目》卷之五以下记载的品目标注了和名的书籍,其中"䴢羊"的读法,除了"加毛志志"(カモシシ)以外,还有"也末比豆志"(ヤマヒツシ)。由此可知,即使在近世日本,"山羊"与カモシシ也可能是同义的,即汉字表记的"山羊"也被用来表示日本本土动物的髭羚(カマシシ)。
② 《日本纪略》弘仁十一年五月甲辰条。
③ 《倭名类聚抄》卷十八·毛群名·羊条。
④ 《俗务要名林》杂畜部·羊条(郝春文编著:《英藏敦煌社会历史文献释录》第一编·第三卷,社会科学文献出版社,2003年)。

又，根据《北史》记录的"白羊头羯秃，羖䍽头生角"的政治性童谣①，以及《毛诗注疏》的"羖羊之性，牝牡有角"之说②，可知羖䍽羊不论牝牡，皆有角。

关于羖䍽羊的产地，宋·寇宗奭所著《本草衍义》记载道："出陕西，河东，谓之（羖）䍽羊，尤很健，毛最长而厚。"③ 宋代的陕西、河东地区大致相当于现在的陕西省、山西省及其邻接的河南省、河北省、甘肃省的一部分地区。即羖䍽羊是生息在中国北方和西北地区的羊种，毛长且多。

白羊是常与羖䍽羊对比的羊种。如前述的《北史》所载的政治童谣，以"白羊头羯秃"比喻无角白羊的特征，对照羖䍽羊的有角，而无角白羊是绵羊的一种④。《齐民要术》记述了漠北及中原地区饲养白羊、羖羊（黑色羖䍽羊）的方法，其中无论是否有角，白羊品种都被理解为绵羊种⑤。

在唐代的律令中，白羊和羖羊（黑色羖䍽羊）被明确区分。例如关于诸官牧的每年各畜产死亡率，《厩牧令》规定了法律上的允许范围，即羖䍽羊每百头允许死耗十头，白羊每百头允许死耗十五头；此外，关于每年的课羔数，规定羖䍽羊每百口课八十口，白羊每百口课七十口⑥。从中可以窥见白羊与羖䍽羊的生存率及经济价值的差别。

依据上述，关于弘仁十一年由新罗商人李长行等人带至日本的羖䍽羊和白羊的品种，可以推定：羖䍽羊是毛长且多的有角品种，颜色不明，有黑色的可能；白羊色白，绵羊品种，但有角与否不详。然而，史料并没有记载羖䍽羊与白羊的毛长程度，或许是由于

---

① 《北史》杨愔传。
② 《毛诗注疏》卷第十四·宾之初筵。
③ 《本草衍义》卷十六·羖羊角条。
④ 谢成侠：《古代中国的绵羊和山羊》，《中国养牛羊史（附养鹿简史）》，农业出版社 1985 年。
⑤ 缪启愉校释：《齐民要术校释（第二版）》卷第六·养羊。
⑥ 《唐律疏议》卷十五·厩库。

李长行等人于五月初抵达日本,其带来的羖𤚎羊与白羊可能是剪毛后的羊①。

如前所述,李长行等人于弘仁十一年进上的羊中,还有一只山羊。与羖𤚎羊、白羊相比,即使在古代,山羊也是生息于广泛地域的具有很强适应环境能力的动物。宋·李诫在《营造法式》中描绘的山羊形象有二:一是羊角向后方呈弓形伸延;一是羊角弯曲,尖端朝向前方②。仅从羊角的形状特征来看,前者是近似现代动物学分类中的山羊品种,后者则与被认为是家畜绵羊的原种即摩弗伦羊相似。由此可知,在古代中国,即使被称为山羊的动物,也并不局限于单一的种类③。不过,李长行等人带至日本的山羊,由于缺乏史料而无法得知具体品种。

与其他事例比较,弘仁十一年的舶来羊不仅种类多,而且数目也是最多,共七只。李长行等人是从何处入手这些羊的呢?前述引用的《新唐书》新罗传记录了新罗不畜养羊的习俗,其羊的含义自然包括家畜的羖𤚎羊和白羊,然而山羊是否也在其中,则不能确定。因此,虽然不能断言李长行等人无法在新罗入手羖𤚎羊和白羊,但是在唐入手的盖然性比较高。在唐代,尤其是北方,羊肉的消费量很大,与此相关,民间盛行养羊,除牧场以外,半牧半农地区、农业地区也饲养羊。饲养者中,不仅多有以养羊为副业的农户,也有放弃产业而专以养羊为生计的农户,更出现了买卖羊的商人④。基于唐代民间的养羊实态,可以说李长行等人在唐得到羊并不困难。因此,李长行等人以多只羊作为"珍兽"呈献日本朝廷,

---

① 《齐民要术》卷六·养羊条载,白羊的剪毛是在三月和五月,羖𤚎羊的剪毛是在四月末五月初。
② 《营造法式》卷三十三·彩画作制度图样上·飞仙及飞走等。
③ 关于山羊的解释,中国的文献资料也是各执所见,并不统一。《本草纲目》第五十一卷·山羊条记有"山羊有二种,一种大角盘环,肉至百斤者。一种角细者,说文谓之莶羊",这一说明比较接近《营造法式》的山羊之绘。
④ 仁小红:《唐五代私营畜牧业(下)——家畜家禽的饲养》,《唐五代畜牧经济研究》,中华书局,2006年。

似乎也存有以羊为交易品的意图。

（2）天庆元年（938）的羊

天庆元年七月，大宰府贡上羊二头，是"大唐商人"献上的动物①。羊被饲养在藏人所。翌年（939）六月，公卿们在内里的轩廊观看了羊，其时的场景具体如下②：

> 爰上卿召饲藏人所羊二头，于轩廊柱系。令左近阵官折集木枝令饲之，宛如牛食草。良久以角相竞似牛。

以木枝为饵喂食，羊如牛食草一样吃食，说明羊吃的是树的茎叶。根据现代动物学，嗜好树叶是山羊的食性特征。此外，两只羊吃完后，如牛一般以角互竞，而相互嬉戏也是山羊的特征。故此，天庆元年的舶来羊，虽然仅记录为"羊"，但极有可能是山羊。

（3）承保四年（1077）的羊

承保四年二月二十八日，白河天皇观览了宋商人献上的三头羊，《百炼抄》记载"引见大宋商客所献羊三头"③。同样的记事，《扶桑略记》亦有记录，但羊的头数是二头④。关于承保四年宋商人所献羊的特征，《水左记》有如下描述⑤：

> 件羊牝牡子三头，其毛白如白犬，各有胡髯，又有二角，豫如牛角，身体似鹿，其大大于犬，其声如猿，动尾才三四寸许。

全身毛皆白，有毛髯，角如牛角，身体似鹿，比犬大，尾仅长三四

---

① 《本朝世纪》天庆元年七月廿一日条。
② 《本朝世纪》天庆二年六月四日条。
③ 《百錬抄》承历元年二月二十八日条。
④ 《扶桑略记》承保四年二月二十八日条。
⑤ 《水左记》承保四年六月十八日条。

寸，从这些特征可以推测三头羊属于山羊的品种。

以上虽然仅叙述平安时代的三例舶来羊的品种，但每一例都有山羊存在，说明或许是由于日本列岛的自然环境，或许是由于在商船上容易被饲养等原因，渡海至古代日本的羊中，以适应环境能力优秀的山羊品种居多。

与直至九世纪末的零星事例相比，舶来羊的事例集中于 10 世纪。许多先行研究已指出，自 9 世纪后半叶，以中国江南地区为支撑点的商人，取代了新罗商人乃至在唐新罗商人，活跃在古代日本的对外交流中。然而依据文献史料的记录，羊被中国商人带至日本列岛的时间则要等到 10 世纪①。

承平五年（935）九月，吴越商人蒋承勋初次乘船至日本，其舶载物中就有数头羊。此后，蒋承勋数次渡日，在吴越国与日本之间的国与国交流中起到重要的作用。皆川雅树氏曾关注蒋承勋赠羊之事，认为吴越国赠送的羊，来自中原王朝或契丹，目的是向日本显示吴越国与北方政权的政治交流②。但是，山羊在中国江南地区自古以来就是家畜种类之一，而且北方的羊于唐代时已经传入南方③，加之前已叙述古代日本的舶来羊不限于北方羊种，因此蒋承勋送上的羊，有否被赋予了体现吴越国与其他政权政治交流的性质，是存在疑问的。实际上，五代十国时代以后的中国，许多北方的羊被运到南方以交换绢、米等物④。由此可知，商人们在南方入手羊也是比较容易的。

商人们并不是每一次赴日都舶载动物的。仅限于赠予羊的事例

---

① 延喜三年（903）十一月，唐人景球等献上羊一头，白鹅五羽（《扶桑略记》里书·延喜三年十一月廿日条）。《日本纪略》记为十月（《日本纪略》延喜三年十月廿日条）。这是中国商人携带羊至日本的最初事例。
② 皆川雅树：《モノからみた遣唐使以后の交易—书籍と羊を手がかりとして—》。
③ 谢成侠：《古代中国的绵羊和山羊》。乜小红：《唐五代私营畜牧业（下）——家畜家禽的饲养》。
④ 《旧五代史》高行珪传。《旧五代史》世宗纪·显德五年三月条，显德五年九月甲子条等。

来看，可以发现选择羊为礼物的商人多是在其首次渡日之时。如表3所示，文献中仅出现一次名字的商人李长行、景球等自不必说，就是多次渡日的蒋承勋、朱仁聪等也只是在各自初次抵达日本时赠送羊。因此，与其说通过商人之手赠送的动物带有政治的性质，莫如说商人们出于获取最大经济利益的目的，为了博得日本朝廷或贵族的欢心，将羊等动物作为礼物赠送①。

2. 羊的返却事例及其背景

根据前述的事例，舶来羊被允许入京，在平安宫的内里被观览，以及如牛角、鹿身、白犬的描述，可以看出羊与孔雀、鹦鹉等动物同样，是被作为观赏性动物的。然而，长德三年（997）与承历元年（1077），也发生了返却舶来羊的事件。

（1）长德三年返却事例

长德二年（996），宋商人献上鹅、羊和鹦鹉等动物，但在翌年（997）九月，鹅与羊被返却②。关于返却的理由，存在羊是疫病流行之源的解释，但这是后人附会上的观点③。正历四年（993）至长保三年（1001）期间，曾发生数次疫病大流行，波及平安京，并且"正历"改元为"长德"以及其后的"长德"改元为"长保"，都与疫病的蔓延有关。在疫病流行的大背景下，羊等动物于长德二年被允许入京，而且翌年即长德三年六月六日，大宰府也向上献了羊④，由此说明当时的统治者核心层并未将羊联想为疫病流行之源。

长德三年六月中旬，日本认为高丽送来的牒状，其用辞有辱日

---

① 森克己指出，赴日的商人为了博得贵族的欢心，以谋求获得贸易许可、官员庇护以及各种方便的意图，将羊与孔雀，鹦鹉，书籍，佛像等一同作为海外珍货赠送贵族（森克己：《贸易における献纳品の性质》，《新订　日宋贸易の研究》，国书刊行会，1975年）。
② 《日本纪略》长德二年闰七月十九日条，长德三年九月八日条。《小记目录》长德二年闰七月十七日条，十九日条。
③ 《元亨四年具注历》里书・宽治七年十月廿一日条载："长德天中，宋人献羊，天下大疫。"
④ 《小记目录》长德三年六月六日条。

本国。由此，有公卿怀疑高丽牒状之所以违背礼仪是因为宋的谋略，主张让滞留在越前、大宰府的宋商人及早回国，特别警戒在越前的宋商人①。森克己氏认为，宋商人所献的羊、鹅的被返却，是基于对高丽与宋的不信感、警戒心的举措②。这一见解值得聆听。

需要留意的是，长德二年宋商人赠送的动物中，除了羊、鹅之外，还有鹦鹉，而返却的动物只有羊和鹅。鹅是家畜动物，初见于《日本书纪》雄略纪。若是《日本书纪》的记载是事实的话，则鹅在5世纪后半叶就曾由渡来人带至日本列岛③。依据表4所示，除了长和四年之例以外，9世纪以后的舶来鹅几乎都是与羊一起被带至日本列岛的，由此可以推定中国商人是将羊和鹅作为一个组合形式赠送的。在古代日本，绮丽的孔雀与能言的鹦鹉是长期以来受到朝廷或贵族欢迎的动物④。与观赏性的孔雀、鹦鹉相比，可以说羊与鹅的观赏性及娱乐性都不高。这或许就是长德三年仅有羊、鹅被返却而鹦鹉被留下的理由。由此可以折射出十世纪末的日本对羊的

---

① 《小右记》长德三年六月十二日条，十三日条。《百练抄》长德三年六月十三日条。
② 森克己：《日丽交涉と刀伊贼の来寇》，《新编森克己著作集第2卷 续日宋贸易の研究》，勉诚出版，2009年、初版1966年。
③ 《日本书纪》雄略十年条。
④ 承和十四年（847）九月，入唐僧慧云归国后，献上了孔雀、鹦鹉和犬，这也佐证了孔雀、鹦鹉的受欢迎（《续日本后纪》承和十四年九月庚辰条）。在古代中国，孔雀是南海之鸟，被视为与凤凰同类的祥端之鸟。唐宋时代之际，在岭南地区及滇西南地区等地，也多有分布、饲育（文焕然：《中国历史时期孔雀的地理分布及其变迁》，文焕然等著，文榕生选编、整理：《中国历史时期植物与动物变迁研究》，重庆出版社，1995年，初版1981年）。但是，舶载到日本的孔雀品种不明。另一方面，虽然鹦鹉给人留下较强的印象是只产于南方的动物，但《旧唐书》音乐志记载，"鹦鹉，秦陇尤多，亦不足重"，表明鹦鹉也是秦陇地区的土产动物。宋代的《杨文公谈苑》五禽以客名中有"孔雀曰南客，鹦鹉曰陇客"，即孔雀产于南方，被喻为"南客"；鹦鹉产于秦陇，被喻为"陇客"（相当于"西客"）。关于中国商人带至日本的鹦鹉，在《本朝无题诗》收录的大江佐国《闻大宋商人献鹦鹉》诗文咏道："陇西翅入汉宫深，采采丽容驯德音，巧能言同弁士，绿衣红觜众禽。可怜舶上经辽海，谁识笼中思邓林，商客献来鹦鹉鸟，禁围委命勿长吟。"诗文的"陇西"，"绿衣红觜"等词语，加之《本草纲目》第四十九卷·鹦鹉也述道"鹦鹉有数种，绿鹦鹉出陇、蜀"，因此宋商人携带至日本的鹦鹉，可能是产于秦陇地区的绿鹦鹉品种。

动物观,从珍奇动物逐渐向普通动物转变。

(2)承历元年返却事例

长德三年之后,商人献羊的记录时暂不见史料,但经近九十年的时间,承保四年(1077),舶来羊再度登上日本列岛。前已叙述,此次舶来羊数,不同史料的记载有所不同,但关于羊的引见、观赏举行时间都为承保四年六月以前。该年自夏季起开始流行赤斑疮,上至亲王、贵族,下至庶民多有罹难,其中二名皇子染病而死。作为应对疫病流行的措施,七月,在大极殿转读观音经;八月,实施非常赦以及奉币二十一神社,返却宋商人所献之羊;十一月,改元为承历①。古代日本,每当疫病流行之际,朝廷一般采取改元、奉币神社、举行佛教法会及大赦等应灾措施②。但是承保四年疫病流行时,除了前述的常套对策之外,还实施了返却羊的特别对策。

后世的史料《元亨四年具注历》里书·宽治七年(1093)十月廿一日条记有"承保四年大宋人献羊,天下大有疱疫,遂有第一皇子薨逝事",将宋人献羊与疫病流行相关联,即承保四年的舶来羊从被天皇、贵族观赏的动物,一落转变成被视为疫病之源的动物。换言之,羊的返却可以说是当时日本积极应对疫病的措施之一。时代向下推移,承安元年(1171)七月,平清盛以羊和麝鹿赠送后白河法皇;其后,发生疫病流行,病源被归于羊,并将病名称为"羊病",于是参照承历元年(承保四年)之例,羊被返却③。由此可以看出,11世纪后半叶形成的以舶来羊为疫病之源的病因观、动物观对后世社会也产生了影响。

顺便叙及,11世纪后半叶以后,不单是羊,鹦鹉、孔雀、鹅等其他舶来动物也相继遭遇被认为是疫病、不吉、火灾等灾害之源而

---

① 《十三代要略》承历元年七月十日条,九月六日条。《水左记》承保四年八月十六日条,十九日条。《扶桑略记》承保四年八月条。
② 新村拓:《正历五年の疫疠と流言现象》,《日本医疗社会史の研究——古代中世の民众生活と医疗》,法政大学出版局1985年,初出1972年。
③ 《百练抄》承安元年十月条。

被返却①。有学者认为，返却舶来动物是基于"珍禽奇不畜国"理念的行为，是舶来动物的存在被视为影响到"天下"情势时所采取的行动②。在此，本文并不是否定这一见解，但不难想象在疫病流行之源无法判明的古代，因恐惧舶来动物会携带疫病病毒而返却这些动物。也可以说，有关动物与疫病之间关系的认识的出现是国际交流所带来影响的一部分。

结语

以上聚焦古代日本国际交流中具有代表性的马、骆驼、驴、骡、羊等家畜，从动物馈赠与古代东亚国际情势之间关联的视角，探究了赠予动物的种类、意义，以及古代日本的动物观的变迁等，要点归纳如下：

(1) 6世纪至7世纪，在倭国与百济的联合、同盟关系中，马是被赋予了文化、军事交流重要任务的动物。首先，百济赠送倭国良马，在其延长线上，汉字文化也随之传入日本。其次，倭国在对百济的军事、文化的交换交往中，将马作为倭的军事性输出。其后的百济赠予倭国的动物中，马的身影消失，取而代之的是百济不产出的骆驼等动物。为了维持与倭国的交换性同盟关系，百济应合倭国的需求，作为传送大陆文化的一环节，在对倭交流中，不仅赠送自国土产动物，而且还有意识地选择其他地区所产的动物，赠送日本列岛不饲养的家畜。

(2) 7世纪后半叶至8世纪初，倭国乃至日本与统一新罗的交流中，种种动物通过两国使节之手从新罗渡至日本列岛，但是两国之间的交流频度及动物种类，因新罗与唐王朝关系的紧缓程度不同而变化。尤其是朝鲜半岛统一后的一定时期内，新罗选择百济、高句丽曾

---

① 《本朝世纪》康和元年八月十六日条，久安四年闰六月五日条。
② 皆川雅树：《动物の赠答——六—十二世纪における鹦鹉·孔雀の交易—》。

赠送给倭国的骆驼、驴等动物作为礼物赠送，从中可以窥见显扬朝鲜半岛统一的意图。又，新罗以产于朝鲜半岛的驴、骡等畜力动物为赠送礼物的外交性手段，既可以使倭国或日本认为具有朝贡之含义，也可以在显示低姿态的同时，实则又强调了统一新罗的畜产文化。

（3）6世纪至7世纪，舶来羊被视为瑞祥动物，日本列岛不存在的大陆羊，其形象出现在染织品的纹样或砚的造型中。9世纪以后，赴日的商人为了促进经济利益，将在中国容易入手的羊、鹅等动物用于建立或维系在日本的人脉关系网，其中包括绵羊、山羊等品种。由于中国南方也饲养山羊，因此中国商人携至日本的羊未必就是中国北方羊的品种。另一方面，平安时代的动物观中，舶来羊依然被视为瑞祥动物，作为观赏动物受到公卿贵族的喜爱，但是在对高丽、对宋关系以及疫病的背景下，也出现将舶来羊视为战乱或疫病之源的动物观。

附：

表1 《日本书纪》所见的钦明王权向百济赠予马的事例

和历	西历	马	其他赠物·军兵	备考
钦明七年正月	546	良马70匹	船11只	百济使者归国之际，赠予。
钦明十四年六月	553	良马2匹	同船2只、弓50张、箭50具	倭国派遣使者，赠送马等。
钦明十五年正月	554	马100匹	军兵1000人、船40只	五月，倭国的舟师前往百济。
钦明十七年正月	556	良马甚多	兵仗	百济王子归国之际，赠予。

表2 671年至732年自统一新罗渡至日本列岛的动物

和历	西历	动物	携带者	出典	备考
天智十年六月	671	水牛一头、山鸡一只	新罗使	《日本书纪》	
天武八年十月	679	马、狗、骡、骆驼	新罗使	同上	

(续表)

和历	西历	动物	携带者	出典	备考
天武十四年五月	685	马二匹、犬三头、鹦鹉二只、鹊二只	遣新罗使	同上	
天武十四年十一月	685	细马一匹、骡一头、犬二狗	新罗使	同上	朱鸟元年(686)四月,自筑紫贡上。
持统元年九月	687	鸟、马	新罗使	同上	翌年(688)二月,由大宰府献上。
文武四年十月	700	孔雀	遣新罗使	《续日本纪》	
灵龟二年六月	716	新罗的紫骠马二匹(高五尺五寸)	正七位上马史伊麻吕等	同上	
养老三年	719	骡马牡牝各一匹	新罗使	同上	
天平四年正月	732	鹦鹉一口、鸲鹆一口、蜀狗一口、猎狗一口、驴二头、骡二头	新罗使	同上	同年(732)五月,献上。

表3　文献史料所见的9—11世纪间舶来羊一览

	和历	西历	品种	羊数	携带者(渡日本的序次)	出典	备考
1	弘仁十一年五月	820	羖䍽羊 白羊 山羊	2头 4头 1头	新罗人李长行等(初次)	《日本纪略》	羊之外,还有鹅2羽。
2	延喜三年十一月	903	羊	1头	唐人景球等(初次)	《日本纪略》《扶桑略记》	羊之外,还有白鹅5羽。
3	承平五年九月	935	羊	数头	吴越人蒋承勋(初次)	《日本纪略》	
4	天庆元年七月	938	羊	2头	大唐商人	《本朝世纪》	山羊?

(续表)

	和历	西历	品种	羊数	携带者（渡日本的序次）	出典	备考
5	永延二年	988	羊	不明	朱仁聪（初次）	《元亨四年具注历》里书·宽治七年十月廿一日条	
6	长德二年闰七月	996	羊	不明	宋人	《日本纪略》《小记目录》《元亨四年具注历》里书·宽治七年十月廿一日条	羊之外，还有鹅、鹦鹉。翌年，羊与鹅被返却。
7	承历元年（承保四年）二月	1077	白羊	3头或2头	宋商人	《百鍊抄》《扶桑略记》《水左记》	同年，羊被返却。

表4 文献史料所见的古代日本的舶来鹅一览

	和历	西历	品种	数	出典	备考
1	雄略十年		鹅	2	《日本书纪》	
2	持统六年	692	白蛾（鹅）	不明	同上	
3	弘仁十一年	820	鹅	2	《日本纪略》	鹅之外，还有羊。
4	延喜三年	903	白鹅	5	《日本纪略》《扶桑略记》	鹅之外，还有羊。
5	长德二年	996	鹅	不明	《日本纪略》《小记目录》《元亨四年具注历》	鹅之外，还有羊。
6	长和四年	1015	鹅	2	《日本纪略》	鹅之外，还有孔雀。

附记：本文是著者《动物与国际交流》（田中史生编《古代文学と隣接诸学1 古代日本と兴亡の东アジア》，竹林舍，2018年）一文的中译文，内容上有所修改。

东亚海域交流视域下的中世日本货币

川户贵史

(日本千叶经济大学)

一、引言

本文试图在亚洲海域交流（特别是日中交流）的视域下，在学界研究成果的基础上梳理日本货币流通的实际情况。主题所言"中世"是日本史断代的时代区分概念，本文则以12世纪至17世纪这一稍长时间段作为考察范围。[①]

首先，笔者就中世之前日本货币的概况进行简略介绍。由于文献史料的缺乏，目前几乎无法知晓日本列岛上最早充当货币的媒介究竟为何。作为贡纳物的米在特定时间内虽有承担货币职责的可能性，但因其既是有机物又为日常食用品，单从考古资料来看，很难判断其是否充当过货币。此外，玉作为权力者的装饰品在日本列岛虽有普及，但也无法发现其充作货币的痕迹。

目前能够确定以货币形式出现于日本列岛的是7世纪后半期的金属货币。有部分研究者视出土的7世纪中期圆形银薄板为货币原型（被称为无文银钱），[②] 史料亦有683年天武天皇明令禁止银钱使

[①] 关于日本货币流通史的概要，可参照：高木久史：《通货の日本史—无文银钱、富本钱から电子マネーまで》，中央公论新社，2016年。

[②] 今村启尔：《日本古代货币の创出—无文银钱・富本钱・和同钱》，讲谈社，2015年。

用的记载，此处的银钱即为无文银钱。① 但更为明确的是代替银钱而被指定使用的铜钱。从发掘调查来看，此处的铜钱几乎可确定为富本钱，但富本钱仅流通于当时的首都所在地飞鸟和藤原京周边地区。

日本正式的金属货币当属708年铸造的和铜开弥（银钱、铜钱）。该钱以唐朝的开元通宝为模型，形状圆形方孔，上下左右各浇铸有一字。和铜开弥原本是为支付营建平城京的工人酬劳而铸造，高额的银钱虽早早被废除，但铜钱却作为货币逐渐普及至列岛各地。此后，每次新铸货币时就只改变浇铸的文字，到10世纪中期，合计共铸造了12种钱币，统称为古代钱币。② 古代钱币的原材料主要来自长门国长登铜山挖掘出的氧化铜，但伴随着氧化铜枯竭，原材料变得不足，于是铅被大量运用于钱币制造。钱币的质量因而也逐渐劣质化，金属货币的信誉亦一落千丈。10世纪后半期，朝廷命令停止铸造金属货币，再次以米和绢布等主要贡纳品作为市场流通的货币。如前所述，7世纪的日本虽自主铸造钱币使用，至10世纪却又不得不放弃金属货币，转换（或者说是回归）为商品货币。从金属货币到物品货币的转换可谓极罕见的现象，日本此后又再度上演了这一转换，关于此将在后文详述。

二、14世纪前半期日本中世货币的确立

日中间的官方正式外交虽一度中断于10世纪，但借助东海海域中国海商贸易船往来的经济交流却极为繁盛。作为日本外交窗口的九州大宰府在外港博多设置了迎宾馆和具备海关职能的鸿胪馆以管理双方贸易。大量的中国陶瓷器、丝织品、书籍等物品传入日

---

① 《日本书纪》天武天皇12年（683）条，"夏四月戊午朔壬申，诏曰，自今以后必用铜钱，莫用银钱"。坂本太郎他校注：《日本古典文学大系新装版·日本书纪》下，岩波书店，1993年参照。
② 荣原永远男：《日本古代钱货流通史の研究》，塙书房，1993年。

本，其中大部分被京都、奈良等地的贵族阶层和大寺社所购买。日本输往中国的货物主要以建筑材料所必须的木材及由于火药的发明需求量急增的硫磺（火药制造的原材料）为主，硫磺主要采自九州南部的硫磺岛。

此外，东北地区采集的金也成为日本主要的对外输出品之一。金虽然在日本国内未被当作货币使用，但偶有日本商人以此支付中国海商。米在当时日本作为货币的同时，也是双方贸易的结算方式之一，作为粮食被运往中国。当时日方在日中贸易中处于入超的一方，故而直至10世纪末，中方始终未携带货币（钱币）前往日本充作贸易的结算手段。

进入11世纪后，日本中央权力对地方的控制逐渐减弱，鸿胪馆的职能几乎处于停摆状态，博多的贸易商人不得不在自治的基础上开展贸易。作为日本窗口存在的博多，由于中国海商的频繁来航形成了中国人的聚居地"唐坊（Chinatown）"，博多也得益于日中贸易变得极为繁华。

另一方面，北宋虽明令禁止却仍苦恼于钱币的外流，尤其向北方的外流始终无法禁绝。11世纪的北宋为弥补外流导致的钱币不足屡次大量铸造钱币。① 然而不仅北方，此时出现了向亚洲海域（东海、南海沿岸地区）的钱币外流，当然日本也是其中一员。经发掘调查能够确定的是，11世纪后半期，钱币最早流入的博多地区，唐宋钱（渡来钱）已然在市面上少量流通。② 但至11世纪为止，输入日本的钱币数量仍然很少。由于米和绢布的货币角色在日本根深蒂固，故而钱币始终无法渗透日本社会。

进入12世纪后，情况逐渐发生转变。最近引人注目的多起发掘事例证实，12世纪前半期九州地区的铜制经筒已然普及化。正

---

① 高聪明：《宋代货币与货币流通研究》，河北大学出版社，1999年。黑田明伸：《货币システムの世界史》，岩波书店，2020年（初版2003年）。（黑田明伸著、何平译：《货币制度的世界史：解读"非对称性"》，中国人民大学出版社，2007年。）
② 樱木晋一：《货币考古学序说》，庆应义塾大学出版会，2009年。

如前文所述，此时日本列岛并不出产铜，故而作为经筒原材料的铜唯有从中国进口。对经筒化学成分地分析也证实了原料铜的产地来自中国。① 12世纪伴随末法思想的普及，佛教信仰在民众间兴起，除经筒外，各地都铸有铜制的佛像和梵钟，将中国输入的铜作为铸造原材料的可能性很高，而这些铜很可能来源于钱币。

即便如此，从博多的发掘调查结果来看，12世纪前半段的日本仍未有大量的钱币输入。相较于扮演货币媒介，钱币更多场合是被当作铜材料而使用。

随钱币充当货币的需求量增加而正式输入日本是在12世纪后半叶。从博多该时期的发掘事例显著增多能明显看出这一倾向。② 此外在文献史料中亦能找到1170年代京都地区使用钱币的记录。此时中国（南宋）的主要货币正在发生从钱币向纸币（会子）和银锭的转变，钱币的价值因而一落千丈。③ 前往日本的中国海商为调节船体重量，大多将廉价的钱币作为压舱物。日本输往中国的货物仍然以木材和硫磺为主，而中国运往日本的货物则以陶瓷器等较为轻巧的物件居多，为保证贸易船重量的平衡，廉价且触手可得的钱币成为压舱物的最佳选择。④ 从供给侧的角度来看，钱币就通过这样的方式从中国被大量带入日本。

然而，在日本对钱币的需求并不高的情况下，钱币的流入应该是有限的。为什么日本对钱币的需求突然增高，以至大量钱币流入呢？目前并无史料能给出明确理由。笔者推测，京都地区钱币作为货币使用的普及化是日本社会钱币流通得以扩大的重要契机。当时拥有大量资本的贵族阶层及大寺社随购买力上升，对唐物（中国舶

---

① 饭沼贤司：《钱は铜材料となるのか—古代―中世の铜生产・流通・信仰—》，小田富士雄・平尾良光・饭沼贤司编：《经筒が语る中世の世界》，思文阁出版，2008年。
② 樱木晋一：《货币考古学序说》，庆应义塾大学出版会，2009年。
③ Von Glahn, Richard, "Monies of Account and Monetary Transition in China, Twelfth to Fourteenth Centuries", *Journal of the Economic and Social History of the Orient*, 53 (3), 2010.
④ 山内晋次：《奈良平安期の日本とアジア》，吉川弘文馆，2003年。

来品）的需求欲急速高涨，为从商人手中购得所需品，上述阶层将钱币作为货币持有的欲求不断增加。12世纪正值日本庄园制的确立期，他们通过年贡手段积聚了大量财富，购买舶来品的能力进而提升，与此同时作为购买资金的钱币也被大量储存。

由于并非自身所发行的货币，朝廷始终将渡来钱的流通视为一大难题。1190 年成立的镰仓幕府起初对正式承认钱币充作货币采取消极态度，13 世纪前半期幕府政策为之一转，允许钱币作为年贡的代缴手段而存在。①

综上而言，日本中世的货币，并非统治权力决定着货币的秩序，而是民间市场接受渡来钱作为货币在先，权力随后加以确认罢了。直至 15 世纪前半期，日本的诸多权力几乎没有强制干预和统一管理货币。通过市场的自律性，日本中世货币得以成立，其秩序得以维持。②

进入 13 世纪后，从中国源源不断供应而来的钱币促使扮演货币角色的渡来钱进一步渗透至日本社会。虽然是否妥当仍存在争议，但有学者指出 13 世纪前半期支配中国北部的金王朝不断受到蒙古的攻击而处于灭亡边缘，大量钱币极有可能从金朝的统治区域流向日本。③ 与使用钱币充当主要货币的金朝不同，蒙古以纸币和银为主要货币，在蒙古的征伐过程中，需求量低落的钱币得以流往海外。④

13 世纪后半期钱币仍不断流向日本，特别是 1270 年代的流入

---

① 佐々木银弥：《中世商品流通史の研究》，法政大学出版局，1972 年。
② 中岛圭一：《日本の中世货币と国家》，历史学研究会编：《越境する货币》，青木书店，1999 年。
③ Von Glahn, Richard, "Monies of Account and Monetary Transition in China, Twelfth to Fourteenth Centuries", *Journal of the Economic and Social History of the Orient*, 53（3），2010。
④ 大田由纪夫：《12—15 世纪初头东アジアにおける铜钱の流布》，《社会经济史学》61(2)，1995 年。同《渡来钱と中世の经济》，荒野泰典・石井正敏・村井章介编：《日本の对外关系 4—倭寇と"日本国王"》，吉川弘文馆，2010 年。

量陡增。主要原因在于蒙古（元朝）灭亡南宋后，大量钱币从原南宋的统治区域内流向日本。[1] 对于上述观点学界亦有不同声音，由于同时期蒙古两次入侵日本，导致日中间的贸易往来骤减，很难想象该时期钱币的大量流入。[2] 有观点认为，并非 1270 年代而是 1260 年代钱币从南宋不断流向日本。[3] 1260 年代南宋币制改革的失败导致钱币的信誉崩溃，进而引发钱币的大量外流。如此，13 世纪后半期钱币从中国转移至日本的具体情况仍有很多不明确的地方，直至当下学界仍争论不休。

进入 14 世纪后，元朝对亚洲海域贸易的控制逐渐松弛，与日本的往来再度恢复往日盛况。[4] 众所周知的实例之一便是，在朝鲜半岛东南海域发现的 1323 年从庆元（宁波）出航前往博多的沉没船（新安沉船）。该贸易船上除载有数量庞大的陶瓷器外，还有佛具等金属制品、东南亚产的香木（紫檀）、香辛料等货物。此外，船中还载有据推测 800 万枚（28 吨）的钱币。新安沉船是至 14 世纪中国船只大量携带钱币前往日本的决定性证据。至 14 世纪中期，日本社会俨然用钱币替代了原有的米和绢作为唯一的货币媒介。[5]

综上而言，中世日本的货币流通秩序是在与中国活跃的经济交流过程中确立起来的。不过当时作为货币在中国流通的银钱和纸币并未在日本普及，此外关于钱币使用的规则两国也不尽相同，中国普遍发行的大钱（1 枚法定等于 2—10 文的钱币）仅在博多周边被

---

[1] 大田由纪夫：《12—15 世纪初头东アジアにおける铜钱の流布》，《社会经济史学》61（2），1995 年。
[2] 榎本涉：《东アジア海域と日中交流—九——四世纪》，吉川弘文馆，2007 年。中村翼：《日元贸易期の海商と镰仓·室町幕府—寺社造营料唐船の历史的位置》，《ヒストリア》241，2013 年。
[3] Von Glahn, Richard, "Monies of Account and Monetary Transition in China, Twelfth to Fourteenth Centuries", *Journal of the Economic and Social History of the Orient*, 53 (3), 2010.
[4] 榎本涉：《东アジア海域と日中交流—九——四世纪》，吉川弘文馆，2007 年。
[5] 松延康隆：《钱と货币の观念—镰仓期における货币机能の变化について—》，《列岛の文化史》6，1989 年。

使用，且使用时也仅按照 1 枚等于 1 文的换算规则。

三、地方权力和地方经济圈的出现：
14 世纪后半期至 16 世纪前半期

14 世纪后半期中国元明王朝交替所引发的混乱导致钱币流通情况随之一变。1368 年建立的明朝，屡次要求日本镇压出现在东海沿岸的海贼（倭寇）。但此时日本正处于镰仓幕府灭亡后的南北朝内乱时期，作为中央权力（北朝）的室町幕府实质上无法统一调令九州地区的诸多势力，在征剿倭寇问题上力不从心。明朝怀疑自身内部出现了与倭寇内外勾结的势力，故而明令禁止一切私人行为的出海（海禁），并忍痛与一度接受册封的日本（南朝势力的征西府）断交。① 断交后从中国合法输入钱币的渠道变得极其困难，导致日本陷入钱币不足的境况，京都地区的土地价格也因此下跌。② 从博多的发掘调查结果来看，相较其他时代而言，14 世纪后半期钱币的发掘出土事例减少也佐证了上述事实。③

1392 年室町幕府促使南北朝一统，稳定了日本的政权基础，从而强化了对九州北部地区的治安维持活动。与此同时，同年成立的朝鲜王朝对倭寇采取的镇压、怀柔双重政策取得了一定效果，东海地区倭寇的抢掳行为逐渐呈减少趋势。明朝经靖难之役后永乐帝即位，足利义满在接受明朝的册封后日明外交得以恢复，基于册封关系的贸易往来（朝贡贸易）得以开展。铜精炼技术的舶来恢复了日本的铜生产，甚至在朝贡贸易中出口中国。中国逐年的铜不足使得钱币（永乐通宝）在铸造过程中开始使用日本出产的铜。④ 15 世纪

---

① 檀上宽：《明代海禁＝朝贡システムと华夷秩序》，京都大学学术出版会，2013 年。
② 松延康隆：《钱と货币の观念—镰仓期における货币机能の变化について—》，《列岛の文化史》6，1989 年。胁田晴子：《物似より见た日明贸易の性格》，宫川秀一编《日本史における国家と社会》，思文阁出版，1992 年。
③ 樱木晋一《货币考古学序说》，庆应义塾大学出版会，2009 年。
④ 桥本雄：《中华幻想—唐物と外交の室町时代史》，勉诚出版，2011 年。

初永乐朝铸造了数量较多的钱币,其中数万贯文钱通过官方的渠道流向日本。1430年代,宣德朝铸造的钱币(宣德通宝)亦有数万贯输往日本。

除上述渠道外,仍存在着其他将钱币从中国运往日本的"钱之道"。当时中山国统一了琉球,接受了明朝的册封,双方往来逐渐频繁,由此诞生了钱币经由琉球输往日本的渠道。① 由于史料的限制,很难具体估算琉球通道的钱币输入量,但保守估计亦有数万贯。

但上述钱币的输入量并不能完全支撑起日本经济。进入15世纪后米价逐渐高腾,与其说是货币流通量增加带来的影响,不如说是由于气候寒冷引发自然灾害多发,进而导致生产量减少、供需不平衡而造成的现象。日本钱币不足的问题虽未能完全解决,但恶化的物资供应却在结果上控制住了钱币不足所带来的混乱。明钱币的流通在15世纪前半期可以说一定程度上稳定了日本的钱币流通秩序。

但是,伴随15世纪后半期中国与日本政治局势的动荡,原有的货币流通秩序也被打乱。明朝倾向于在国内发行纸币(宝钞)的计划使得钱币的铸造大量缩减。15世纪中期原本打算以纸币作为纳税手段的政府,在纸币回收政策中的失利导致纸币的信誉和价值一落千丈,市场也逐渐弃用纸币。② 同样作为贸易结算货币的银从而替代纸币成为高额支付时的主要流通货币。

然而,银对于普通民众而言数额过大,小额货币的钱币在民间的需求量仍然很高。明朝并未下定决心大量铸造钱币,再加上与北

---

① 桥本雄:《撰钱令と列岛内外の钱货流通—"钱の道"古琉球を位置づける试み—》,《出土钱货》9,1998年。川户贵史:《中近世日本の货币流通秩序》,勉诚出版,2017年。
② 大田由纪夫:《中国王朝による货币発行と流通—明・洪武期の钞法を中心として—》,池享编《钱货—前近代日本の货币と国家》,青木书店,2001年。檀上宽:《明代海禁=朝贡システムと华夷秩序》,京都大学学术出版会,2013年。

元作战的过程中钱币多数被用于支付士兵军饷，导致经济发达的江南一带和华南沿岸（浙江、福建、广东）等地的钱币不足问题越发严重。为弥补钱币不足，上述地区的民间出现了私自模仿铸造钱币的行为，其中最具代表性的铸造地有江南地区和秘密贸易据点的福建漳州。① 仿制钱流入北京的1450年前后，围绕钱币甄别（挑拣）的纠纷频发。② 最终，仿制钱以历代王朝的正规铸造钱（制钱）的大约一半价值得以流通，逐渐被市场接受。

供应源中国钱币流通秩序的变化必然波及日本社会。15世纪后半期中国慢性钱币不足所导致的结果是，以银为衡量标准，钱币在中国的价值要远远高于日本。明朝停止钱币铸造，使得朝贡贸易中钱币的下赐也被迫停止。虽然幕府再三请求，但正式输入钱币的供应链就此切断（琉球也同样遭遇了钱币下赐停止的情况）。由于钱币在中国的价值要远高于日本，将钱币带入日本的贸易行为无法产生相应的利益，就连秘密贸易中的钱币输入渠道也就此消失。③ 相反，从日本向中国输出钱币反而有利可图，1470年前后发生了从日本携带钱币前往琉球的事件。④

1467年应仁之乱爆发，日本列岛陷入内乱状态。钱币不足加上内乱所引发的社会混乱动摇着正常的货币流通秩序。与中国一样，为弥补钱币不足，京都和堺等都市开始铸造仿制钱，其中不乏粗制滥造的钱币和不刻字的无文钱等，钱币品质的良莠不齐愈

---

① 黑田明伸：《货币システムの世界史》，岩波书店，2020年（初版2003年）。(黑田明伸著，何平译《货币制度的世界史：解读"非对称性"》，中国人民大学出版社，2007年。)
② 大田由纪夫：《15·16世纪中国における钱货流通》，《名古屋大学东洋史研究报告》21，1997年。足立启二：《明清中国の经济构造》，汲古书院，2012年。
③ 中岛乐章：《撰钱の世纪——四六〇—五六〇年代の东アジア钱货流通—》，《史学研究》277，2012年。
④ 《岛津家文书》279。桥本雄：《撰钱令と列岛内外の钱货流通—"钱の道"古琉球を位置づける试み—》，《出土钱货》9，1998年。川户贵史：《中近世日本の货币流通秩序》，勉诚出版，2017年。"

发引人注目。① 12 世纪以来，日本社会形成了无论是北宋钱还是明钱都以 1 枚等于 1 文的使用规则，然而钱币的良莠不齐及战乱导致的社会不安，使得选取并囤积质量上乘钱币的行为在民众间流行开来。

从此时政治权力的动向来看，原本居住在京都的各地守护因战乱返回各自领国并定居，以守护居住地为据点进而形成了都市（城下町。如朝仓氏的一乘谷和大内氏的山口等）。以城下町为政治、经济中心的地方都市在日本各地如雨后春笋般出现，支配地方都市的守护形成了独立支配的领国，成为地域权力（战国大名）。以领国为单位的地方经济圈继而得以形成，经济圈内物流的活跃化，出现了货币需求量局部性高涨的现象。②

自身并不铸造货币的日本中央权力缺乏满足货币需求的能力和积极性，故而凭借都市商人铸造仿制钱以保证领地内钱币的自给自足。与中国华南沿岸情形相同的是，铸造仿制钱的行为并非日本全体的统一行径，而是根据各地不同的需求各自铸造和供应不同量的钱币（仿制钱、无文钱）。民间提供的仿制钱为满足特定商圈（地方经济圈）的需求而流通，故而被称为"地方货币"。

中国不同地区间的交易主要以银作为结算货币，而制钱（精钱）在日本则继续发挥着相同的作用。例如 15 世纪末至 16 世纪前半期，大内氏的领国（周防、长门、丰前、筑前）内"清钱"（精钱）和"并钱"（仿制钱）流通时的价值迥异（前者是后者的三倍）。③

15 世纪后半期的日本，在市场主导下出现了多种不同作用和价值的钱币同时流通的货币秩序。与中国一样，多种钱币的流通导

---

① 小叶田淳：《日本货币流通史》，刀江书院，1969 年。
② 川户贵史：《战国期の货币と经济》，吉川弘文馆，2008 年。
③ 本多博之：《战国织丰期の货币と石高制》，吉川弘文馆，2006 年。

致市场交易和纳税时纠纷频发。为维持领国内秩序，大名权力也开始介入市场的货币流通秩序。

最早的实例是1485年大内氏为维持秩序而颁布了撰钱令。该撰钱令的一大特点是强制使用"永乐通宝"和"宣德通宝"两种明朝钱币，且废除洪武通宝的流通。① 有说法认为该规定受到了中国忌讳使用明朝钱币的影响，但似乎并无直接关系。笔者认为相较于北宋钱币，新的明朝钱币流通时间短导致信用低，且比较新，易被怀疑为伪造品，因此容易受到市场的猜忌。

在各地所形成的地方经济圈内并非所有的物资都能够实现自给自足，故而地方经济圈的性质并不排他。即使处于内乱之中，京都亦保持着日本经济中心的卓越性，是生产高技术水准日用品（刀剑和甲胄等）的一大产地。此外，京都、奈良的少数大寺社依然经营着各地的庄园，征收米等生产物及钱币作为年贡。各地货币流通秩序中的钱币由此从地方流向京都，进而导致京都地区的钱币价值换算体系出现紊乱。

举例而言，1480年代以后从能登国土田庄缴纳给贺茂别雷神社（上贺茂神社）的钱币中屡次发现混有"恶钱"（实际上是价值低于精钱而流通于市的钱币），为此神社与承包缴纳事务的当铺围绕"恶钱"纠纷进行了诉讼裁判。1510年前后，从各地庄园缴纳至京都的钱币中屡有混入"恶钱"的事件发生，出现了领主方要求负责年贡纳入的代官等立下排除"恶钱"誓约的状况。② 统治京都的幕府最终也不得不着手管理货币流通秩序，于1500年首次颁布撰钱令，③ 此后直至1560年幕府多次发布相关诏令。

进入16世纪后各地战国大名的实际权力愈发强化，制定并实

---

① 大内氏掟书第六一・六二条（佐藤进一・百濑今朝雄・池内义资编：《中世法制史料集》3，岩波书店，1965年所收）。
② 川户贵史：《战国期の货币と经济》，吉川弘文馆，2008年。
③ 室町幕府法・追加法第320条（佐藤进一・池内义资编：《中世法制史料集》2，岩波书店，1957年）。

施分国法等单独的法律制度以管理领国。各大名不尽相同的货币统制方式使得日本列岛各地形成了迥异的货币流通秩序。

1510年前后从中国输入钱币的渠道依旧萧条不畅，钱币不足而引发的混乱仍在持续，京都则频繁颁布撰钱令。东寺名下庄园所缴纳的年贡钱币中掺有"恶钱"的问题愈发严重，部分庄园被要求转以缴纳特产漆和纸等实物以充当年贡。①

1526年石见银山的开发使情况为之一转。② 已然成为国际结算货币且在中国作为日常货币普遍使用的银突然在日本大量出产。虽然日本并没有立即将银转作货币使用，但相较中国，日本银兑换钱币的价格较低。不顾秘密贸易风险的中国商人则再度频繁密航至日本（九州北部）。

由于博多商人承包了石见银山的开发，博多成为日本银的主要交易地。得益于统治者松浦氏的庇护，担心告密的偷渡者们则以西边的松浦和平户作为贸易据点。1540年代后，为寻求银而从东南亚经由澳门前来的葡萄牙商人陆续登陆九州。

石见银的出现使来往日本的贸易船只数量有所增加，中国、东南亚输往日本的贸易品仍以陶瓷器、丝织品和辛香料等为主。1543年葡萄牙商人为日本带来了火绳枪，作为火药原料的硝石和弹药原料的铅也被大量输入。

此外，从中国输入钱币的渠道也得以恢复。输往华南沿海地区的石见银使当地钱币兑换银的价格下跌。银的需求量在日本较低，数量不足的钱币价值相对居高不下。在以银为贸易支付手段的情况下，日本的钱币价值相较中国而言更高，③ 亦即从中国携带钱币前往日本有利可图。贸易商人因此将流通于华南沿海地区的钱币（仿制钱）再次输向日本。秘密贸易（倭寇）由此横行，1540年代后半

---

① 川户贵史：《战国期的货币与经济》，吉川弘文馆，2008年。
② 本多博之：《天下统一とシルバーラッシュ》，吉川弘文馆，2015年。
③ 中岛乐章：《撰钱的世纪——一四六〇—一五六〇年代的东アジア钱货流通—》，《史学研究》277，2012年。

段明朝武力讨伐倭寇达到了高峰，也正是这一时期大量的钱币流入日本，从而很大程度上缓解了日本的钱币不足状况。事实上1530年代日本并未颁布撰钱令，1540年至1550年也止于两三例。根据考古发掘，此时发掘出土的北宋钱一大半是华南沿海地区所铸造的仿制钱。

四、"倭寇性状况"和日本的钱币：16世纪后半期至17世纪前半期

在亚洲海域局势变化的影响下，日本钱币不足的情形虽一时得以缓解但并未持续长久。1550年代处于顶峰时期的嘉靖倭乱此时逐渐平息，1560年代在剿抚双重政策的作用下，前往日本的秘密贸易再次呈减少趋势。1567年明朝允许秘密贸易据点的漳州海澄县前往东南亚地区进行私人贸易，在一定程度上转变为缓和海禁的政策。但仍然禁止私自前往日本，与日本之前的秘密贸易虽有存续但数量大为减少。[①] 1570年前后九州地区葡萄牙贸易船的持续出现，使得中国船只不再引人注目，中国输往日本的钱币再次陷入萧条状态。

这一冲击立即波及日本。1560年前后米价有所下落，但与15世纪前半期不同的是此时的收成平稳，京都周边的钱币不足导致了米价下跌。[②] 此时，正规铸造钱的停止供应使得精钱从市面上消失，相较精钱价值更低的钱币主要是仿制钱，成为了市场流通的通用货币。1560年代后半期即使是仿制钱的数量也明显变得不足，特别是巨额贸易时的现金结算方式显得捉襟见肘。为此，日本国内开始使

---

① 范金民：《明代万历后期通番案述论》，《南京大学学报》2002年2期。中岛乐章：《14—16世纪，东アジア贸易秩序の变容と再编—朝贡体制から1570年システムへ—》，《社会经济史学》(76) 4，2011年。

② 黑田明伸：《货币システムの世界史》，岩波书店，2020年（初版2003年）。(黑田明伸著，何平译：《货币制度的世界史：解读"非对称性"》，中国人民大学出版社，2007年。)

用金和银代替钱币充当结算货币。实际上早在1550年代贸易活跃的九州各地就已然使用银作为货币，京都地区确定使用金银的记录则是1568年。① 此后金和银虽共同成为京都地区的结算货币，但银的使用频率更高，1590年代银最终成为主要的高额货币。

1568年9月实现上洛的织田信长于次年2月在京都颁布了撰钱令，规定了2枚、5枚、10枚各自兑换1文的钱币种类，并命令其与1枚等于1文的精钱混用。② 可见仅以精钱已然无法维持京都的货币流通秩序，为避免兑换引发的矛盾，撰钱令规定了仿制钱的兑换比率，但市场却从未遵守该命令，撰钱令也最终沦为一纸空文。

1570年代京都周边的精钱越发匮乏，就连小额结算也成了问题，便宜且品质稳定的米继10世纪回归现象后再次摇身一变为商品货币。与10世纪不同的是，低价值的通用钱与米一道同时流通于市场。这些钱币以精钱三分之一的价值流通于市，故而被称作"鐚"（日文为ビタ）。③

钱币流通秩序的动摇导致其衡量物品价值尺度的机能变得紊乱，织田信长和丰臣秀吉统治时期的年贡收取及军役的基准逐渐由钱币支付（贯高制）转变为米支付（石高制）。这就是近世日本税制基础石高制的起点。

相较京都，关东地区的钱币不足更为严重。1550年代已然缓慢出现钱不足的现象，虽然精钱和低价值的通用钱同时流通，但1568

---

① 佐藤进一、百瀬今朝雄编：《中世法制史料集》5，岩波书店，2001年所收第687号文书。浦长瀨隆：《中近世日本货币流通史—取引手段の变化と要因—》，劲草书房，2001年。中岛圭一：《京都における〈银货〉の成立》，《国立历史民俗博物馆研究报告》113，2004年。藤井让治：《近世货币论》，《岩波讲座日本历史》11，岩波书店，2014年。川戸贵史：《中近世日本の货币流通秩序》，勉诚出版，2017年。高木久史：《近世の开幕と货币统合》，思文阁出版，2017年。
② 前揭《中世法制史料集》5所收第685号文书。
③ 本多博之：《织田政权期京都の货币流通—石高制と基准钱"びた"の成立—》，《广岛大学大学院文学研究科论集》72，2012年。樱井英治：《交换・权力・文化—ひとつの日本中世社会论》，みすず书房，2017年。

年精钱彻底匮乏，原本征收钱币作为年贡的大名北条氏也不得不承认用米和金等他物充作代缴品。1570年代通用钱也逐渐变得稀缺，北条氏最终以米充作各种的支付手段。关东地区在高额交易方面与京都一样面临着困难，与京都不同的是，关东地区主要使用金而非银充当支付货币。虽无法具体说明缘由，但大致是由于东日本地区的金山相对较多的原因。1570年代后，在关东北条氏领国内，新的精钱被称作"永乐钱"，永乐钱的价值是此前精钱的两倍甚至三倍之多。学界一般的研究认为，永乐钱与低价值的通用钱同时流通使用，且永乐钱仅指永乐通宝。关东地区考古发掘显示的永乐通宝出土比例较其他地区更高的现象成为该观点的佐证。①

但出土比例较高的永乐通宝也仅占关东地区出土钱币全体的20%左右，如果仅以永乐通宝充作精钱的话，市场立即见底的可能性很高。从当时北条氏相关的史料来看，也未能发现永乐钱与其他钱币（通用钱）同时使用的事例。笔者认为永乐钱并非与其他通用钱同时流通，而是钱不足所导致价值上升的通用钱（包含永乐通宝）统称为永乐钱而流通。亦即关东在极端钱币不足的情况下，包括劣质品在内的所有钱币的价值都以高于京都的方式流通于市。丰臣秀吉平定东北后的1590年代，在陆奥会津地区有数千贯程度的"永乐钱"流通于此，若这些"永乐钱"仅为永乐通宝则不合常理，故而笔者认为永乐钱是指包含各种钱币在内的一般通用钱。

永乐钱这一称呼在17世纪后的关东周边地区仍有使用，德川政权（江户幕府）成立后在统一日本列岛流通网络的过程中，京都周边的鐚（根据永乐钱即为通用钱的说法，永乐钱与鐚的所指一致）与关东地区的永乐钱在价值上的地区差异问题变得较为棘手。当然永乐钱的价值要远远高于鐚。在以米为兑换标准的情况下，永乐钱的价值要高出鐚4—6倍之多。江户幕府在1608年颁布的撰钱

---

① 中岛圭一：《西と东の永乐钱》，石井进编：《中世の村と流通》，吉川弘文馆，1992年。铃木公雄：《出土钱货の研究》，东京大学出版会，1999年。

令中，规定了支付永乐钱时的价格是支付鐚时四倍的计算比率。①将关东地区永乐钱支付金额调高4倍的规则是为了消除与鐚在价格和价值上的差异。德川幕府为进一步防止混乱，彻底废除了永乐钱的称呼，将通用钱的价值全部统一按照鐚的标准执行。此后鐚改称为"京钱"，以统一的价值标准流通于全国。

钱币地区差异的消失为1636年幕府独自发行钱币（宽永通宝）奠定了基础。17世纪初期江户幕府虽在全国发行了通用的金、银货币，但一部分大名单独铸造的"领国货币"银币仍一直流通至17世纪末。为弥补屡屡发生的金属货币（现金）不足，经济发达且资金需求旺盛的西日本地区，除独自发行纸币（扎）外，账簿记账的结算方式在17世纪后半期也逐渐兴盛起来。②

五、亚洲海域的波动和货币：16世纪后半期至17世纪前半期

本节试图在明朝缓和海禁后亚洲海域局势的基础上，探讨货币流通的动向。

上节提及由于16世纪中期"倭寇性状况"，日本及亚洲海域间的交流逐渐活跃化，特别是与东南亚之间的贸易迅速扩展。明朝虽缓和海禁政策但仍继续禁止与日本之间的往来，东南亚由此一跃成为保证日中间贸易安全正常化的中转站。始终关注着新渠道的日本贸易商人，积极地往来于东南亚地区，为日本带来了大量的财富。③日方所需要的商品与之前大致相同，除中国产的陶瓷器和丝织品（生丝、丝绸）等主要物品外，东南亚产（多半为越南和暹罗）的

---

① 法制史学会编，石井良助校订：《德川禁令考》前聚第6，创元社，1959年所收3684号。
② 榎本宗次：《近世领国货币研究序说》，东洋书院，1977年。岩桥胜：《近世の货币·信用》，樱井英治·中西聪编：《新体系日本史12—流通经济史》，山川出版社，2002年。高木久史：《近世の开幕と货币统合》，思文阁出版，2017年。
③ 村井章介：《世界史のなかの战国日本》，筑摩书房，2012年。

陶瓷器和丝织品、暹罗产的铅、菲律宾出产的金等商品也被大量输往日本。此外香木、香料（麝香、沉香等）等也很宝贵。大量的银则从日本输向各地，葡萄牙商人经营的奴隶贸易也很兴盛。①

明朝缓和海禁的政策使得大量钱币经由福建流往东南亚地区，特别是输往与日本一样极需钱币充当货币的越南。越南的北宋钱（大多为仿制钱）极其珍贵，16世纪前半期与日本一样，充作不同地区贸易结算的精钱而使用。地方的商业交易则使用品质和价值较低的钱币。16世纪末明朝铸造的万历通宝虽流入东南亚，但越南因避讳而未能使用。17世纪后的爪哇则有使用万历通宝的痕迹。②同时期苦恼于钱币不足的日本，虽防止了钱币的外流，但作为武器制造原料的铜却不断被输往马尼拉地区。③经由东南亚输入日本的钱币似乎也停留在可以忽略不计的程度。

但是，进入17世纪后，英国和荷兰在亚洲海域现身，导致西欧诸国为争夺当地主导权而陷入互相纠缠的状态，情况再次发生变化。作为武器原料的铜的需求急速上升，作为铜主要出产地的日本的出口量也在不断增加。德川政权（幕府）尤其警惕武器原料的出口，进而限制了铜的输出量。此时西欧各国将目光转向了铜制品的日本钱币。最为积极的当属荷兰，1620年代后半期荷兰通过在九州

---

① ルシオ・デ・ソウザ，冈美穂子：《大航海時代の日本人奴隷——アジア・新大陆・ヨーロッパ》，中央公论新社，2017年。De Sousa, Lúcio, *The Portuguese slave trade in early modern Japan: merchants, Jesuits and Japanese, Chinese, and Korean slaves*, Brill, 2019.
② 黒田明伸：《貨幣システムの世界史》，岩波书店，2020年（初版2003年）。フランソワ・ティエリー（中岛圭一・阿部百合子译）《黎朝（一四二八—一七八九）下のベトナムにおける貨幣流通》，《出土钱货》29，2009年。Hoang Anh Tuan, "Vietnamese-Japanese Diplomatic and Commercial Relations in the Seventeenth Century", The International Academic Forum for the Next Generation Series, Vol. 1, Kansai University, 2010. Von Glahn, Richard, "Chinese Coin and Changes in Monetary Preferences in Maritime East Asia in the 15th–16th Centuries.", Journal of the Economic and Social History of the Orient, 57（5），2014.
③ 清水有子：《近世日本とルソン——"锁国"形成史再考》，东京堂出版，2012年。

平户建造的商馆将钱币源源不断地输往自身控制下的台湾。①

日本对生丝的需求则依然居高不下，因此日本商人多前往生丝产地越南大量采购。由于越南同样使用钱币充当货币，故而现地采购时日本商人多使用从日本携带而来的钱币而非银来支付。

1620年代至1630年代，日本与东南亚之间的贸易往来导致日本国内的钱币大量外流。作为亚洲海域门户的九州地区尤其深陷钱币不足的困境，九州的大名在开发辖区内矿山的同时，自主铸造钱币以增加流通量，但效果甚微。1636年以后幕府发行宽永通宝，意图遏制钱币不足的状态。

伴随基督教问题的显著化，原本就对日本铜和钱币外流持戒备态度的幕府，于1630年在限制铜出口的基础上进一步严格限制钱币的输出。1635年更是全面禁止问题源头的日本商人海外远航。1639年幕府在驱逐葡萄牙商人的基础上实现了日本"锁国"，虽然此后允许荷兰来日贸易，但严格控制铜的出口。17世纪后半期，随宽永通宝的普及，渡来钱逐渐从市场消失，由此包括专供出口而铸造的钱币在内，渡来钱经由长崎被运往东南亚地区。由于数量较少，该渠道至1680年代亦不得不中断。此后，幕府也逐渐限制产量不断减少的日本银的出口。

17世纪后明朝与后金的战争导致明最终走向灭亡，清朝成立，战乱中，华南沿海地区的钱币需求陡增。因此，有可能钱币从海外被输往华南沿岸。② 其中多数货币很可能是从日本（长崎）经由东南亚或琉球而来。不过17世纪末这一流通方式也逐渐萎缩。

清朝成立初期，严加限制海外贸易以对抗从荷兰手中夺取台湾的郑成功反抗势力。因此亚洲海域间的贸易急速降温，特别是东南亚地区的经济情形明显低落，陷入了一般被称为"17世纪危机"的

---

① 永积洋子：《朱印船》，吉川弘文馆，2001年。安国良一：《日本近世货币史の研究》，思文阁出版，2016年。川户贵史：《中近世日本の货币流通秩序》，勉诚出版，2017年。
② 黑田明伸：《中华帝国の构造と世界经济》，名古屋大学出版会，1994年。

困境。由于17世纪后半期亚洲海域贸易的急速低落，原本活跃于亚洲海域的货币也只能在各自的国家内部循环。

六、结语

本文主要论述了中世日本货币的概况，笔者试图在结语部分总结其相关特征。

在市场自律而非权力主导的情形下，形成了以中国输入的钱币作为唯一货币的中世日本社会。日本权力自身不发行且不干涉货币的运行也是中世日本的一大特征。近代货币理论中的常识是国家权力垄断着货币的发行权，当然类似的货币大量存在，但并非历史上所有的货币均是如此。15世纪后半期中国的国家权力事实上放弃了货币的发行，任由经济发达地区的市场自行运作；独自发行钱币的越南同样积极接纳从中国而来的钱币，国家权力无法完全垄断货币发行权的现象并非仅限于日本。无论是否由国家权力发行，货币常常凌驾于权力之上而流通于世。

正是由于货币具备了这样的特质，才能使其成为支撑亚洲海域交流的保障。17世纪前半期，除贵金属银承担大部分贸易的结算外，钱币也时常充当该角色。各个国家权力严格管理货币，如果奏效的话，可能很难产生如此活跃的贸易往来。中国历代王朝对钱币的外流屡禁不绝。即使是强大的国家权力也很难完全封锁活跃的市场经济行为。16世纪亚洲海域的倭寇正是超脱国家权力管控进行市场经济交流的实证。日本中世所处的12至17世纪前半期的亚洲海域可谓开放的经济交流时代。

15世纪后半期日本列岛出现内乱，地方权力（战国大名）崛起，由此形成对应的地方经济圈，货币的流通秩序也随不同的经济圈各不相同。地区间贸易结算时屡次围绕钱币的价值判定发生纠纷，特别对维持自身中央市场地位的京都造成了极大的损害。16世纪后半期列岛走向再度统一的过程中，矫正钱币秩序的地区差异成为中央权力的政治课题，且采取了具体措施。在市场的自觉作用下充当高额结算货币的金、银被权力所利用，最终江户幕府不仅独立发行了自身的金、银、钱币，而且在17世纪后半期禁止了渡来钱的使用。由此日本确立了使用金、银、钱币三种货币的近世货币制度，亦可视为近代货币制度的萌芽。虽然如此，不受国家权力干预的货币（扎）的流通能够佐证民间仍然存在着市场自律下的货币管理。

由于本文的概述性，故而省略了细微事实的论证。部分重要研究论点也未能涉及。这些都是笔者今后要留意之处。期待今后有更多关于货币流通史研究的跨国交流。

（殷九洲　译）

"天下公共"与封建郡县论

——东亚思想连环中的传统中国与近世日本

张 翔

(复旦大学历史学系)

前言

中日两国在自我认识或相互认识之时,经常会频繁地使用到"封建"与"郡县"这两个概念用语。据日本学者记载明末流亡日本的朱舜水(1600—1682)曾经说道"来到此国(指日本——笔者注)后,亲眼所见封建制之风范,感慨而联想三代圣人之法"。① 江户时代(本文一般使用"近世日本"这个概念)广岛藩的学者赖山阳(1780—1832)曾写到"盖我国之俗,有异于汉土者。故帝王一姓,无叛民得志者。然将相方镇,迭起司权,其势数变数成。故前郡县,而后封建,与汉土之古今相反。而因其势而制者。亦各有得失之可言"②,明确指出了中日两国传统社会、政治制度的不同。

总的来说,无论是在传统中国还是传统日本,从儒学理念出发赞同封建制的言论更为普遍(因为与封建制对峙的秦制常常是中国历史上学者批判的目标)。但是,我们更多看到的是在保留现有制度的同时,对另一种制度取长补短。也就是说,从历史上来看,这绝不是一个简单的"是封建制还是郡县制"的问题。究其原因,有

---

① 雨森芳洲:《多波礼草》上。
② 《通议》卷一·论势。

以下几点。

一、既然一种制度已然存在，那么现实中也必然有它所编织的缜密的关系网络，如果贸然予以改变，反而会带来难以预测的灾祸。在中国，王莽（前45—后23）曾试图恢复周朝的"井田制"，却以惨败告终。这成为中国历史上的一大教训，借此人们认识到完全恢复旧制度的风险性，遇到类似问题时往往会以"势"一词来说明其不可逆转。因此朱子（1130—1200）曾明言"封建井田，乃圣王之制，公天下之法，岂敢以为不然。但在今日恐难下手。设使强做得成，亦恐意外别生弊病，反不如前，则难收拾耳"①。日本近世武士学者山鹿素行（1622—1685）也曾写道："如果现在贸然将天下改为封建制或郡县制，反倒会招致惑乱。"②

二、人们逐渐认识到两者各有其长处和短处，与其偏向其中一方，不如采纳两者的长处。尽管封建制被视为三代的理想制度，但多数论者并未因此采取非此即彼的态度与立场。例如前述山鹿素行也明言"不如并用封建、郡县而施其良法。……完全采纳封建制，或者完全采纳郡县制，皆有失偏颇"③。清代的学者李塨（1659—1733）认为，"封建之利在藩屏天子，分理其政事，势可以长久，害在世守，强弑逆战，争不可制，而生民罹其毒；郡县之利在守令权轻易制，无叛乱之忧，害在不能任事，奸宄可以横行，权臣可以专擅，天子孤立于上而莫之救，是两者皆有其利害。历代之故辙昭然，凡持一偏之得失以为言者，皆非也。然则王者将何从？曰：兼收二者之利而辟其害，使其害去而利犹存，斯可以为治矣"④。

三、长期以来，人们总是从制度层面出发展开封建郡县论。然而，就传统儒学而言，制度与"道"相比是次要的，人在制度中的生存方式以及人与制度的关系才是问题的关键所在。中国明末大学

---

① 《朱子语类》卷108，论治道。
② 《山鹿语类》卷第9，《山鹿素行全集》思想编5卷（岩波书店，1941年），134页。
③ 同上。
④ 《平书订》卷2，分土第2。

者顾炎武（1613—82）曾主张"寓封建之意于郡县之中，而天下治矣"①。同时期的山鹿素行（1613—82）也主张，"私以为，应该根据人之德功有无，以确定采用封建制还是郡县制。应该以郡县之心实施封建，以封建之心实施郡县"②。明治时代初期的儒学者西村茂树（1828—1902）也曾主张，"治天下，必有本末。道为本，制度为末。仁义忠厚，道也，封建郡县，制度也。……然则，国之治乱盛衰不在于制度，而其他原因存于其间甚为显明"。③

不过，即使以上的历史逻辑与现象得到了确认，我们也能从日本江户时代末期的政治变革中看到日本武士知识人对原有东亚政治社会取长补短式改革的某种离经叛道。而这个部分恰恰是本文试图从思想史的视角予以探讨的主要标的，虽然历史变革的整个原貌另外需要从政治、经济、外交等诸方面的视角的组合才能完成。

东亚世界的封建郡县论经常是与"天下公共"相关联而展开，而且对封建郡县的是非优劣的讨论通常用"天下公共"为标准予以衡量。在古代中国，尽管"天下"一词有多种含义，但一般情况下指天、君主、民与国土（土地）的关系处于一种均衡而有序的状态，同时文化和道德价值又得到实现的世界。④ 从这个意义上说，封建郡县论并不局限于政治体制上的中央与地方关系⑤，还包含着更为复杂的社会、文化等内容：它总是与时人所直面的危机以及克服危机的迫切愿望与理想相互关联，因此，它也总是与人在体制中的生存方式相互关联。但是鉴于中国与日本传统社会政治体制之间

---

① 《郡县论》一。《亭林文集》卷之一。
② 《山鹿语类》卷9，《山鹿素行全集》思想编5卷（岩波书店，1941年），135页。
③ 《郡县议》明治2年，《西村茂树全集》1卷（思文阁出版，1976年），372页。
④ 参见安部健夫《中国人的天下观念：政治思想史试论》（哈佛·燕京·同志社东方文化讲座委员会，1956年），西顺藏：《中国思想论集》（筑摩书房，1969年），沟口雄三等：《中国思想文化事典》（东京大学出版会，2001年）。
⑤ 例如由增渊龙夫、沟口雄三等学者提出的中国近世近代"封建＝地方自治说"就非常重要，而本文集中讨论的是日本近世"封建"体制向"郡县，中央集权"体制的移行，有着不同的问题视角。

的巨大差异，这些思考与讨论在两个社会中产生的影响与扮演的角色自然也是不尽相同的。①

需要说明的是以下二点，（1）尽管两个社会在各个时期有着诸多不同的思想流派，但本文基本上以儒学者或具有儒学教养者为中心而基本忽略了学派问题。这是因为，中国、日本儒学者和知识人有关封建郡县问题的讨论在历史事实的认识与思想语境方面有着基本的共识，而且在思考与讨论的标准上也有着很大的一致性。（2）关于"封建""郡县"问题的思考与讨论在东亚的思想连环②之中展开，但是由于明清中国与近世日本都相当程度实施了闭关锁国政策，东亚大陆人与日本人的直接交流仅被局限于个别地区（如日本长崎），能够深入日本社会的只有明末流亡日本、并被水户藩聘为宾师的朱舜水等极少数人，反而日本通过自古以来绵延不断地输入大陆书籍而大体知道大陆知识人关于相关问题思考与讨论的基本内容。只有进入近代，随着中日两国的学术交流日益扩大，有关日本的信息与知识才逐渐进入中国知识人的视野。清末的梁启超（1873—1929）在渡日后亦清楚地意识到中日传统政治社会体制的不同。③

当代中国学术界在改革开放以后逐渐开始重视对封建制的比较研究，也出现了不少出色成果，④ 但是对日本历史上关于封建郡县

---

① 渡边浩认为："很显然，在德川日本，即使是与中国古代'封建制'看似简单的形式上的类比，也在充当了接受儒学前提的同时，引发了许多繁杂的议论。……矛盾来源于外来思想与现实之间。但尽管如此，正是这些矛盾不允许日本的儒学者自足于直接输入的外来'学问'，而使他们从各自的背景出发一边对外来"学问"予以应用并做出修正，一边参与到论争中。或许这也是最终导致现实发生转变的要因之一。"（《近世日本社会与宋学》，东京大学出版社，1985年，39页）予笔者诸多启发。
② 关于"思想连环"这一观念，请参见山室信一的《作为思想课题的亚洲》（岩波书店，2001年）及该系列的其他成果。
③ 梁启超曾讨论过中国、欧洲、日本的封建制及其崩溃的方式（《中国专制政治进化史论》第2章附论《中国封建之制与欧洲日本比较》，1902年，《饮冰室文集》第一册）。
④ 参见马克垚：《关于封建社会的一些新认识》（《历史研究》1997年1期），侯建新：《"封建主义"概念辨析》（《中国社会科学》2005年第6期）等。

论的研究就管见所及，暂付阙如。二战以后日本学术界对这个问题的讨论也并不常见，一方面在历史学界，封建制的概念往往被转化为历史发展的一个阶段的认识，另一方面对来自西方的资源与日本自身资源的考察居多，相反对来自古老中国的思想文化资源则语焉不详。① 限于篇幅，本文将通过梳理传统中国和近世日本各自有关封建郡县思考与讨论的脉络，主要考察近世日本的儒学者和知识人如何将封建郡县的相关思考和讨论投射到本国体制与文化的改革，并在幕末危机中导向从内部对日本近世封建制的机制与逻辑予以锈蚀的过程。

立足于上述问题意识，笔者将从以下几个方面展开讨论。

1. 天下应该一人独占？一小部分人分有？还是天下人共有？
2. 君臣关系是一种基于私人人格的关系，还是一种可以基于普遍原理而予以规范化的关系？
3. "士"如何参与天下秩序的形成呢？政策形成是一小部分人的事务，还是应该进行公共的讨论？等等。

一 天下——独占、分有、共有

所谓"天下公共"是什么？为了有助于理解这个概念，我们首先要解决的问题是：天下该由一人独占？一小部分人分有？还是应当为天下人所共有？又或是应该暂时委任给君主及其下属官僚进行管理？

就传统中国而言，结束了战国时代的战乱、统一了全国的秦始

---

① 传统中国的封建郡县论对近世日本社会的影响是日本学界的一个重要研究课题，浅井清《明治维新与郡县思想》（岩宋堂书店，1939年）重点研究了西方在近代日本向郡县制的移行过程中的积极影响，石井紫郎的《近世武家思想》（岩波书店，《日本思想大系》27卷的《解说》；以后收录于《日本人的国家生活》，东京大学出版会，1986年）则侧重日本政治与体制的内发因素在其向郡县制的移行过程中的积极影响。笔者以为这些研究成果富于启发，受教良多，但是在此文中则着重阐发传统儒学在明治维新及其近代化过程中所发挥的某种积极影响。

皇所建立的中央集权式专制官僚体制，长期以来便为儒学者们所诟病。儒学者的批判主要集中在：秦始皇把分封给诸侯和卿大夫的土地及人民全部集中在自己手中，由其下属官僚进行管理。也就是说，他把本应分封给各诸侯的天下给"私"化了。这也就导出了一个教训，即：正因为天下为一姓所"私"有，当他倒台时，也就失去了其他势力的帮助与支持。①

这里有个不言自明的前提，即诸侯与天子同样享有拥有土地与人民的权利。换言之，诸侯与天子属于几乎同样的等级②。而卿大夫的情况则完全不同，即有两种情况：一种是世袭的，一种是非世袭的。③

换言之，至少就传统中国的封建制而言，若无正当理由，谁也无法剥夺拥有土地和人民的人（更准确地说便是宗族集团）的相关权利。即使他们触犯了法律，也不会影响犯罪者的子孙及亲属对其宗庙的继承权和统辖权。④

因此，正如孟子所说"诸侯有行文王之政者，七年之内，必为政于天下矣"⑤，诸侯不仅与天子拥有同样的等级，还可基于"贤"、"德"代行天子权限管理天下，甚至可以通过"禅让"或"革命"

---

① 三国魏的曹同（3世纪前期）在《六代论》里做过这样的解释，"昔夏、殷、周历世数十，而秦二世而亡。何则？三代之君，与天下共其民，故天下同其忧。秦王独制其民，故倾危而莫救。"
② "天子就是帝的嫡长子，……如果说天子之名意指爵姓中的长兄，乃至是始祖帝爵诸子中的嫡长子的话，那么相对于这个天子的诸侯之名，就是意指子爵甚至是始祖帝爵的诸子吧。……于是天子与诸侯之间的这种关系，当然也就可以设想为兄弟关系。"《山田统著作集》4卷（明治书院，1982年），404—405页。
③ 王国维否定了卿大夫的世袭制（《殷周制度论》《观堂集林》2册，中华书局，1984年），而其他学者则持相反的观点。但一个主要倾向是，春秋战国时代以来，卿大夫的世袭制在逐渐走向衰弱。请参见瞿同祖：《中国封建社会》（上海世纪出版集团，2005年）；侯志义：《采邑考》（西北大学出版社，1989年）；何怀宏：《世袭社会及其解体》（生活·读书·新知三联书店，1996年）。
④ "卫人讨宁氏之党，故石恶出奔晋。卫人立其从子圃，以守石氏之祀。"《左传》襄公二十八年。
⑤ 《孟子·离娄上》。

成为天子,这些都是符合天理的。明末清初的王夫之(1619—92)也曾说道,"三代以上,诸侯有道,天下归之,则为天子;天子无道,天下叛之,退为诸侯"①,"古之诸侯,虽至小弱,然皆上古以来世有其土,不以天子之革命为废兴,非大无道,弗能灭也……故天子者,亦诸侯之长耳"。②

与秦始皇的"私天下"相对应的有两个词,即以唐尧禹舜夏禹禅让制度为代表的"公天下"或"官天下",以及由夏禹的子嗣启继承天子位而开创的世袭制,也就是"家天下"。然而,当诸侯及卿大夫分有统治权时,很难说是否构成了"公天下"。

首先我们来看传统中国的情况,《礼记》的"礼运"篇记载,"大道之行也,天下为公,选贤与能,讲信修睦。故人不独亲其亲,不独子其子,使老有所终,壮有所用,幼有所长,矜寡孤独废疾者皆有所养,男有分,女有归。货恶其弃于地也,不必藏于己;力恶其不出于身也,不必为己。是故谋闭而不兴,盗窃乱贼而不作,故外户而不闭。是谓大同"。接着是"今大道既隐,天下为家,各亲其亲,各子其子,货力为己,大人世及以为礼,域郭沟池以为固,礼义以为纪,以正君臣,以笃父子,以睦兄弟,以和夫妇,以设制度,以立田里,以贤勇知,以功为己。故谋用是作,而兵由此起。禹、汤、文、武、成王、周公由此其选也。此六君子者,未有不谨于礼者也。以著其义,以考其信,著有过,刑仁讲让,示民有常,如有不由此者,在埶者去,众以为殃。是谓小康"③。

关于此处的"公",东汉的郑玄(127—200 年)有注云,"公犹共也。禅位授圣,不家之。睦,亲也。"唐代的孔颖达(574—648年)则注为,"天下为公,谓天子位也。为公,谓揖让而授圣德,不私传子孙,即废朱均而用舜禹是也。选贤与能者,罍明不私传天

---

① 《读通鉴论》卷 6,光武三。
② 《读通鉴论》卷 29,五代中。
③ 《礼记·礼运》。

位,此明不世诸侯也,国不传世,唯选贤与能也,黜四凶、举十六相之类是也"。因此,我们可以说,至少在当时的语境下,天下之"公"只与天子之位的转移方式有关。

有论者主张,这部中国古典尤其是开篇部分的非家族性表现,偏离了儒学的范畴,反倒更接近老庄的道家思想。① 但这些表现与古典儒学的观点还是有很多一致的地方,我们也不难看到后世儒学者的称赞之词,因此可视其为儒学的一个源流。在天子更替问题上,世袭制(即"世及"——父子相继为"世",兄弟相继为"及")即是"家天下",与"官天下"或是"公天下"对置。

对于这种"天子"后继者的选择方法,一般如成书于战国时代的《吕氏春秋》记载的那样,"天下非一人之天下也,天下之天下也"②,或是"尧有子十人,不与其子而授舜;舜有子九人,不与其子而授禹,至公也"③,受到了后世学者的高度称赞。西汉的刘向也表示,"昔尧之治天下,举天下而传之他人,至无欲也,择贤而与之其位,至公也"④,给予了高度评价。

唐尧、虞舜将天子之位让于贤,而非其子,塑造了"公天下"的典范。但是夏禹将天子位传于其子启的做法,无疑开启了"家天下"的先河。问题在于,这一行为是如何被解释并进而正当化的呢?孟子则认为,这并非"私",而是符合天意的行动,从下述两段引文中可以看到孟子予以了正当化。

"使之主祭,而百神享之,是天受之;使之主事而事治,百姓安之,是民受之也。天与之,人与之,故曰天子不能以天下与人。舜相尧二十有八载,非人之所能为也,天也。尧崩,三年之丧毕,舜避尧之子于南河之南,天下诸侯朝觐者,不之尧之子而之舜;讼狱者,不之尧之子而之舜;讴歌者,不讴歌尧之子而讴歌舜,故曰

---

① 参见萧公权:《中国政治思想史》,辽宁教育出版社,1998年,第2章,第6节。
② 《吕氏春秋》卷1,至公。
③ 同上书,去私。
④ 《新序》节士第7。

天也。夫然后之中国，践天子位焉"，又说"天与子，则与子。昔者，舜荐禹于天，十有七年，舜崩。三年之丧毕，禹避舜之子于阳城，天下之民从之，若尧崩之后不从尧之子而从舜也。禹荐益于天，七年，禹崩。三年之丧毕，益避禹之子于箕山之阴。朝觐讼狱者不之益而之启，曰：'吾君之子也。'讴歌者不讴歌益而讴歌启，曰：'吾君之子也。'丹朱之不肖，舜之子亦不肖。舜之相尧、禹之相舜也，历年多，施泽于民久。启贤，能敬承继禹之道。益之相禹也，历年少，施泽于民未久"①。

就这样，夏禹将天子位传于其子的做法宣告了三代"禅让"制度的终结。不过，在孟子看来，我们不能将其简单归结为"家天下"，并予以否定。也就是说，只要天子继位者的人望是高的，那么我们自然不需要去寻找其他贤者，这也同样是符合天意的。更不必说，天意终究不过是民意的另一种表达。②

另一方面，孟子对"贵戚之卿"和"异姓之卿"进行了区分。对待前者是"君有大过则谏，反覆之而不听，则易位"，对待后者则是"君有过则谏，反覆之而不听，则去"③。

也就是说，对孟子来说，如果诸侯行恶，在万不得已的情况下，他的同姓宗族即"贵戚之卿"可以取而代之。"异姓之卿"则不能行使这种权利而自行离开。因此，易姓革命的合法性体现的是另一种天子之"位"的原理。本来，天子之位的"世袭"（一姓或一族的独占）被认为是下策，无奈之下才不得不予以承认的制度，在这里却得到了孟子明确的认可。在这个意义上，可以说孟子基本上是赞成天下分有论的。

---

① 《孟子·万章上》。
② 张分田认为当时很少有人将"官天下"与"家天下"直接对立，看做二个完全不同的政治制度。参见《中国帝王观念》（中国人民大学出版社，2004年，421页）。另一方面，牟宗三则认为"家天下"还是在以私心把持天下，这与"公天下"的民主政治相距甚远，他认为儒者的理想应该是"公天下"（《政道与治道》，台湾学生书局，1980年）。
③ 《孟子·万章下》。

江户时代初期的福冈藩藩主黑田长政（1568—1623）曾留下这样的遗言："若我的子孙后代专事不义放荡之举，不听谏言，肆意妄为，不守藩规，挥霍无度，家老可在共同商量的基础上罢黜其藩主之位，从其他子孙中选出贤德兼备者，立为继承人，延续藩国大统。望家老能铭记在心，并告诫后代子孙。"① 从传统封建制的原理来看，这是符合道理的。②

始于秦始皇的中央集权主义郡县制一直为人所诟病，所以汉代实行了短暂的"诸侯分封"，结果这种制度上的复古诱发了诸侯叛乱，最终不得不予以废除。上古封建时代的政治思考逐渐让位给中古时期的政治理论，过去关于"诸侯与天子的等级相似，且天子的存废视民意而定"的认识受到了挑战。在中古时期的政治思考里，天子的更替与民意无关，由例如"五行终始"的顺序决定。因此有了董仲舒（前179—104）在《春秋繁露》里的"王者亦天之子也，天以天下予尧、舜，尧、舜受命于天而王天下，犹子安敢擅以所重受于天者予他人也"③，以及后汉班彪（3—54）的"帝王之祚，必有明圣显懿之德，丰功厚利积累之业，然后精诚通于神明，流泽加于生民。故能为鬼神所福飨，天下所归往……神器有命，不可以智、力求……天子之贵，四海之富，神明之祚，可得而妄处哉？"④

唐代的柳宗元（773—819）则尝试从更广阔的视野出发来正当化郡县制。他表示，"彼封建者，更古圣王尧、舜、禹、汤、文、武而莫能去之。盖非不欲去之也，势不可也"⑤，他没有落入僵化的

---

① 《黑田长政遗言》，收录于《日本思想大系》27 卷《近世武家思想》（岩波书店），第 32 页。
② 笠谷和比古指出，在近世日本，大名的"押込"（家老们合力废黜，关押不称职大名而以其亲族代之）政治行动实则体现了儒学的"公共性理念"。（《主君押込的构造——近世大名与家臣团》，平凡社，1988 年）。也就是说这个基本逻辑是，虽然在名义上土地、人民为作为主君的大名所有，但并非为大名一人所有，而是由其一族所有。
③ 《春秋繁露》卷 7，"尧舜不擅移，汤武不专杀"第 25。
④ 《王命论》，《汉书》卷 100 上。
⑤ 《封建论》。

历史认识的陷阱,从这里的"势"字可以看出,他认为从封建制向郡县制的过渡是一种客观的不可逆转的历史过程,而郡县制作为这种历史过程的结果,亦是一种必然的归宿。

至于封建制原型的周王朝和郡县制创立者的秦王朝,柳宗元则分别从"政治""制度"两个角度来加以批判,他从"制度"层面入手,指出了周王朝的过失,又从"政治"层面入手,指出了秦王朝的纰缪在其政治而非体制,由此反驳了封建制支持论者的观点。

面对封建论支持者最有力的论证,即"封建者必私其土,子其人,适其俗,修其理,施化易也。守宰者,苟其心,思迁其秩而已,何能理乎?"柳宗元给予了明确的否定:"周之事迹,断可见矣:列侯骄盈,黩货事戎,大凡乱国多,理国寡,侯伯不得变其政,天子不得变其君,私土子人者,百不有一",并说道:"汉兴,天子之政行于郡,不行于国,制其守宰,不制其侯王。侯王虽乱,不可变也,国人虽病,不可除也;及夫大逆不道,然后掩捕而迁之,勒兵而夷之耳。大逆未彰,奸利浚财,怙势作威,大刻于民者,无如之何,及夫郡邑,可谓理且安矣……有罪得以黜,有能得以赏。朝拜而不道,夕斥之矣;夕受而不法,朝斥之矣。"① 在柳宗元看来,"天子"在"郡"即"郡县"上体现的政治公正性,因"国"即"封国"的"侯王"的存在而受到阻碍。

柳宗元接着说道,"夫不得已,非公之大者也,私其力于己也,私其卫于子孙也。秦之所以革之者,其为制,公之大者也;其情,私也,私其一己之威也,私其尽臣畜于我也。然而公天下之端自秦始。"② 在这里,被儒学者们视为神圣的"三代之治",被柳宗元批判为"非公之大者也,私其力于己也"。对于臭名昭著的秦,他则从"心·情"和"制度"两个层面分别做出了评价,他从"心·情"层面出发,把秦描述为"私其一己之威也,私其尽臣畜于我

---

① 同上。
② 同上。

也"，又从"制度"层面出发，用了"公之大者"、"公天下之端"等词高度评价了秦王朝。

这里需要指出的是，柳宗元大胆否定了上古传来的"公天下"概念，即认为"天子位应传于德才兼备者"或"天下共治"的那种认识。同时，他又通过强调"圣贤"在社会中扮演的角色，在肯定了构成"郡县制"一个重要组成部分的"科举制"原理的同时，延续了上古的"尚贤"传统。

不过，在这里我们可以看到，柳宗元关注的主要是王朝的内部运作，尤其是中央朝廷和地方诸侯的关系、治理天下的政权转移等世袭制和选举制问题，对柳宗元来说，中央王朝和底层民众的关系并不那么重要。这里我们可以看到柳宗元封建论的局限性，他的观点与现代性（如果有的话）之间是存在断层的。

王夫之对柳宗元的观点基本上持赞同态度，所以有了："郡县者，非天子之利也，因祚所以不长也；而为天下计，则害不如封建之滋也多矣。呜呼！秦以私天下之心而罢侯置守，而天假其私以行其大公。"① 此外，王夫之还写实地描绘了中国传统社会激烈竞争的现实："三代之盛，大权在天子也。已而在诸侯矣，已而在大夫矣，已而在陪臣矣，浸以下移而在庶人矣。郡县之天下，诸侯无土，大夫不世，天子与庶人密迩；自宰执以至守令，所为尊者，荣富而已，其他未有尊也"②，并且，"封建废而权下移，天子之下至于庶人，无堂陛之差也，于是乎庶人可凌躐乎天子，而盗贼起。"③

王夫之在这里指出了非常关键的一个点，即看起来位于中层的诸侯、卿大夫层似乎逐渐丧失了与天子一同治理天下的实权，治理天下的权力似乎单方面地集中在天子手上，但实际上位于最底层的民却可以赶走天子的官吏，有时还会威胁到天子之位，甚至可能取

---

① 《读通鉴论》卷1，秦始皇一。
② 《读通鉴论》卷7，安帝七。
③ 《读通鉴论》卷8，灵帝九。

而代之。可以说，之所以中国历史上的农民战争或革命比日本激烈数倍，其秘密就潜藏在这里。可是，原本由天子和诸侯分食的天下，不得不与下层庶民共有也并非完全不可能了吧？

日本中世几乎没有关于"封建郡县"问题的议论，江户时代初期的兵学家兼儒家者山鹿素行首先对该问题予以了议论。①

山鹿素行说道，"关于封建、郡县，往昔之儒学者往往以公私论之，未尽其实也。挑选才德兼备者任命为万民之司，原本就是极难之事。可是，既主张不可私天下，又让那些无德无才之辈成为大国之主，岂不是使其国之人民受苦、疆域封土受困？……不论其人，仅以封建乃圣人之心也、大公也，实为大错"，"古之圣王之所以封建亲戚藩屏天下，又封侯大臣，是为更多贤德之人一同治国怀民，其利甚多；大忧天下之大皆由上位者一人独占，故于亲戚重臣中选有贤德之人封邦建国，任分忧之职。草定国制、城制之规矩，以确保后世出现不德之封君嗣位，亦不至于成国家之害。及至末世，因君不君故臣不臣，如何将天下之国郡悉数封建，而可得避免失政之贤知者乎？"②可以说他的立场基本上是倾向于"郡县制"的。

当然，山鹿素行也主张应该采纳"封建制"和"郡县制"的长处。但是犹如他所主张"容我言之，所谓不可私天下，不在于或封建或郡县，只要选贤尊德，使之临民，即为公天下"③，其思考方法与柳宗元有着异曲同工之妙，与大多数"封建赞成论者"是有区别的。

日本的近世社会是封建社会，除了国家制度是幕藩分权体制以外，其社会组织的基本原理是封建主从制和以世袭制为基础的身份制度。④例如，曾担任幕府御用儒者集团——林家塾长的佐藤一斋

---

① 小泽荣一：《近世史学思想史研究》（吉川弘文馆，1974 年），450 页。
② 《谪居童问》33，收录于《山鹿素行全集》思想编 12 卷（岩波书店，1940 年），358—359 页。
③ 《山鹿语类》卷 9，收录于《山鹿素行全集》思想编 5 卷，136 页。
④ 也有研究者认为是一种各阶层的"职分制"，参见石井紫郎的《近世武家思想》（岩波书店《日本思想大系》27 卷）的《解说》，以后收录于《日本人的国家生活》，东京大学出版会，1986 年）。

(1772—1859年)便说过,"夏后氏而来,人君皆传于子矣,是世其禄也。人君既自世其禄,而使人臣独不得世其禄者,斯不亦为自私乎。故世禄之法,天下之公也。"① 佐藤认为,如果君主是世袭的,那么他的臣下不能世袭就很奇怪,这是"自私",君主和臣下都世袭才是"天下之公"。这反映了幕藩体制的主流政治意识。

不过,在近世日本也有吉田松阴(1830—59)的例子,吉田松阴一方面坚持日本政治、文化的自立性和独特性,另一方面总是参考儒学原理并从中寻找改革现实的正当性与能量。② 他曾说道,"凡汉土之流,皇天降下民,非君、师不可治,故必从亿兆人民中选出君、师而任命之。尧舜、汤武即为其人。如果此人不称职,不能治亿兆人民,天亦必废之。桀纣、幽厉即为其人。以天之所命,讨天之所废,放伐有何可疑?"他一方面对传统中国的儒学政治社会的逻辑表达了赞同,而在涉及日本时又说,"但本国则不同。天日之嗣(指天皇——笔者注)永与天壤无穷,大八洲是天日所开辟之地,将永守天日之嗣。因此亿兆人民应与天皇共休戚,不可有他念。如征夷大将军之类,奉天朝之所命,唯称职者方可居其位,像足利氏之类不称职者可以直接予以废除。此类似于汉土之君、师之义。但是本邦不允许有如汤武那样据义讨贼,承命于天。……在读本章时,若不先辨明此点,适足以启奸贼之心"③。

对于孟子有名的"民为贵,社稷次之,君为轻"的言论,吉田松阴这样解释道,"此是君王之自我训诫。人君之天职在于治民,为民方是君,无民便无君。故以民为贵,以君为轻。此处须深刻体会"。话锋一转到日本"我国之……国土、山川、草木、人民,皆

---

① 《言志录》,全集11卷,276页。
② 吉田松阴在《讲孟余话》卷之四中还说过,"研习西方近世穷理学之人,以孔子不知日食而诽谤圣人,以天动地静之说非议《周易》,甚至修学儒学之人皆以为是圣人之耻。然其所诽谤,羞耻皆是细枝末节,就道而言无分轻重则同。"(《讲孟余话》卷之四)。
③ 《讲孟余话》卷之一。

自皇祖以来受保守护持。故自天下观之，人君之尊贵无人可及；自人君观之，人民之贵重亦无人可及。此君民自开辟以来一日亦未曾分离。故有君方有民，无君则无民；有民方有君，无民则无君。若不辨明此处而阅读本章，必有人鹦鹉学舌，重复汉人之议论，叫嚣天下非一人之天下，乃天下人之天下，以至于忘却国体之所在"①。在这里，他将儒学原理视为异国之事，坚持认为"天下乃一人之天下"以强调日本的独特性。

但是，幕末时期的福井藩主、在明治政府内部担任议定的松平庆永（1828—1890）则非常赞同孟子的言论，他在《君职》一文中写道："孟轲氏曰：民为贵，社稷次之，君为轻。余常疑此言矣。何则？君居尊贵之位，民居卑贱之地，上下之分判然。然则君贵民轻、何故轲言然乎。夫天造草昧之时，惟有人而已。此时君民未判，相集而起居饮食乎一处。起居饮食则必有争焉、有争则不可不治之。治之者属贤，受制者属愚，贤愚自判，而上下之分自立焉。非有君而后立民必矣。夫君无民则不有君之名矣，土地无民则不为土地之用矣，社稷无民则不能守之矣。土地社稷人君皆为民所有也，故轲以民为贵君为轻，不亦宜乎。后世人君不知其义，以土地人民为我有，不知牧而教之，徒饱食暖衣逸居耳，岂不慨叹之至哉。愿欲法古圣爱民如伤遗意，而以修君职矣。君职者何，在牧民矣。"② 我们可以从中看到，他既对孟子的观点表示赞同，又提出了孟子并未明确主张过的"民有"的主张，我们不难看出他其实偏向于"天下乃天下人之天下"这一"天下共有"的认识。

在松平庆永的文章中还有不容忽视的一点是：不同于国学、水户学，他没有用传统神道教与日本国学派的神话来解释人类社会的开端，某种意义上说这个问题上他采纳了儒学的道德主义、能力主义的逻辑。他在《民为贵说》一文中写道，"天地涪判，生一男一

---

① 《讲孟余话》卷之四。
② 《君职》收录于《春岳遗稿》（松平家藏版，明治34年）卷一，7—9页。

女，万物又随而产，自此人物次第蕃殖。然当时未有天子诸侯，皆同等之民。夫有民有物，必不能无争，而民有贤又有不肖，贤者能断曲直，不肖者听贤者之命，其争始熄，此人君之所由立也。……夫士比民贤且智，故为士。大夫比士又优，故为大夫。诸侯比大夫其德又大，故为诸侯。天子之德天下莫尚焉，故践至尊之位"（原文是汉文）。① 前述两篇文章的写作年代不详，但是《君职》一文中的"民有"一词在《民为贵说》中消失了②，综合考察幕末维新动荡期他的思想，不难分辨其中浓重的儒学色彩。

在走向近代的进程中，"公天下"的观念也逐渐发生了改变。就中国而言，最重要的一点是"公天下"范围的变化，也就是分有天下或说共有天下的成员的不断扩大，我们可以看到，共有天下的人从天子、诸侯、士大夫，还逐渐扩展到下层。正如顾炎武所主张"合天下之私以成天下之公"③ 的那样，沟口雄三指出，"天下之公，不再是为政者阶层的道义与原理，而变成了民的私的和谐的集结，也就是天下民间的一种相互的道义与原理"④。中国的"公天下"不再是抽象的、原理的"公"，不再是皇帝、诸侯分有的"公"，而是变成了由迄今为止一直被无视的无数个"私"合成的"公"。⑤

然而在近代日本，为了抵御外压，正如"一君万民"这一口号所示的那样，倾向于国家权力的不断集中。⑥ 于是在日本，"天下乃一人之天下"的局面就凸显了出来，不限于将军，就连大名迄今为

---

① 《民为贵说》，同上，第38—39页。
② 《民为贵说》引用了英国人的言论，可以推测是明治以后的文章。至于《君职》中出现的"民有"为什么消失了，我认为可以结合明治以后的天皇制确立过程来予以理解。
③ 《日知录》卷三。
④ 《中国的公与私》（研文出版，1995年），第56页。
⑤ 这在解释中国近代革命之际有一定的说服力，因为近代中国在名义上并未建立王国或帝国，而是"民国"或"人民共和国"。此后的曲折可以理解为旧时代社会政治逻辑的回光返照，也可以理解为新时代社会政治逻辑的未臻完成。这个问题已然超出本文范围，故在此不做深考。
⑥ 丸山真男在《日本政治思想史研究》（东京大学出版会，1952年）第三章中曾经论及内外关系危急之际，有权力集中与权力开放两种应对模式。

止拥有的领地和人民,也基于"不属私有"的理由,被迫归还给明治新政府。① 以至于为了对抗明治新政府的中央集权主义,与德川幕府有关联的人们开始举起了"封建制＝地方自治制"的反旗。②

二 君臣关系与普遍原理

天下虽然是"天子"和"诸侯"的天下,但是仅此还不足以统治天下,所以天下之"公"当然需要将天下开放给士,而天子和诸侯需要在士的帮助下统治天下。从君臣关系的角度来看这一问题,其具体内容与历史的轨迹是:从尊师重道开始到"选贤任能",以及基于普遍原理对君臣关系的规范化。

首先来看传统中国的情况,在传统中国,儒学里便有明确的"尊师重道"主张。譬如从"天佑下民,作之君,作之师"③,以及"古之圣王未有不尊师者也。尊师则不论其贵贱贫富矣"④ 等论述中都可以看出,儒学里不仅有"君道",还非常重视"师道"。因此朱子提出"若吾夫子,则虽不得其位,而所以继往圣、开来学,其功反有贤于尧舜者"⑤ 的重要主张。虽然孔子没有"天子"之位,却因其继承并发扬"道学",而受到了比"尧舜"还高的评价。虽然从某种意义来说,这个主张仅仅是代表了朱子等儒学者的理想,但在另一方面,该理念通过给予孔子比天下至高无上的君主更高的价值评价,体现了对世俗君主权力与威望的一种掣肘与规制,因此具

---

① 请参见石井紫郎:《封建制与幕藩体制》(收录于《日本人的国家生活》,东京大学出版,1986年)。
② 近代日本史家田口卯吉高度赞扬江户时代政治安定来源于各地的地方自治。参见拙论《田口卯吉的市民社会像》(广岛史学研究会:《史学研究》173号),《文明开化的路程:福泽谕吉与田口卯吉》(同上,180号)。
③ 《尚书·泰誓上》。
④ 《吕氏春秋·劝学》。
⑤ 《中庸集注·章句序》。

有极其重要的意义。①

在近世日本，荻生徂徕（1666—1728）也有过如下论述："昔日天子身边有师氏、保氏之官，诸侯身边有师儒之官。至春秋战国，诸侯有师友。至后世亦有师保之官。太子有宾客，诸王有友。故古之圣人立齿、德、爵三达尊。朝廷之礼，以爵位定贵贱之分。学校之礼，即使天子之太子，与国人以年齿长幼列座；即使贵为天子，亦有就问之礼，询问事物不可招之前来，而是以亲自行幸其家就问以为礼；在学问上立贵贱之爵位，定为非礼。……若非如此，因师无师权，则教无教益，圣人有如此规定。"② 显然，这里提倡的是，要树立一种不同于政治权威的学问与教育的权威，具体说来，就是要树立研究和传授学问知识、培训和选拔人才的师道权威。③

大坂（即今大阪）的商人山片蟠桃（1748—1821）非常推崇封建制，但是同时他又做如下叙述，"……现今成为师之贤者，并无官职。即使广求人才，学者中能够登公卿之位而有益于国家（指藩——笔者注）者为数甚少。然而若以有学问者为师，使全家皆研钻学问、营造庠序学校、诸吏皆有志于道，那么自然可行忠孝仁义之政，而国中可治。我可言表者仅此而已。"④ "科举之法及及第、贤良、方正、孝廉、茂才、直谏之策，汉以为良法，举天下之贤而用，舍此无他。然唐宋以来，只有恶法而沦为无用之物。当今之法亦不可用，希望至少应推举贤者，起用于旗本级别（大体上是藩主、大名级别以下的中级官员——笔者注）"。⑤ 虽然他并未全面赞同科举制，但他提出近世日本应该有选择地积极推举贤能之人。

其次，还有一种普遍倾向是：如何为了维护天下秩序而求取贤

---

① 郑家栋：《断裂中的传统》（中国社会科学出版社，2001年）的第三章有过相关论述。
② 《太平策》收录于《日本思想大系》36卷《荻生徂徕》（岩波书店，1973年），456页。
③ 关于荻生徂徕的封建郡县论，请参见本乡隆盛的《荻生徂徕的公私观与政治思想》（《日本思想史学》22号）。
④ 《梦之代》卷5，制度。
⑤ 《梦之代》卷5，制度。

才。孔子说,"先有司,赦小过,举贤才"①,孟子也说,"贵德而尊士,贤者在位,能者在职"②,他们一方面主张恢复周礼,与此同时也寻求对"德"与"才"的评价与举用。

此外,在郡县制的完善过程中,从君主的角度来看,通过选贤任能和科举制把天下英雄收入自己手中,也就意味着潜在敌人和潜在威胁的减少。因此,唐太宗在看到通过科举制成为进士的人时,喜不自禁地说"天下英雄"尽入自己掌控之中。③

不限于中国,在近世日本,尤其是日本的儒者们对世袭制展开了多方面的批判。18世纪中叶,随着日本社会对儒学思想(主要是朱子学)的接受,这类议论也得到了扩散。④ 我们可以在日本近世看到许多与传统中国非常接近的议论。在这些观点的背后,我们能看到日本儒学者对教育的热情,以及他们对中国科举制"人才选拔"原则的某种共鸣。

近世后期,为幕府所重用的佐贺藩儒学者古贺精里(1750—1817)就曾婉转而明确地表达了以下的观点。

"本邦士夫世其禄,达者生而达,穷者至死而穷。故穷者有所得,不能达而行之、徒穷焉而已矣。达者有所行,无所得于穷,妄行而已矣。其势至于穷者自弃于卑污,达者自安于庸惰。于是乎古

---

① 《论语·子路》。
② 《孟子·公孙丑上》。
③ "贞观初,放榜日,上私幸端门,见进士于榜下缀行而出,喜谓侍臣曰:'天下英雄入吾彀中'"。王定保:《唐摭言》卷15。
④ 岩仓具视曾说,"镰仓幕府以来的武士不过是驱马提着刀枪的战斗者,在德川中叶以后,文学(指学问——笔者注)有了很大的发展,地方上无处没有学校,士族被要求文武兼修成为常识,其子弟不修学者极为少见。"(《岩仓公实记》皇后宫职御藏版,明治39年,下卷,644页。)子安宣邦也曾指出"在日本近世,从18世纪后期到19世纪前期的这段时期,就是统治阶层即武士社会里以儒学为中轴的知识和教养非常广泛的形成时期"。(《儒教的近代——日本的情况》季刊《日本思想史》41号,1993年,9页。)而石井紫郎也曾指出,"在近世日本,业绩主义、能力主义与身份(门第)主义并存,它们之间保持了一种微妙的平衡。"(《近世武家思想》解说,岩波书店,1974年,503页。)笔者以为,江户中期以后的能力主义的倾向大部分是参照了对儒学相关论述的研读与解释。

今人不相及，若天渊然。非天之生材尔殊，势使之然也。"① "但世禄之臣，沐祖先之余泽，不复知创业之艰难，勤俭变而为侈怠，朴直散而为巧诈。乡举里选，既无其法，明经进士，制亦蔑焉。于是补官充职，必求诸世禄之家，以其昏昏，使人昭昭，岂非事之难者乎。"② 他一方面指出了传统中国的科举制带来的学风败坏问题③，同时也表达了对幕藩体制世袭身份制度的不满，为儒者的不遇而叹息。

吉田松阴无视了荻生徂徕"开国创制即圣人"论，他说道，"学问之道，唯在于了解人与禽兽不同在何处。其不同唯在于是否有五伦五常。失之者则为庶民，勤勉而得之者则为君子，从容自存者则为圣人。即使是众人，勤勉可成君子，其功至熟即是圣人。是沦为禽兽还是升为圣人君子，即在于所以异之三字，当亲切熟思之"④。"所谓悦贤，不过是悦其名、德、文、行。所谓养贤，不过是廪粟疱肉相继以馈之。至于尊贤，既已悦其名、德、文、行，又相继馈以廪粟疱肉，更共与天位，共治天职，共食天禄。世之人君行之者实少。然而反躬可知其难。故若思进谏人主养贤尊贤，应先以圣贤之言行而为之。有道是先修身而后治国，大人格君心之非，皆是此意。"⑤ 值得注意的是，他依据儒学的基本原理而极力支持通过学问道德成为君子，甚至是圣人。⑥

最后一个普遍倾向是，日本封建君臣之间诉诸于私人主从关系逐渐过渡到基于普遍原理与规则对君臣关系的规范化。

---

① 《贺松尾生释褐序》收录于《近世儒家文集集成》15 卷《精里全集》（鹈鹕社，207 页）
② 《赠大槻生序》，同上书，228 页。
③ 例如，他曾经说过，"彼汉魏以下之学，岂皆得其正耶。及其设科取士，则巧文丽辞，博览雄辩，若不可企及。而或以讲道之学，为射利之资，无补伦理，适以伤之。"（原文是汉文）《川洼学舍记》，同上书，262 页。
④ 《讲孟余话》卷之一。
⑤ 《讲孟余话》卷之三。
⑥ 关于近世日本荻生徂徕的圣人观，拙论《幕藩体制的危机与儒学》（复旦大学日本研究中心《日本研究集林》1999 年 1 号）在对日本学界的部分研究成果进行了归纳的基础上做了简单扼要的论述。

在中国的春秋战国时代，我们已经可以看到由封建制向郡县制过渡的趋势。无论当时的儒者们如何高喊要恢复"周礼"，都难以抵挡这一历史潮流。譬如孔子就曾说，"所谓大臣者，以道事君，不可则止"①，荀子也有言，"从道不从君"②，而孟子也强调过，"古之贤王好善而忘势。古之贤士何独不然？乐其道而忘人之势，故王公不致敬尽礼，则不得亟见之。见且由不得亟，而况得而臣之乎？"③ 在中国，君臣关系从最初的隶从关系，发展为古风的师友关系，继而发展为君王和辅佐君主的官僚，也到达了被认识为"君臣义合"④ 的阶段。⑤

当然，无论是在中国还是日本，我们都可以看到一种诉诸情感的主张，即臣下必须全身心地为君主尽忠。"放伐"和"革命"、甚至"禅让"都是不被允许的，君主的权威也是神圣不可侵犯的。譬如，北宋著名学者司马光（1019—1086）就曾说道，"为卿者，无贵戚、异姓，皆人臣也。人臣之义，谏于君而不听，去之可也，死之可也，若之何以其贵戚之故，敢易位而处也？"⑥ 这是对孟子"异姓之卿，贵戚之卿"言说的明确反驳。

明末清初的黄宗羲（1610—1695）在明末战乱中展开了自己的君臣论。他把"臣道"形容为"缘夫天下之大，非一人之所能治，而分治之以群工。故我之出而仕也，为天下，非为君也；为万民，非为一姓也。吾以天下万民起见，非其道，即君以形声强我，未之敢从也，况于无形无声乎！非其道，即立身于其朝，未之敢许也，况于杀其身乎！不然，而以君之一身一姓起见，君有无形无声之嗜欲，吾从而视之听之，此宦官宫妾之心也；君为己死而为己亡，吾

---

① 《论语·先进》。
② 《荀子·子道》。
③ 《孟子·尽心上》。
④ 朱子《论语集注·八佾》。
⑤ 沟口雄三等《中国思想文化事典》（东京大学出版会，2001年）的"君臣"条目。
⑥ 《疑孟·齐宣王问卿》收录于《温公文集》集64。

从而死之亡之，此其私昵者之事也。是乃臣不臣之辨也"。① 他对传统中国的君主专制体制展开了严厉批判，另一方面，他强调臣下的独立人格，当天下公共利益与君主的利益出现不一致时，臣下可以不必顾忌君臣关系而付诸自由判断与自由行动。

近世日本的情况则与中国大不相同。② 遵循普遍规则与原理的君臣关系，显然与重视私人性"face to face"的封建人际关系为核心的武士社会并不适合。譬如水户藩主德川齐昭（1800—1860）强调封建君臣的私人性关系，认为忠于近在身边的君父比忠于远在天边的天皇和将军更为重要。他说："人们想报答天祖、东照宫之圣恩，却总是搞错方法，把眼前之君父放置一边，只是想着如何直接为天朝、为幕府尽忠，反而难逃僭越之罪。……想要报答天祖、东照宫之圣恩，只有先报答（本藩）先君先祖之恩情；若想报答先君先祖之恩情，只有先为眼前之君父尽忠尽孝。"③

但尽管如此，熊泽蕃山（1619—91）较早就宣称："所谓士，就是身份低微而德行广博之人，上下通用，上可为天子、诸侯、卿、大夫之师，下可治农、工、商，进可为诸侯、公卿，退可为庶民。虽然德才兼备，却隐于市中，与普通人一起生活即为处士。以实现大道自任、胸怀大志者即为士。因为是公卿、诸侯的属地，若是贤德，公卿、诸侯自降身份礼贤下士。……公卿、诸侯敬慕士之贤，士尊敬公卿之位，乃是相敬之义。当双方志向相同以心为友之时，或可忘却彼此之尊卑差别。"④ 我们不难从熊泽的言论中看出，幕藩体制下的身份制和主从关系原理，已经受到了儒学原理的侵

---

① 黄宗羲《明夷待访录·原君》。
② 尾藤正英：《日本封建思想史研究》（青木书店）；渡边浩：《近世日本社会与宋学》（东京大学出版会，1985 年）；关于中国与日本社会史层面的比较研究，可参照小林一美：《中华世界帝国与封建体制——基于家产继承制度的国家——社会比较》（收录于中村义编《新东亚像的研究》三省堂，1995 年）。
③ 《告志篇》收录于《日本思想大系》53 卷《水户学》（岩波书店，1973 年），212 页。
④ 《集义和书》卷第 8，义论之一。收录于《日本思想大系》30 卷《熊泽蕃山》（岩波书店，1971 年），146 页。

蚀，发生了细微的改变。

另一方面，我们可以看到如日本近世著名教育家广濑淡窗（1782—1856）尝试在教育领域里试图按照学生们年龄和成绩评分来消减上级武士与下级武士的身份等级差别在课堂里的影响。广濑曾痛切地说道："自公子以上身份高贵者，如果在学校时能与步士、步卒之子同列，以长幼相让，自然可去除其尊倨之态。如果只带两个侍从，停止来学校途中驱散路人之行为，就可去除其夸张之态。来学校途中，将真身公开在众人面前，与众人接触，就可去除其秘闭之态。若学校以学业之高下定席顺，门第之论自然会沦为无用之说。读书而通古今，自然可以去除因循之弊、文盲之害。……以上所述丝毫不难，只需去除傲慢之心即可"。商人家庭出身，并创办、经营了江户时代后期著名的私塾"咸宜园"，广濑对高级武士的子弟的跋扈自然别有一番不满与反感。

关于武士的君臣关系，他这样描述道，"譬如在喝茶之时，人们不分贵贱一起进入茶室，共饮别人所准备之茶。此时大名与臣下虽然同处，却并无羞耻之心。又如在下棋时，就算君主讨厌输棋，亦不会在臣下面前一次走两步棋。无论做何事，如果不按照规则办事，既无依据，亦无法享受其中乐趣。然而只有学问之事没有遵循古法，使教书之人忝陪末座，朋友之间不论长幼而论家格（武士门第的品级——笔者注），这就好比在下棋时一次走两步棋一样。……此外，千利休所定之游戏规则，即使自己屈尊亦严格遵守。历代圣人所定之人伦大法，却是自作主张并不遵循，不分轻重竟至于如此？而我等儒者对此事熟视无睹亦令人遗憾。"并且得出结论，"请各位人君领会《论语》中'君使臣以礼，臣事君以忠'之意"。[1] 可以看出，他从儒学原理出发重新把握君臣关系，试图塑造一种不同于封建上下等级关系的人际关系形态。

---

[1] 《迂言》，收录于《日本思想大系》38卷《近世政道论》（岩波书店，1976年），324—325页。

水林彪曾敏锐地指出，"如果从观念史的角度来看近世历史，那么总体上就呈现为'理'和'天'等超越性规范的观念不断衰退，而'法''权'等露骨的权力观念不断走上台前的过程。"① 不过，到了幕末，情况逐渐发生了改变。如横井小楠便提出了与身份制原理不同的主张："士农工商医，虽然其职各异，但若学道皆是士。身为士，却志在世袭的家职，岂能称之为士？以家职为卑而不勤勉上进，便是不知身份。不可不细思之"。② 佐久间象山也曾说道，"总之，君臣义合乃是大伦，所以臣之所以事君，只在'义'这一字。合于道便服从侍奉之，若不合于道，就应有离开之决心，切不可为苟且之服从侍奉"，③ 显然已经明确地接受了儒家的"君臣义合"的原则。我们可以看到，在日本从幕末走向明治的过程中，武士的君臣关系的意识已经逐渐跳出传统武家的藩篱，开始出现了寻求新的规范原理的方向。④

水户学的代表人物会泽安（1782—1863 年）虽然盛赞"天皇之万世一系"，但另一方面，他还写了《人臣去就说》一文提出了一种全新的君臣关系。⑤ 也就是说，"欲知人臣进退之义，先论道之大本。圣人之道者，天道也。"他说，"臣是帮助君主治民之官吏，不是君主一人之官吏。""如果认为臣下应服从君主一己之私，就是将天职私化。……孟子曾经说过，'民为贵，社稷次之，君为轻'，君、臣都是为了治理民由天而设之官吏，都应该以民为本。欲知圣人之道，只要以天为标准就可以了。"⑥ "以道事君，若自以为反正无法使君行于道，却不主动告辞而去，即为不忠。因此孟子有谓'有官守者，

---

① 《近世法与国制研究序说（1）》，《国家学会杂志》90-1·2，第16页。
② 《告内藤泰吉书》，嘉永三年八月，山崎正董编：《横井小楠　遗稿篇》（明治书院，1938年），第725页。
③ 《关于藩政改革的意见书》文久二年。
④ 请参见园田英弘《郡县的武士》，收录于《西洋化的结构》（思文阁出版，1993年）。
⑤ 该文的书写年代不详，根据日本思想大系的编辑濑谷义彦的推测，可能是会泽晚年的作品。（《日本思想大系》53卷，《水户学》，岩波书店，1973年，第504页。）
⑥ 同上书，第354—355页。

不得其职则去；有言责者，不得其言则去'……（君）赐予职位即是为可用，君若不用即是不可用。即使不用既不是犯罪，亦不至于死或予以放逐。但赐职位予无用之人对君主毫无益处。无用之人占着禄位，即使有另想举荐之人，却因为禄位不足而不能举荐。人臣应当意识此处并自行告辞而去，才是君臣间之礼让。"①

不过，这里的"君主"主要指幕藩体制内部的藩主，而非在以后时代里成为绝对主旋律的"一君万民"之"君"。关于这点我们可以从他下面的话中得到印证。

针对"有人云，可辞禄而退也。岂可至他国一臣而事二君？"的提问，他回答道，"天地之间。人们各司其职而无闲人，才是天道之所在。因此以士农工商为四民，生而为士，助君治民是其天职。……居住在本国，看到治民无效，便帮助他国君主治民，此乃生而为士不可逃避之天职。……孔子之时代乃是周之天下，天下之民都蒙受周之厚恩，即使往他国，亦是报答周之厚恩。"，然后与日本相比"……神州（指日本——笔者注）自开辟以来，沐天照大神之圣恩，乃神胤历历现存、从未与异姓相杂之国，其恩义厚薄，自与他国大不同。生而受其厚恩者，自当倾其全力以厚报，岂不是遵奉天道乎？"②

在这里传递来了新的消息：即封建体制下建立在世代私人交谊之上的武士的君臣关系开始无可挽回地动摇，武士对各藩藩主看似坚如磐石的忠诚已然悄然弱化，武士的忠诚对象发生了转移或跨越。③ 不过，准确地说，催生这一变化的契机当然既有来自西方的冲击，也有源自传统儒学的潜在影响。因此，在回顾从幕末的封建

---

① 同上书，第356页。
② 同上书，第359—360页。值得注意的是，这里否定了吉田松阴的如下批判："孔孟离开出生国而去他国供事自有错失。君主与父亲相同无异。以我侍奉之君主愚昧，昏庸，而离开生国去寻求他国之君，犹如以我父顽固，愚钝，而离开生家认隔壁邻居之翁为父。孔孟于此有违道义，无可辩驳。"（《讲孟余话》卷之一）。
③ 关于这一点，请参照丸山真男：《日本政治思想史》（东京大学出版会，1952年）第三章。

制到明治中央集权主义郡县制的过渡时,我们只看到来自西洋的影响则是不全面的。①

吉田松阴依据中国古代周王朝的制度,对幕末的现状提出了严峻的批判。他一面回顾传统中国的历史,"虽然对周室之制也不甚了解,但我看到周制经常有许多感悟。周制把天子公侯伯子男分为五等,把君卿大夫上士中士下士分为六等。事事都是如此。……其意图在于,天子只比公侯高一等,君也只比卿大夫高一等,因此三代时,人君不会因自己地位崇高而矜持于人,而是谦恭有待下之礼。是以国家和睦。春秋战国之际,人君威德日渐衰弱,臣下日渐骄横,最终田氏代齐,韩赵魏三家分晋,君臣之礼全废。所以秦兴而成天子,定君臣之大分,改一时之积弊,唯取眼前之惬意,致使三代美风荡然无存。不禁令人惋惜",他对秦代制度不无好感却对君臣之间日益扩大的隔阂进行了批判。另一方面,在谈及日本时又说,"虽说本朝君臣之义非外国所能比拟。但以为天子是云上之人而非人间之种,此种见解并非自古就有。因为王朝衰微才导出了此种见解,而此种见解又加速王朝衰弱。"② 在这里,吉田松阴近乎提出了一种以天皇亲政为核心的郡县制的蓝图。

而对于孟子的"友也者,友其德也",吉田松阴是这样理解的:"此段话是整章之中心,其意是从百乘之家到小国君主、再到大国君主甚至天子,皆以匹夫为友。现在之王公贵人皆读过此章,可我却从未听闻有人能以匹夫为友。享保正德年间,尚有听闻诸侯驾车到陋巷寻求贤人,如今此种风气荡然无存。"③ 显然孟子的这种思想很大程度上激发了吉田去大胆建议封建诸侯与身份低贱的臣民为友。

至于孟子"贵戚之卿""异姓之卿"的议论,吉田松阴作了如下论述:"要而言之,所谓大臣,无论贵戚、异姓,应心忧国家。

---

① 关于这一点,笔者与前田勉有着不同的理解。
②《讲孟余话》卷之三。
③《讲孟余话》卷之三。

另立新君或离开君主皆是权。如按常经，唯有力谏而赴死而已。但只要国家有易位、离去、死谏之三个臣下，国家有所依靠。世间昏庸君主，不知臣之可以依靠，却唯知忌惮。明主则不同，应该培养此臣下以留后世，永为国家之重镇。"面对"开篡位、弑逆之先河，不该是圣贤所言。可否删掉此言？无论有如何（不堪）君主，如何（杰出）臣下，岂可易位？"① 等质问，吉田松阴说道"孟子有言，有伊尹之志则可。此一言可尽之。"伊尹就是在所谓的"汤武革命"中，辅佐商汤打倒夏桀的贤臣。在吉田松阴看来，"国家"（指藩府——笔者注）的利益高于君臣之纽带。传统日本武士只有"死于君"这条至高无上的铁则，虽然只是作为"权"，他断然增加了孟子的"易君位"和"离君去"二个选择。而且，在吉田松阴的思想里可以清晰地看到幕末维新中所具有的"革命"要素（从并非单纯改良与调和的意义上而言），虽然这绝对不是针对天皇。

在现状改革的领域，幕末的改革者从异国远古的儒学中吸收养分，但朝着削弱封建制的方向是很难否定的。当然人们经由魏源《海国图志》等获得了来自西方的各种知识。但是正如佐久间象山、横井小楠等人主张的那样，这些知识只能说或者是同三代的原理相通、或者是有利于"东洋的道德"、或者是与"圣人之功用"相类似之物。②

三　对天下秩序形成的参与和公议

"天下公共"另外一层意义上说是作为"士"要积极参与到天

---

① 同上。
② 关于横井小楠，请参照平石直昭：《主·天理·天帝——横井小楠》（东京大学社会科学研究所《社会学课研究》25 卷 6 号）；源了圆：《横井小楠的"公共"思想以及对公共哲学的贡献》（《日本的公与私》《公共哲学》3，东京大学出版社，2002 年）；苅部直：《"利欲世界"与"公共之政"——横井小楠与元田永孚》（《国家学会杂志》104 卷 1·2 号）；苅部直：《"不可思议的世界"的公共哲学》（《21 世纪公共哲学的地平》《公共哲学》10，东京大学出版会，2002 年）。

下秩序的形成之中，同时，也包含了对政策形成和政治方向性的选择应该进行公开讨论。就东亚大陆而言，郡县制的成熟带来了科举制这一官僚选拔制度的发展，这又导致知识人官僚层的不断壮大，也就间接带来了士大夫层政治议论、政治批判的风习。在江户时代后期，随着对儒学教育的广泛研读，武士层，尤其是下级武士，也积极地参与到政治讨论中，我们不难想象这推动了幕末的社会变革。

就传统中国而言，士大夫确实参与了政治议论，在国家的政策形成上起到了一定的作用。因为传统中国设有史官制度，将谏言和皇帝的日常言行记录在案，我们可以通过譬如唐太宗与大臣之间的对话，看到士大夫的某种谨慎而有限度的主体能动性："贞观十四年，太宗谓房玄龄曰：'朕每观前代史书，彰善瘅恶，足为将来规诫。不知自古当代国史，何因不令帝王亲见之？'对曰：'国史既善恶必书，庶几人主不为非法。止应畏有忤旨，故不得见也'"①。

经过明末清初血火洗练的知识人，尤其敢于大胆批判君主专制。前述黄宗羲就表示："天子之所是未必是，天子之所非未必非。天子亦遂不敢自为非是，而公其非是于学校，是故养士为学校之一事，而学校不仅为养士而设也。"② 到了清朝，这种政治批判在严厉的打压下一度销声匿迹，直至清朝末年又重新登上了历史舞台。

就近世日本而言，尤其是宽政改革以后，随着武士儒学素养的提高，他们获得了通过研习儒学经典而进行自我反省的契机，因此我们能够看到一种倾向：即部分武士参与全国性政治议题的意愿逐渐变强，他们的发言权也逐渐变大。进入幕末，"处士横议"之风盛行，这也直接推动了明治维新的发生。如此看来，东亚的传统思想文脉与明治维新也并非毫无关系。可以说无论是赞成儒学的人，还是反对儒学的人，都从儒学式的政治议论中受到了一定的思想冲击。

---

① 《贞观政要》文史第 28。
② 《明夷待访录·学校》。

结束了中世的战乱、统一日本全国的德川幕府，在吸收战国时代武家法的基础上创立了《武家诸法度》。其中有"自今以后，除国人之外，不可交往他国者。……凡因其国之风闻异变，或以自国之秘密转告他国，或以他国之秘密转告自国，皆为奸佞之萌也"，"不可私结婚姻"等等条目，主要目的便是遮断各藩之间的人际往来。① 幕末的英国公使阿礼国（1809—1997）对此有过如下记载，"严格的法规禁止着大名之间的互相访问。有一天，大名们并排坐在（幕府）谒见室，阁老们（幕府最高行政官僚）特意跟我说明了这一点。虽然大名之间彼此是朋友与同僚，但他们却不被允许进入对方的家里"②。

广濑淡窗曾痛烈地批判过武家诸法度的基本精神："诸事都固守秘闭主义。面见时，不许直视人君之面，不许与人君交谈，这并非仅因为傲慢，而是起于一种秘闭主义。……如果君主与底层民众相互了解，即使有奸臣，也难以从中作奸。所以竭力将君主雪藏，将君主与底层民众隔离开来。……当下之臣下虽然并非每人皆有奸计，但因文盲，以为大名必须如此这般。毕竟（这样）是不利于人君。而且家老以下亦仿效这种风气，即使同列却不对面交谈，诸事皆以掩盖为主。""国内且流行如此风气，对邻国更是如此。如今各个方面皆忌惮派遣武士出国。本意就是不把本国虚实透露于其他国家。现在天下混一、共奉戴一君之时，非战国割据时代可比。……士大夫肩负着四方之事务，如有闲暇应该多游历日本国内，正是观闻世上形势，有事之时，方才可用。"③

古贺精里身为幕府的御用儒者，交友广泛。根据他的记载，

---

① 庆长 20 年《武家诸法度》，收于《近世武家思想》（岩波书店，1974 年），第 454 页。
② 《大君之都——幕末日本滞留记》（岩波文库，1965 年），第 41 页。关于这一点，三谷太一郎在《幕末日本公共观念的转换》（《21 世纪公共哲学的地平》《公共哲学》10，东京大学出版会，2002 年）中展开了精彩的分析。
③ 《迂言》收录于《日本思想大系》38 卷《近世政道论》（岩波书店，1976 年），第 285—286 页。

"人之居侯国，目之所睹，耳之所闻，廉者之所辞，贪者之所取，仕者之所以为得失荣辱，不过一二百里之间而已。朋友相与饮食征逐，无异人焉。横口之所论朝野利病，米盐琐屑，无异谈焉。畜妻长子，生于斯，死于斯，固其分之所限，不愿乎外，以安焉可也。"（原文是汉文）他所如实刻画的幕藩体制下地方社会的实际情况，让我们看到地方社会的人是如何在狭小的空间里划地为牢。"如道术之士，则有不然者焉。贻书往来，命驾相访，踪迹不局于封疆之域，而议论驰骋于宇宙之间，是吾党之适而流俗不得而与也。……然君子之道，岂尚异云乎。其所异则流俗，而所同则道术也。故曰：一致而百虑，殊途而同归，圣贤修己治人之道，以及百家医卜之事，莫不各有一是之归。"（原文为汉文）① 所以，尽管他意识到人们在学派和职业上有很大的不同，他还是尽量找出其中的共同点，使这些不同不至于成为交流和联谊的障碍。②

远山茂树曾经这样描述水户学，"在水户学的著述中，向藩主呈递的关于封事的意见书占了很大的比重。这类意见书有个特色，即：都在尝试说服藩主实施藩政改革的同时，又对幕政及日本全国的政治现状展开了批判。诸藩的志士通过水户学的著作，获得了超越自藩的全国性视野，借用水户藩学者的话，便是他们超脱了自己的'本分'，开始公开地进行幕政批判"，他还作了如下反省，"关于儒学名分论思考的特征，我曾经在书里做过这样的总结：'通过君臣上下、华夷内外、是非善恶等僵化的抽象理想来切割复杂的现实，基于超越的标准进行价值判断。我们无法看到任何对鲜活的社会现实的观察，或者试图内在理解现实的态度'（远山茂树《明治

---

① 《送大江国手序》收录于《近世儒家文集集成》15卷《精里全书》，第218页。
② 哈贝马斯曾指出在欧洲的近代都市，关于"文学艺术"的讨论焕发了人们的公共性，最终影响了关于社会、政治的公共议论。可以说古贺精里这里关于儒学，医学的议论也许一定程度上体现了相似的功能。但在把两者进行比较时需要注意，哈贝马斯所面对或处理的群体是在欧洲近代已经具备一定经济能力的市民阶层。（《公共性的结构转换》，未来社，1973年）

维新》59 页)。这是在参考了津田左右吉博士的《文学中呈现的我国国民思想之研究 平民文学时代》后做出的判断。但是值得关注的是,幕末水户学并没有用(儒学)名分论封杀了现实政治里的深刻危机意识,可以说两者处于相互联动的关系之中"。①

坚持日本独特性的吉田松阴不仅对官吏黜陟认为是:"自古以来,凡黜陟赏罚,皆取众论之公"②,而且关于谥号,他认为,"我对谥号之事一直心存疑虑。正如秦始皇所说,身为人子妄议父亲,身为人臣妄议君主,有损忠孝之训"③,最先表达了对秦始皇废除谥号一事的赞同。但是经过深思熟虑得出以下结论:"废除谥号即废除公道,对人主会有何种训诫呢?我反复思考得出一个结论。谥号起于周,是由周公制定之制度。周公……是与文王、武王、成王合为一体之人。周公以三王之心为心,由此制定了谥法,号令后世子孙、天下诸侯,从今往后,在死丧之事上,子不可私其父,臣不可私其君,明公义而论谥号。即使于三王与周公自身皆无须丝毫忌讳,应成天下后世之楷模。是以虽然后世臣下不能妄议君父,但可以举周公之法予以周旋。自此公道方可行于天下。周公犹感不足。故立左史记事、右史记言之法,将君臣举动言语毫无回避逐一记录。于是公道日益盛行。周公忧思后世可谓仁至义尽。然则后世公道日废,事事都出于私,先废谥法,又废史法,使有志之士慨然而不堪。如今即使力图挽回此弊,因身为臣子亦有难以议论之处,如今能有英主出现,存三王、周公之心,先复谥法,再复史法,扶持公道,则何事可及?呜呼,公道已废,名教灭绝,人心晦盲。可不惧哉?"④

他接着说道:"自不必说,孔子之《春秋》定天下正邪,乃百

---

① 《日本思想大系》53 卷《水户学》,月报 32(岩波书店,1973 年),4 页。
② 《讲孟余话》卷之一。
③ 秦始皇为废谥号曾说过:"如此,则子议父,臣议君也,甚无谓"。《史记·秦始皇纪》。
④ 《讲孟余话》卷之三。

王之大法。其他列国皆有史官，掌记时事，于世教大有裨益。其后，历代皆废史官。"并进而论及日本"本邦亦古有史官，近世幕府、列藩皆有记录。然而按照本邦自古以来之常习，事事皆奉行秘密主义，外人不能轻易看见这些记录，非常可惜"，"凡史有二益。其一，不言忌讳，直书时事，官吏多因畏避而少行恶，又因史书之劝励而努力行善。其二，学者通过阅读记录可以熟知时事之得失、措置之善恶，多多有资于他日为官。希望早日开史局，撰良史，寻一继承春秋遗志之人编纂史书，亟愿使官吏学者皆读之"。[①] 这种大胆的想法无疑来源于对传统儒学的研读与体会。

儒学者三岛毅（1831—1919）在目击了幕末的动荡后说，"大约是在从嘉永年间到安政年间……之间，自从美国佩里（舰队）来日本以后，世间仿佛被唤醒了，四处都是议论国事之声音，现在有所谓政治家，在当时谈论政治之人尽是汉学书生。当时士族一般都没什么学问，商人和百姓更是无学问者居多，因此有学问的谈论政治的都是汉学书生，那时是书生纵论天下国家之时代。那个时候非常流行写文章，不写文章就不能叫学者，吉田（松阴）先生也在写文章上花了不少精力"[②]，"佩里第二次来横滨时……出现了许多洋学先生，但是学洋学的一般是医生，多不关心国事。接待外国人的都是汉学者，林大学头就打头阵去接待外国使者"[③]。这是对幕末儒学者政治上的积极性以及他们立身出世、出人头地的迫切心情的极好写照。进入明治时代，正如伊藤博文描述的那样："武士中，年少稍有才气之人都竞相讨论政治。一般说来，当下书生大多出自汉学学生之（读书）种子。汉学学生张口即政治理论，振臂则纵论天下"[④]，可见这种读书人关心、议论政治的风尚甚至延续到了自

---

① 《讲孟余话》卷之一。
② 《追颂演说》明治41年，帝国教育会《吉田松阴》，（弘道馆，明治42年），第52页。
③ 同上，第56—57页。
④ 《教育议》明治12年，《明治思想集》1（筑摩书房，1976年），267页。

由民权运动。①

针对儒学在"公议"重视风潮上发挥的作用，日本近世思想史的学者尾藤正英曾提出了这样的反论，"在孕育了'天'的观念、儒学思想的权威比日本更强大的中国，并未涌现出像日本这样在政治上扮演了重要角色的'公论'重视风潮。因此我们应该在日本近世社会构造以及支撑它的社会意识中探求孕育这一风潮的主要原因"，他认为这一主要原因在于近世日本封建体制的结构和日本传统的"合议制"。② 的确，这种解释有一定的说服力，但是所谓"合议制"难免上层"密室政治"的诟病；此外正如我们在上文所考察的那样，在东亚，以儒学为中心而形成的政治议论的强大影响显然不能忽视，当时的人们所表现出来的参与天下秩序的形成及"公论"的正当性认识与伦理上的冲动，在以儒学为依据和参照标准的思考和议论中是司空见惯的。当然必须指出的是，无论在中国、日本，这个历史阶段社会上的"公议公论"不过是为了应付统治阶层的咨询而已，至于由此导出向大多数民众开放的现代民主政治的方向，还需要其他的政治社会的逻辑与冲击力。③

佩里提督的黑船给日本带来了冲击以及幕藩体制自身的矛盾，增强了各藩的政治上的发言权，同时也刺激了下级武士积极参与国事的讨论，最终推动了日本"公议公论"的风潮的形成。在审视这个过程之际，我们既不能忽视来自西方的冲击性影响，但同时也应注意，活跃在幕末政治舞台的武士们的政治意识，无疑是以儒学素养为基础的。因此，这一历史的潮流以及变革的逻辑、甚至概念表

---

① 关于自由民权运动的代表性思想家中江兆民与儒学的思想关联，请参见松本三之介的《中江兆民的传统与近代》（收录于同著《明治思想的传统与近代》，东京大学出版会，1996 年）。
② 尾藤正英：《什么是江户时代》（岩波书店，1992 年），188 页。
③ 岛田虔次则反过来强调儒学与"民主制"的关联（《尧舜民主政？》收录于木村英一博士颂寿纪念会：《中国哲学史的展望与摸索》，创文社，1976 年）。关于日本学界的讨论，请参照渡边浩：《西洋的近代与儒学》（收录于同著《东亚的王权与思想》，东京大学出版会，1997 年）。

达也必然是打破封建体制的阻隔，走向以天皇为核心的郡县制。

结语

在传统中国，封建制和郡县制的优劣得失之争由来已久，有着漫长的历史过程。而且这种论争常常与"天下公共"相关联而受到关注。对中国传统的知识人而言，问题不在于这两种制度孰优孰劣，而在于如何在两种制度之间扬长避短或取长补短。因此即使支持封建制，也绝不会去冒风险恢复封建制，而是在进行制度设计时，通过对封建制的议论来批判或改善现行体制。

在近世日本，多数儒学者认为日本保留了封建制，延续了"三代"的美风良俗，为儒学正统的理想乡再现日本而引以为傲。然而，正如本文所粗略考察的那样，日本武士知识人虽然在表面上否定了郡县制，但在面临来自国内外的危机时，为了打破现状，从内涵复杂、丰富的儒学思想中吸取了与封建制机制与逻辑迥然相异的成分，并通过对幕藩体制的封建制的批判最终不期而遇地融入日本近代的郡县制形成的时代潮流之中。

当然，传统中国和近世日本在政治社会制度上有着很大的不同，① 现状也常常是流动不居的，在社会转型中产生影响的因素也是复杂多样的。但是，正因为传统中日文化之间具有的两个共通要素：（1）汉字文化作为共通的表示符号，（2）即使渗透的程度、范围大不相同，但拥有"儒学"这一知识与理论的资源与共通基盘，因此近世日本的大多数知识人一方面明确承认中日的"异同"，另一方面在面临内外危急之际，通过对儒学这一传统资源的再认识与反省，进而寻求自我变革。因此，在审视东亚的近代化过程之际，除

---

① 当然如果把周代后期与近世日本作比较，也可以发现很多类似性。譬如每个邦国＝藩国内部都可以发现许多"郡县制"的元素，此外没有实施所谓的世袭领地制（即"知行制"），而是实施了按照等级、官职领取俸禄（近世日本主要是实物粮食，即"谷禄制"＝"扶持米"）。

了要看到来自西方的压力与冲击外，我们不能忽视传统儒学在近世日本政治社会的机制与逻辑的内在演变中所起到的潜移默化的重要作用。

（路平译，张翔校）

原文出自张翔·园田英弘共编《"封建"·"郡县"再考——东亚社会体制论的深层》日本京都，思文阁出版，2006年6月。此次译成中文之际，在不改动原文主旨的前提下对原文做了若干表述的修改与史料的增删。

福泽谕吉儒学批判的历史背景与解释
——重新探讨东亚儒学史的出发点

姜智恩

（台湾大学）

一、绪论

本文拟分析福泽谕吉（1835—1901）的儒学批判，他是主张儒学绝不能适用于近代日本社会的代表人物。但是，本文的视域不限于日本，而是从东亚视域的角度（以日本与朝鲜比较为主）考察在近代初期中日韩各地区儒学的地位和理解的转变。

21世纪的今天，为何有必要探讨19世纪福泽对儒学的批判？又为何要采取东亚视域？那是因为福泽的主张长期以来成为日本及东亚知识界的思考对象，尤其是他对儒学批判的定位，在当代东亚儒学史认识中依然作为共识存在。故，本文认为，在重新探讨东亚儒学史时，必须要以福泽谕吉儒学批判的历史背景及丸山真男对此的定位为探讨出发点。

福泽谕吉在其发表对朝鲜意见的同时，[①] 既支援也指导前来求

[①] 福泽谕吉自1882年3月1日创办《时事新报》以来，直到1885年8月13日的《朝鲜人民のためにその国の灭亡を贺す》，频繁发表其关于朝鲜文明化和独立的社论。其中尤以自1892年7月到甲午战争的期间最多。这些有关朝鲜的社论主要收录于《福泽谕吉全集》8，东京：岩波书店，1960，另在第9、10卷也有一些收录。根据月脚达彦：《福泽谕吉と朝鲜问题——「朝鲜改造论」の展开と蹉跌》，东京：东京大学出版会，2014，20—21页。惟自1892年以后，在他所发表的社论中，非福泽亲自所执笔者亦复不少，尤其是自1896年以后，其大部分社论都是石河干明（1859—1943）等弟子所作。

教的朝鲜人士。此外，他也通过舆论或政策的建议，对日本政府的朝鲜政策产生重大影响。① 福泽对韩国近代史上的重要性，不言可喻。然而韩国学界对其研究仍然不活跃。② 尤其他的儒学批判和对韩国儒学史认识的关联性，可能未曾受到学界的注意。

福泽谕吉曾将以朱子学为中心的儒学③认定为是"无实"的学问，进而呼吁日本社会从事实学。丸山真男对福泽之儒学批判进行剖析，称：福泽实学论述其根本问题意识是将产生"东洋"道学之"精神"本身作为思考的对象。这可说是近代日本儒学论述原本以近世日本儒学情况为背景，但到了20世纪初其历史背景被忘却，并扩大为东亚视域而定位的过程。

根据东亚儒学史的通说，儒学虽然在近代之前发挥优点，但在近代入口成为近代化的绊脚石。本文对此提出真挚的质疑。这种说法是以儒学统治国家的中韩地区产生的问题意识？还是在儒学无法发挥其真正功能的日本产生，而后来混进东亚儒学认识？为了导出回答，本文拟将福泽谕吉儒学批判之历史背景及其儒学观的扩大解

---

① 赵景达著，崔德寿译：《近代朝鲜和日本》，首尔：Yeolinchekdeul，2015年，103页以及高城幸一：《政治评论家福泽谕吉：その朝鲜评论》，东京：文艺社，2011，204页。
② 韩国学界对福泽的研究不活跃的理由，正如月脚达彦所称，乃肇因于韩国学界对韩国近代史之研究仅以"一国史"研究加以处理所致，因此对于朝鲜开化派与福泽之间的互动关系研究并不活跃（月脚达彦：《朝鲜开化派与福泽谕吉》，《韩国学研究》26，仁川：仁荷大学韩国学研究所，2012年，309—310页）。宋敏镐也称："在殖民经历残余中，要将福泽谕吉作为翻译或是研究的对象是存在负担的"（宋敏镐：《近代普遍中隐秘的背影和福泽谕吉》，《日本学》43，首尔：东国大学日本学研究所，2016年，301—302页）。福泽谕吉在《福翁自传》中除了提到"卑劣的朝鲜人"外，并未留下他与韩国人士交流的具体内容。因缺乏直接史料佐证，遂成考察近代韩国与福泽之关系实属不易的根本原因。
③ 福泽谕吉除了主要使用"儒教"或"汉学"等用语之外，也使用"古学"，但很少使用"儒学"。包括福泽在内之启蒙知识分子的儒学批判中，儒教一词大体上均为儒学教诲之意。但是，以汉文文章或经书学习之意，来与和学、洋学并谈之时，主要仍使用汉学一词。但，福泽并不是为了与儒学进行区别起见而特别使用儒教一词。推其原因，盖当时大都使用儒教为用语所致。至于本文，主要仍使用儒学为用语，但在引文时则仍使用儒教一词。

释过程，从东亚视域的角度进行考察。其中，尤以透过丸山真男对福泽儒学批判的解释，进一步加以分析，并阐发其在儒学批判的历史背景忽略过程。

与中国、朝鲜不同，儒学在日本几乎没有扮演过作为国家统治理念的角色。这一历史事实，让我们得以理解福泽谕吉之所以主张"儒学无实"的历史背景。此为日本儒学因有其适用地区的特殊背景所致。相对的，在朝鲜500年历史中，儒学一直都是治理国家的中心思想。在以儒学治国的朝鲜史中，为何出现"儒学无实"的问题意识？又，儒学在韩、日社会，因曾分别对国家或社会承担过截然不同的二种角色，但其儒学为何都被冠上"无实"的批判？

儒学源于中国，也传播于东亚。它传入韩日时，中国的思维方式也跟着传入。近代日本，成为殖民宗主国时，中韩的儒学诠释与儒学批判在日本的思维方式的影响中进行。就此而言，从东亚视域考察近代东亚的儒学发展与批判，会有一定的意义。

二、韩国与日本的士

1. 朝鲜的民间儒者

就福泽谕吉而言，文明开化是最重要的国内课题，那么"朝鲜问题"则是最重要的对外课题。① 福泽关心朝鲜问题时，朝鲜政府推动锁国并肃清开化派人士一事让他激昂。② 众所周知，福泽主张处于文明国家行列的日本有责任引导朝鲜和中国加入文明化道路。不过，他在1885年3月发表的《脱亚论》中，主张日本应该拒绝"恶友"中国和朝鲜，并以列强之道待之。此一主张，使原先被解

---

① 韩相一：《日本知识人和韩国——韩国观的原形和变形》，首尔：ORUMM，2002年，14页。
② 月脚达彦：《福泽谕吉と朝鲜问题——"朝鲜改造论"の展开と蹉跌》，15页。

释为亚洲改造论者的福泽变成亚洲侵略论者。① 但就目前日本学界的通论，即坂野润治（1937—）的说法认为：福泽的核心观点就是朝鲜问题。②

坂野润治称"脱亚论"是福泽谕吉之朝鲜改造论的失败宣言，因为他支持的金玉均等朝鲜开化派发动的甲申政变皆以失败告终。③ 意即，福泽之亚洲连带论、脱亚论的核心都在朝鲜。根据福泽"脱亚论"的表述，"支那与朝鲜的政府在陈旧的专制中，缺乏值得信赖的法律"，"支那与朝鲜的士人陷入'非科学的思想'，不能理解何谓科学"，"支那人卑鄙、不知耻"，"朝鲜对人民使用残酷的酷刑。"④ 他指出中国与朝鲜政府都有不以法律为依据，并施行专制政治的共同问题，但对于朝鲜，他则特别提到其刑罚之残酷。他之所以使用"残酷"一词，盖针对朝鲜政府无情肃清亲日之开化派人士一事而发。

不过，福泽与朝鲜政客们交往之时，主导反开化的势力不一定是朝鲜政府。在兴宣大院君李昰应（1820—1898）的摄政（1864—1873）下，朝鲜政府施行了彻底的锁国政策。但在高宗亲政时，朝鲜政府的立场有所改变。⑤ 1873 年（高宗 10 年），闵升镐（1830—

---

① 参阅佐藤贡悦：《福泽谕吉的儒教观与脱亚论的思想局面》，《日本思想》10，韩国日本思想史学会，2006 年，293—294 页；宋惠敬：《殖民地时期启蒙知识分子对福泽谕吉的认识和接受—以崔南善和李光洙为中心》，韩国日本学会第 95 届韩国日本研究团体第 6 届国际学术大会论文集，2017 年，第 247 页。
② 坂野润治：《近代日本とアジア——明治·思想の実像》，东京：筑摩书房，2013（初版 1977 年），第 190 页。
③ 坂野润治：《近代日本とアジア——明治·思想の実像》，第 184—185 页。
④ 福泽谕吉：《脱亚论》，《福泽谕吉全集》10 卷，东京：岩波书店，1960 年，第 240 页。这篇文章刊登在 1885 年 3 月 16 日的《时事新报》上。
⑤ 宋炳基利用《修信使日记》（金弘集，1880 年），《阴晴史》（金允植，1881 年 9 月—1883 年 8 月纪录），《清季中日韩关系史料》（台湾"中央研究院"近代史研究所在所藏《总理各国事务衙门》档案中，曾对 1864 年至 1912 年中日韩关系的相关内容进行分类编辑，并于 1972 年出版、发行。当时郭廷以既是所长也是负责《朝鲜档》的主要编辑者）等史料。宋炳基：《近代韩中关系史研究——19 世纪末联美论和朝清交涉》，檀大出版部，1985 年，第 8—9 页。

1874）等在戚族势力的支持下，罢黜兴宣大院君，拥护高宗开始亲政。他们认为朝鲜政府拒绝接受日本书契而与日失和的1872年鲜日国交中断一事并不可取。因此，在高宗亲政时期的政府乃任命熟悉国际局势的朴珪寿（1807—1877）为右议政，试图修改大院君所采取的对日强硬政策。① 1874年8月清朝礼部以咨文通知朝鲜，日本政府计划出兵朝鲜，督促其改善对日关系。其后大院君势力下的人物纷纷遭罢免或流放。朝鲜政府开始走向对日开埠的门户开放政策。②

与此同时，朝鲜政府将日本和西洋区分开来，并宣布对日本恢复以前的通信关系，但对欧美诸国则仍持闭关的锁国政策。③ 高宗政府为何仅对日本恢复以前之通信往来，而不对西方开放门户？其主因在于儒生掀起"卫正斥邪"的"公论"，民间仍激烈抵抗开放政策。据称当时70%左右的朝廷大臣对开化持肯定意见，相比之下，在岭南儒生及南人主导的卫正斥邪运动下，民间持肯定的态度者尚不及10%。④

例如，1876年1月，副护军⑤尹致贤上疏高宗，主张国王应下达斥邪的诏书，广为公布，并在太学和乡校等教育机构实施彻底的儒学教育。⑥ 向君王请求颁布诏书，并表明斥邪之意的上书不断，朝廷也回应该要求，并迭次颁布斥邪之令。此事亦可在《朝鲜王朝实录》中得到证实。民间儒者请求颁布斥邪诏书之事，在大院君执政时也曾发生过，⑦

---

① 宋炳基：《近代韩中关系史研究——19世纪末联美论和朝清交涉》，12—14页。
② 参阅赵景达：《近代朝鲜和日本》，64页。
③ 参阅金敬泰：《近代韩国的民族运动及其思想》，首尔：梨花女子大学出版社，1994，64页。
④ 《清季中日韩关系史料》，504页。(宋炳基：《近代韩中关系史研究—19世纪末联美论和朝清交涉》，转引自163—164页。)
⑤ 副护军是附属于"五卫"的官职，但两乱之后，五卫制变得有名无实。其后，演变为只保留名称，而无实际职能。
⑥ 《承政院日记》第2821册（脱草本第131册），高宗13年（1876）1月28日：下斥邪纶音，家谕而户晓，内而太学，外而校院，口诵孔孟之书，申明列圣朝设科取人之本意，则邪学，焉敢窥售哉。
⑦ 例如金炳学（1821—1879）在高宗3年7月上疏，朝廷接受他的要求。

但高宗亲政时期则更频繁出现。其中，通信使金弘集（1842—1896）从日本带回黄遵宪奉驻日公使何如璋之命所撰《朝鲜策略》，在 1880 年 9 月 8 日上呈高宗，① 因而爆发激烈的卫正斥邪运动。②

从郭基洛（1825—?）在 1881 年 6 月所提交之上疏，亦可窥见朝鲜儒者挺身卫正斥邪的执着与规模遍及全国的震撼性影响力。其疏文称：

> 近日，儒章便成风习，峤南、两湖、畿甸、关东，接踵而起，半年叩阍。〔停止上书的〕严旨屡下，乍退复进，如若大变急祸，朝夕且至，而力抗上命，以死争之。其疏辞，必以卫正斥邪为题目，而以交邻修和，作话柄。以为，一国举将背洙泗而学泰西，被卉服而语侏离。其虑也深，而其说则过矣。③

所谓的"以死争之"的儒者，其大部分是在民间作为统治阶层的底层人士，而非现任官员。这些人继承了中国宋代新儒家风格，奉行范仲淹（989—1052）"先天下之忧而忧，后天下之乐而乐"的先忧后乐精神。④ 他们既熟知朱子学，也能体会士大夫精神。⑤ 他们人虽在野，但却拥有带领国家、君王走向正道，具有视天下兴亡为己任的儒者胸怀。

从朝鲜初期的太宗（在位：1400—1418）到朝鲜末期，朝廷即

---

① 该文件是驻日清国公使馆参赞官黄遵宪奉公使何如璋指示所撰。他将朝鲜的急务设定为防御俄罗斯，并提出朝鲜须以亲中国、结日本、联美国的均势策略，来维持国家的存续。
② 参考《高宗实录》高宗 17 年（1880）9 月 8 日记载。
③ 《高宗实录》高宗 18 年（1881）6 月 8 日记载。
④ 范仲淹：《岳阳楼记》，《范文正集》卷 7。
⑤ 关于中国士大夫，参考余英时：《士与中国文化》，上海：上海人民出版社，1987 年；张培锋：《论中国古代"士大夫"概念的演变参与界定》，《天津大学学报（社会科学版）》第 8 卷、第 1 期，天津：天津大学，2006 年。

收纳许多与"士大夫"气节相关的建议。① 根据《朝鲜王朝实录》的记载可知，经中宗反正（1506 年爆发的政变，推翻被视为暴君的前国王燕山君，另立晋城大君为国王）后更加普及。民间儒者逐渐建立积极参与有关国政议论的风气。这种风气引起"韦布而论国政得失，仆隶而议官长是非，名为公论，禁制缙绅。台谏而不得行其职，宰执而不能任其责"② 等不满的声音。③

他们从不怀疑儒学之道具有普遍性和实效性，并习以为常，乃是因为科举而产生重要作用。科举在中国实施约历 1300 年。朝鲜时代则从太祖开始到 1894 年废除为止，也实施近 500 年之久。他们对儒学之道深信不疑，其道理不仅只在于科举及第、为官治国理民而已。事实上，在参与科举者中，因中举而任官者比起未曾中举者，其比例相差甚大。儒生为了应考，将包含朱子学解释的经史内容作为其普遍性的知识，深信在经年累月的累积与体会下，其知识已成为经世济民之道，并在其社会中发挥名副其实的作用。因科举及第而任官职者可能会遇到现实的阻碍，相反的，在野的儒者则可以积极融入社会。④ 就此而言，处于统治阶层的末端，以赴死的决心卫正斥邪，正是传统儒者履行其以天下为己任的胸怀表现。

就武士阶层担任统治的近世日本而言，"韦布而论国政得失"之事并不多见。不过，如下描述显示 1882 年前后，日本年轻人的形态有所变化。

> 今日有教育论者，其言云：近来，我国子弟其品行日趋轻

---

① 以"士大夫"为关键词搜索《朝鲜王朝实录》，共搜到 2423 篇文章。然在最后的第 27 代纯宗朝（1907—1910 在位）则未搜到任何一件。至于其最高峰时代则是以儒者为主导的反正拥立之中宗朝（1506—1544 在位）共搜到 489 件。
② 《中宗实录》中宗 15 年（1520）1 月 15 日弘文馆上疏。
③ 拙著：《朝鮮儒学史の再定位——17 世紀東アジアから考える》，东京：东京大学出版会，2017 年，第 46—47 页。
④ 关于科举制度对朝鲜社会的影响力，参阅拙著：《朝鮮儒学史の再定位——17 世紀東アジアから考える》，第 51 页。

薄，不听父兄之言，不顾长老之警，甚至有以弱冠之身谈论国家政治，动不动就犯上之风气。这毕竟是因为学校教育不完全，忘却德育之罪过，所以主要以奖励道德之旨的方式，说明周公孔子之道，以汉土圣人之教为教育根本而控制一切人事。我听闻论者之言，就认为，其所担忧甚为优异，至于其解救担忧的方式毫无钦佩。①

有些人试图将"弱冠之身谈论国家政治，动不动就犯上之风气"以儒学控制。不过，福泽谕吉对此说法毫无赞同。这是因为他认为这种风气就是具有政治特性的儒学引起的弊害，而福泽的认识吻合史实。根据朴薰，曾将19世纪上半叶透过儒学学习所出现的这些武士命名为"佩刀的士大夫"。他认为虽然只是一部分，但是随着武士逐渐变成为士大夫，兵营国家的幕藩体制就开始动摇。②

2. 日本的下级武士

朝鲜时代，即使是无官职之儒者，他们亦可以多种方式参与国政，并拥有统治阶层的自我认识。就此而言，处于统治阶层的末端，以赴死的决心卫正斥邪，正是传统儒者履行其以天下为己任的胸怀表现。相对的，处于日本统治阶层之最底层的士，其见解则与朝鲜截然不同。众所周知，造成德川社会瞬间崩解的明治维新，其主导的武士阶层则仅占总人口的10%以下，此外亦有极少数的公家参与维新。那么，主张维新与主张尊王攘夷的二大势力是否就此成为对立性的存在？

乍看之下，尊王攘夷论与朝鲜的卫正斥邪论颇为类似。不过，

---

① 福泽谕吉：《德育如何》，《福泽谕吉全集》5卷，东京：岩波书店，1959年，355页。
② 朴薰也提醒称：尽管如此，他们仍然与明朝和朝鲜的士大夫截然不同，认为儒学只是根据政治的实际情况而放弃或改变的一种工具。朴薰：《明治维新如何可能》，首尔：民音社，2014年，181，234页。

就致力维新者而言，其尊王攘夷论并未被视为是改革和开国的维新阻力。维新史料编纂事务局所发行之《维新史》（1939年）序言，称："成就明治维新的原因并不能只归因于一两种。但不得不说其远因就是建国精神的表现，而其近因首先则是基于尊王论的发展。"尾藤正英注意到《维新史》第一篇就是《尊王论的发展》，而主张幕末维新期的尊王攘夷思想就是表达国民的觉悟，是守护国家独立，强化国内统一的作用。因此被认为是实现明治维新的主要动力。① 而且"尊王攘夷运动和倒幕运动，或者就作为领导该运动的负责人而言，尊王攘夷派和倒幕派的区别，即使在概念上成立，但在现实中政治运动和人脉流派上，两者也是密切相关的"。②

换句话说，尊王攘夷论者、站在倒幕论立场者、包含全面开港的明治维新推动者，都可能是同一批人物。当时的真相是，武士们在统治阶层的基层，无论他们的手段和名分如何，都扑向同一个目标。其共同目标，就是推翻德川体制。因此，福泽谕吉对维新的核心动力也有如下阐述：

> 其对王政一新之举动，虽然当时或称尊王，或称攘夷等种种议论，皆属枝叶末节，其实〔明治维新真正要做的〕既非尊王，也非攘夷。作为支撑国权之栋梁的人民风气，乃在打破政府专制，向自由迈进。若此举动果真为攘夷，使当时之德川政府真诚抵抗外国人，则幕府当可获安全吗？相信者信之，但我不信。若此举动果为尊王，则使当时旧幕府掌握实权以奉天子，有如现今政府之于宫内省，则天下有志之士甘于旁观乎？

---

① 尾藤正英：《日本の国家主义：国体思想の形成》，东京：岩波书店，2006年，第10页。尾藤正英对战后尊王攘夷论被看作是保守反动思想一事，曾经表示：远山茂树等人认为这（引用者注：尊王攘夷论）是以儒教名分论来设定阶级性身份秩序的思想。幕末时期，德川封建阶层因发生统治危机而出现尊王攘夷论。远山的评价遂成为战后学界的共识，但这种评价是在太平洋战争末期，作为对抗国家主义史观所出现的对照（Antithese）观念。

② 尾藤正英：《日本の国家主义：国体思想の形成》，第10页。

我不信。①

但是什么才是下级武士所真正想要推动倒幕的原因？这是因为他们在旧社会体制中具有无法发挥其能力的无力感。尾藤正英表示：德川时代日本之所以能够维续 270 年的太平，并不仅止于德川武家政权具有管制能力。因此，尾藤乃提出从"役"中找到实现长久和平的原因。因统治者找到以"役"体系来组织社会，并配合武力和法规的力量来维持社会稳定。因为"役"体系符合人民要求，所以几乎没有受到反抗。由于其政策取得成功，因此可以维续政权。② 所谓"役"体系，乃在其社会中，每个家〔いえ〕均能拥有、继承其家业而得以维持其在政治体系的稳定。因此，就町人而言，"致力于家业、发挥才智，用以追求家业繁荣和起家。即使是百姓身份，也可以透过极大的勤劳、学习和节俭，购买土地，盖漂亮的房子"。③

相对的，身为原本属于战斗人员的下级武士们，在没有战争的德川社会，则无出世管道，只能从事琐碎之事，过日子。他们"没有钱，没有威信，也没有人向往。他们因为学过儒学，所以相信不是靠家门而是靠才德才能被录用。虽然如此，但仍与清朝、朝鲜不同，因这里没有科举制度。"④ 武士社会，与儒家社会的构造截然不同。在朝鲜社会，无官职的儒者因可议论政府的决策而不断上疏，政府对此也有敏锐的反应。渡边浩曾说：他们（下级武士），对于从 18 世纪末开始形成之对西方的紧张感，认为是新机遇。他们对西方势力的威胁，一边以极端的过激反应应对，一边则实行改革和

---

① 福泽谕吉：《国权可分の说》，《福泽谕吉全集》19 卷，东京：岩波书店，1962 年，第 528—529 页。
② 尾藤正英：《江户时代とはなにか》，东京：岩波书店，2006 年，第 42 页。
③ 渡边浩：《日本政治思想史——十七—十九世纪》，东京大学出版会，2010 年，第 399 页。
④ 渡边浩：《日本政治思想史——十七—十九世纪》，第 400 页。

破坏德川社会，最终将禁锢他们的现有体制导向崩溃。①

以福泽谕吉为始的下级武士们主张打倒德川社会结构及建设新社会。因此，福泽"不仅不信仰、不注重汉学②（儒学），进而自幼即在其心中烙下决心扫光所谓腐儒之腐说。"③ 这是出于何种背景？为了寻求解答，本文拟先从儒学的普遍性问题开始，逐一加以探讨。

三、近世儒学的普及

1. 何谓普遍性

儒学是否具有普遍性，即"具有广泛的共同特质，不受时间与空间之局限"？④ 儒学是否中国以外的地区也被认为是普遍主义⑤？我们需要关怀西方近年来普遍主义的发展：

> 假设有人认同在西方哲学史上，普遍主义的开端是柏拉图的理型论，其理型和现象是二元论的出发点，但他也可能不认为希腊哲学超越希腊城邦，而构想到普遍性理论。不过我认为，在政治领域，以普遍和特殊之形式逻辑的二分法理解柏拉图的哲学，这是非常无聊的。因为柏拉图的哲学根本上是城邦

---

① 渡边浩：《明治维新论と福泽谕吉》，《近代日本研究》24，东京：庆应义塾福泽研究center，2007年，第292—296页。
② 当年的汉学即今日之儒学。黑住真：《近世日本社会と儒教》，东京：ぺりかん社，2003年，第188页。
③ 福泽谕吉：《福泽谕吉全集》7，东京：岩波书店，1958年，第168页。
④ 参阅 http://dict.revised.moe.tw/cgi-bin/cbdic/gsweb.cgi
⑤ 普遍主义是英语 universalism 的翻译语。但汉字的"普遍主义"未被作为具体理念或概念的用语。Universalism 原用于正当化西方中世罗马天主教会所存在之统一秩序的理念。在中世纪，作为学术概念用语，似乎尚未见有明确使用，惟自 Etienne Gilson（1884—1978）使用以来，始逐渐普及成为学术用语，也意味着在思想上它正穿透中世纪社会转为普遍的理念。即在世界上有单一、终极主体的唯一之神，而天主教会正代表该终极主体，作为世界统一秩序的运作。Yang Seung-tae，《该如何研究普遍主义》；Yang Seung-tae 等：《普遍主义：为了新世界政治思想史的考察》，首尔：Cheksesang，2016年，第23—26页。

哲学即政治哲学，理型的普遍思想也离不开政治空间的城邦。对柏拉图而言，城邦这种规模小而特殊的政治空间就是政治普遍主义的道场。……因此，柏拉图的政治普遍主义，不是为了普遍而普遍，而是普遍的特殊化、特殊的普遍化，是城邦哲学彻底化的产物。①

引文中说，柏拉图的政治普遍主义，在城邦之外的地区并不具有"普遍性"的质疑是没有意义的。因为其普遍主义原本就是以城邦的政治空间作为前提所提出来的普遍主义。反之，在非该普遍主义道场（城邦）的外部地区，当然会出现对其普遍性提出质疑的声音。例如，近代初期以来，全球的"落后"国家都拼命追求不言自明之欧洲式普遍主义的普遍价值。不过，当代已出现对其普遍性的质疑。因此，需有如次的认识，即"欧洲式普遍主义和普遍性普遍主义之间的斗争，是现今世界的核心意识形态斗争，……我们必须宣布并谋求普遍性普遍主义的制度化，因为它虽然有实现的可能性，但这不意味着它会自然或必然的实现"。②

回归近世的东亚儒学史，中国的经世儒学，在韩国曾持续被使用于经世，但在日本的儒学史上使用儒学以经世的前提并不明显，正因为如此，在韩日儒学史上各自分别迈出截然不同的发展途径是必然的。故，在韩日各地区对本国儒学史所开展的评价和批判，也会截然不同。（不过，殖民时代开始的对韩国儒学史的评价和批判与当时福泽谕吉指出的儒学批判非常雷同。）

在中国，儒学之所以作为普遍主义扎根，与科举已施行一千余年，且因考生早已将儒学视为具有普遍性的存在经典，并熟习其实施过程有关。在希腊哲学中，城邦这个政治道场作为具普遍性的前

---

① 崔相龙：《序文：政治上的普遍与特殊的问题》，Yang Seung-tae 等：《普遍主义：为了新世界政治思想史的考察》，10 页。
② Immanuel Maurice Wallerstein 著，Kim Jae-oh 译：《欧洲普遍主义：权力的修辞》，首尔：Changbi，2017 年，10 页。

提，与儒学类似，而科举制度则是让儒学获得具有普遍性认识的前提。儒生只要通晓儒学，并应试中举就能担经世之任，因此在施行科举的体制下，社会成员只要沿袭体制，就能确信儒学可用于经世的普遍性。在朝鲜土地上，中国儒学也具有同样的权威性，能毫不犹豫地使用于经世。因此，在儒学社会，透过科举制度的保障，学习儒学因具有出仕的可证性而拥有普遍性。因此，儒者以公认的权威注疏为基础，透过学习而通晓经书，进而通过科举考试，而进入统治集团。

因儒学是经世之学，故经书的读者大都立志成为"治者"。通过他们的经世，非读者阶层也自然而然的认同儒学的普遍性。在中国和朝鲜，一般百姓不一定是经书的读者。其实，其大多数虽未曾直接确认过仁义忠孝如何记载在《论语》、《孟子》等经典之上，甚至对朱子学如何将这些内容与修身、齐家、治国、平天下结合，并进一步将其诠释为修己和治人的过程，也并不了解。即使如此，他们也认同将此经世之学用于运营治理天下是妥适的。

不过，在武士阶层统治的日本，不施行科举制度，儒学具有天下普遍性这个前提也并不适用。日本既缺乏实现儒学理想的前提，也不存在儒者可以成为现在或未来之"治者"的前提。因此，日本儒者需亲自寻找经书内容和现实间的纽带。就此而言，日本儒者个人没有必要将经书内容假设为普遍真理。正如众所周知，18世纪后期的日本也有类似科举的考试制度。此即，德川幕府直辖的"昌平坂学问所"为了鼓励幕臣学习儒学而实施"学问吟味"。

"学问吟味"从宽政4年（1792）到庆应4年（1868），共计举行19次。这是以幕府直属的旗本和御家人及子弟为对象，对其成绩优秀者制订颁发金品或褒奖之制度。因为这是幕府正式举行颁奖，所以获奖者在人事考核上较能得到优势。[①] 这是根据世袭制度，

---

① 桥本昭彦：《江戸幕府学问吟味受験者の学习历》，《日本の教育史学》32，东京：教育史学会，1989年，第16页。

给予应试的在职者获得人事优势的考试。虽然也有一些研究文献认为"学问吟味"相当于科举制度,而主张日本也有过科举制度。不过,笔者认为"学问吟味"在日本的意义,与科举制度在中国、朝鲜的意义,存在着根本性的差异。在中国,科举制度的建立意味着政府取才任官的制度转型,乃从以家世为背景,通过人才荐举以选拔官员的"荐举制",转变为根据个人的学问能力,由国家透过考试直接选拔官员的选举制。就日本的"学问吟味"而言,并非让儒学成为具有普遍性之经世学问的体制。

2. 日本对儒学普遍性的质疑

儒学在中国和朝鲜因属于经世之学,所以从未发生"是否适合于非读书人将其活用到日常生活上"的质疑。① 但是德川日本的儒者从接触儒学开始,便开始对"儒学是否适用于日本的日常生活上"发生质疑。他们也须要思考儒学若无法用于经世上,则其尚有何等用处?

伊藤仁斋(1627—1705)曾说:"盖学者之进道,其初学问与日用扞格龃龉,不能相入。及乎真积力久,自有所得,则向视之以为者,今始得近。"② 因此,在儒学之道与现实社会互不相容的背景下,日本儒者必须努力调整这些差异,以致原本广求天地之道的儒学,在日本必须展开"如何适用于日常生活"之路。因此,日本发展儒学的特殊途径,在中国和朝鲜的儒学史上虽不能说从未存在过,但非儒者首须面对的治学第一要义。

中江藤树(1608—1648)九岁时转为祖父养子,十五岁因失去祖父,不得不提前继承家业、侍奉主君。据其年谱,他于"修身齐家,不知其道",出于实际需要,他决心研读修身齐家之道。不过,他因未得其道,

---

① 在阳明学的发展过程中,曾经有过一些适用于普通民众的尝试,但这恐怕不能说是中国儒学史上的一般情况。
② 伊藤仁斋:《童子问》卷之中,第 61 章(宝永四年丁亥夏五月刊本),东京大学文学部汉籍 corner 所藏,天理图书馆 40178 的复本。

故滞碍不通，乃怀疑圣人之道不适今日世界。① 总之，中江藤树苦求修身齐家之道时，虽熟读经书，然于实际生活时，则时感格格不入。

此即，日本儒者对德川体制与儒学脱节的强烈意识，惟直到二战前日本学界仍未能就此获取脱节的如实解释。德川时代乃公认为以朱子学为体制教学的社会，上述儒者苦恼遂被解释成批判体制教学以探索新思想的过程。诚如黑住真所述，"德川思想体系＝朱子学"的图式，始于幕末林家的记述，经井上哲次郎，再到描述其体制解体的丸山真男，无不贯穿其中。②

1960 年前后，以尾藤正英为首的学者开始对此图式纷纷提出质疑。战前，虽有津田左右吉主张，从中国传入的儒教只不过是知识分子的思想，并没有渗透普及到日本社会。此种见解，直到战后的此时，才开始受到关注。

17 世纪中叶以后，随着儒学研究的发展，日本对其历史文化的自觉也逐渐加深，儒者们用儒学的观念来回答各自所面临的思想问题。日本儒学若无法承担经世的话，或许可以作为礼教，然而竟连这种试图亦未能如意。平石直昭曾就 17 世纪中期以降"围绕儒教之客观情况的变化"，提出如次的叙述。

> 寺请制度（引用者注：指定寺庙独占执行所属家族即檀家之丧祭礼的制度）与吉利支丹宗门改（引用者注：对民众宗教的调查制度。一开始以揭发耶稣教信徒为目标，但德川中期以后转变成为居民调查制度）相结合，逐渐普及。在此制度下，全国各家族必须成为某一个寺庙的檀家，佛教主宰葬礼这个有关人命的重大节目。因为如此，佛教寺院和僧侣在幕藩制国家社会中得到地位的保障。这意味着儒者方面对僧侣＝游民（故

---

① 尾藤正英校注：《藤树先生年谱》，山井涌外校注：《中江藤树》，《日本思想大系》29，东京：岩波书店，1974 年，295 页。
② 黑住真：《近世日本社会と儒教》，东京：ぺりかん社，2003 年，第 27—28 页。

频繁提入的变化，几乎失去说服力。同时，随着该制度的普及，将初期儒者所拥有的近代日本商家作为儒教伦理体现标的构想已无法实现。①

此外，随着商品货币经济进展，全国市场逐渐成立。在此情景下，儒者需要提供商人阶级所以存在的理由和利益正当化等诸方面的理论。② 不是"统治阶层"或"预备统治阶层"的儒家，必须作为普通人读者，也需为其他普通人读者设想、批判以及重新解释现有的（中国、朝鲜）儒学。

举例而言，对《论语》"回也，其心三月不违仁"，根据朱子学的解释，即"少（稍）有私欲，便是不仁"。③

对此，伊藤仁斋批评宋代儒者的说法，乃佛学而非孔子之旨。④ 伊藤仁斋应已虑及"普通人能否照此说生活"，对他而言，町人和百姓通过家业得利具有正当性。但从朝鲜儒者的角度来看，统治者消除私欲，奉行仁道，并不是过分的要求。⑤

德川日本的儒者，因有意将中国儒学改造为适合在日本发展的儒学，乃展开多样性的解释。他们不拟采取寻找中国经书中的普世价值，并将其实行于日本的途径。不过，由于德川儒学史的发展途径和中国、朝鲜截然不同一事，常被忽略。因此，正如前述，津田

---

① 平石直昭：《日本政治思想史—近世を中心に》，东京：放送大学教育振兴会，2003年，第41—42页。
② 平石直昭：《日本政治思想史—近世を中心に》，第5页。
③ 朱熹：《论语集注》雍也，《四书章句集注》，北京：中华书局，1983年，第86页。
④ 伊藤仁斋：《论语古义》（林本），东京大学文学部汉籍 corner 所藏（天理图书馆406094 的复本）。宪问：若后世主无欲主静之说者，实虚无寂灭之学，而非孔门为仁之旨矣。
⑤ 另一方面，在古典汉语中"私"的负面形象和日语中"わたくし""私"所具有的中立形象，其差异也可能影响到经文的解释。用伊藤仁斋当时的生活日语来说，"私"是构成"公"的一部分。如果是这种意义上的"わたくし""私"，完全消除这种欲望的事情，不论是实践的理由或其可能性都很低。详细分析参阅拙著：《朝鲜儒学史の再定位——17世纪东アジアから考える》，第二章第二节。

左右吉虽曾提出日本传统社会和儒教无关的见解,但未受到关注,直到战后才重新被认识。

3. 明治日本重返儒学

在 1603 年成立的德川政权下,和平持续 150 余年,原属战斗人员的武士阶层,开始苦恼其自我认同。在此情况下,各藩乃开始鼓励武士弟子允文允武。17 世纪,在 270 个藩中约只有 3.7% 的 10 个藩拥有藩校。1750 年代以降开始增设藩校,从 1790 年到 1830 年的 40 年间,共有 87 所藩校,即每年约新增 2 个多藩校。在其藩校所授诸多教程的中心是儒学,而儒学的中心就是朱子学。①

因此,作为德川时代前期不受欢迎的职业中有"儒艺"一门,此即儒学相关职业。从 18 世纪后期开始,"儒艺"也成为各种学问之一,武士中作为经世学而学习儒学的人数,因之大幅增加。到了19 世纪,具有儒学素养的武士开始涌现出来。②

正因如此,明治知识分子大多具有儒学背景。所以,渡边广称"明治时代的思想家犹如两只脚站立。其中一只是洋学,另一只则是汉学"。③ 桑木严翼(1874—1946)也曾说:"近来,偶然回顾明治先知的遗业,才知道其大部分人具有徂徕学的素养。"麻生义辉(1901—1938)亦说:"西周(1829—1897)于 20 岁左右学习徂徕学,并倾心于其思想。"渡边广曾对西周说,他在对汉学方面学习到能作为汉学家自成一家的程度,他在意识形态和思维方法上,一边祖述徂徕学说,一边进行严厉批判。又对津田真道(1829—1903)称,他从其藩的儒者学习汉学,但排斥朱子学。④

在持续对儒学的研究、引用或批判、排斥等议论中,明治时期

---

① 朴薰:《明治维新如何可能》,首尔:民音社,2014 年,152—153 页。
② 朴薰也提醒,尽管如此,他们仍与明朝和朝鲜的士大夫截然不同,认为儒学只是根据政治的实际情况而放弃或改变的一种工具。朴薰:《明治维新如何可能》,第181、234 页。
③ 渡边广:《明治初期の思想界と徂徕学》,《学艺研究:人文科学》1,和歌山大学学艺学部,1950 年,第 175—176 页。
④ 渡边广:《明治初期の思想界と徂徕学》,第 178—187 页。

的官员或有识之士也曾试图将儒学用于道德教育。比如西园寺公望（1849—1940），当他从法国留学返国后，于1892年出任伊藤博文内阁的文部大臣。根据他的记录，我们可以窥知当时儒教主义的情况。

〔明治十四年（1881年）12月，〕当时的文部卿（福冈孝弟）……召集府县的学务官，训示教育方针，其宗旨特别注重修身教育，说："……在教育方面，须要选聘硕学醇儒有德望者，引导学生更加恭敬静肃。在修身教育方面，必须以皇国固有的道德教诲为基础，依靠儒教主义。"王政维新后，我国上下都急于引进欧美文明，……道德之类暂时置之不理亦无妨的想法，在当时社会中也颇获势力。这是明治维新之初至十四、五年间的情况。对此，当时也有反动，也有人民的觉醒，故对道德知识的需要也同时得到承认。因此，曾经被全面排斥的儒教也有所复兴。①

如上引文所示，在明治时期有以"儒教"进行道德教育的动向。在当时的儒学研究动向中，阳明学研究也告兴起，兴起的主因是强调阳明学的创新性。根据当代研究文献，当时的研究成果，于今大都被证实为与历史事实不甚相符。② 虽然如此，但我们仍可窥知当时的儒学相关研究日渐蓬勃且具多样性。

在儒学研究和批判的漩涡中，福泽谕吉决心一扫腐儒的腐说，曾多次主张儒学不能用于日本社会。丸山真男说，福泽之所以批判儒学，乃因它使百姓无法拥有主体性。他引用福泽著作，加以说明如次：

---

① 西园寺公望：《明治教育史要》，《开国五十年史》上，东京：明治四十年史发行所，1907年，第690—691页。
② 荻生茂博：《幕末·明治の阳明学と明清思想史》，源了圆、严绍璗编，《思想》（日中文化交流史丛书三），东京：大修馆书店，1995年，第436页。

"为了对抗外国、守护我国，我们必须要将自由独立之风充满全国，国人亦不分贵贱上下都认识为了国家，无论是智愚、文盲识字者，都必须尽到作为国民的责任。"（《学问的劝导》第三篇）不过，在"孔子的方式"，划定贵贱上下之区别乃说："民可使由之，不可使知之。即世上有一千个文盲和一千个识字者，智者在上支配百姓，让他们服从上意即可"。这就是"孔子的方式"。在该方式中，"此国的成员类别可分为人和民、或主和客的两边。主人者作为一千个人的智者妥善支配其国家，其余皆扮演毫不知情的客人角色。当客人，就少有忧虑，凡事只依靠主人，没有自己该承担的任务。故其担忧国家与主人不同，乃是必然"。（《学问的劝导》第三篇）①

孔子称："民可使由之，不可使知之。"② 此话，据朱子学之诠释是："圣人设教，非不欲人家喻而户晓也。然不能使之知，但能使之由之尔。若曰圣人不使民知，则是后世朝四暮三之术也，岂圣人之心乎。"③ 由此可知，朱熹早已注意到这句话有被解释为"愚民政治"的可能。

虽然有此辩护，但经书上确实有"治者"和"被治者"之分。如《孟子》称："或劳心，或劳力，劳心者治人，劳力者治于人，治于人者食人，治人者食于人，天下之通义也。"④ 孔孟主要鼓励、指导的对象是"治者"，但对"被治者"发挥能动性的期待则较弱。

儒者在中国、朝鲜皆属于统治阶层。他们拥有"劳心者""治人"的认识。不过，德川日本的大多数读者，即儒者、町人以及百姓等职别，他们都非"劳心者""治人"的阶层。

---

① 丸山真男：《福泽谕吉の儒教批判》，《丸山真男集》2，东京：岩波书店，2014 年，第150—151 页。本文为 1942 年著作。
②《论语·泰伯》：子曰，民可使由之，不可使知之。
③ 朱熹：《论语集注》"雍也"，《四书章句集注》，北京：中华书局，1983 年。
④《孟子·滕文公上》。

四、福泽谕吉的儒学批判和丸山真男的解释

1. 福泽谕吉的问题意识

在德川社会，尽管儒学没有中国、朝鲜普及，但诸侯常常被称为大名，家老被称为大夫等儒学用语的使用却很普及。因此，封建性身份关系有被误认为来自儒学的可能，对其封建性具有问题意识的人也可能误解这是儒学的本质问题。在此背景下，福泽谕吉对儒学的批判，经常与对德川社会的封建性相连结，同时表现其愤怒之情。

福泽说："我本来不喜欢日、中的古学者（儒者）之辈①但知治人而不知自修。正因不喜欢此辈，故自此书"《学问的劝导》）初篇即主张人民同权之说，并论人人自任其责，自食其力之重要。②他也在自传中回顾其年轻时对儒者的批判，称：

> 那时我已入洋学之门，视天下儒者之流为眼中钉，儒者所做所为我都不满意，尤其厌恶其品行。虽能开口卖弄仁义忠孝，但有事之时却无气概。尤以品行不端，饮酒作诗，虽能书法风评佳，但我厌恶其一切。③

"虽能开口卖弄仁义忠孝，但有事之时却无气概"的儒者们，就是福泽眼中鄙视的幕末日本儒者（其父为下级武士亦读儒学）。虽然读儒经的人口暴增，但儒学在日本并非可借以立身出世的途径。就经书内容来看，儒者泛论治国平天下之道并非怪事，但在日本不一定可行。这就是日本社会所潜藏的儒学不利背景。不过，正

---

① 原文是"和汉の古学者流"。福泽所谓之"古学者"并非指日本"古学派"的特定学派，而是泛指儒家。
② 福泽谕吉：《学问のすゝめ》十篇，《福泽谕吉全集》3，东京：岩波书店，1958年，第94页。
③ 福泽谕吉：《福翁自传》，第229页。

福泽所说的,"不喜欢日、中儒者但知治人而不知自任其责、自食其力",常常将中韩与日本之儒者相提并论,因而让读者忽略日本与中国或朝鲜儒者具有截然不同的背景。

尽管如此,福泽本人对儒学在日本社会的地位并非不清楚。因此我们也可以从其言谈中,发现他对日本儒学具有分析性的认识。尤其,当他为了对抗将儒学可适用于日本社会之主张时,也会对日本儒学提出分析性的见解。

> 德川治世 300 年间,儒者并未被允许直接担任世事,仅充当学校教授而已。在轻视学问的德川社会,学校教授最无力,封建的大势不容儒者,社会紧要的大事都由武人和俗吏掌管。这也可象征儒教势力的微弱。①

如上所述,福泽分析出"儒教势力微微"的日本现实。但他并不努力表明此点乃是中国和朝鲜儒学史中所不存在的日本独有特性。因为他的儒学分析不是为了阐明在东亚儒学史上的日本儒学地位,而是为了主张儒学不能在近代初期日本社会扮演主要角色。就他而言,中日韩儒学性质的差异并不重要。

不过,正如前述,在明治 14—15 年间有要使儒者担任道德教育的动向。福泽回应该动向时,分析出中国儒学所具有的政治特性。孔子是纯粹的政治家,孟子的话也大部份具有政治性。在中国凡是学者没有非政治家,经史书则陶冶政谈家之工具。② 总之,儒学书籍绝不能担任纯道德教材。他在 6 个月后,对儒学的政治性分析如次:

---

① 福泽谕吉:《德教之说》,《福泽谕吉全集》9,东京:岩波书店,1960 年,286 页。这篇文章刊登在 1883 年(明治 16 年)11 月 26—29 日的《时事新报》上。
② 福泽谕吉:《儒教主意の成迹甚だ恐る可し》,《福泽谕吉全集》8,东京:岩波书店,1960,663—664 页。本文亦曾刊登于 1883 年(明治 16 年)5 月 26 日的《时事新报》上。

深切观察儒教主义之实际，发现它绝非纯粹的道德学，大半混同政治学。……儒教主义是混杂政治与道德的一种学风。若加以分析的话，其中治国平天下占七成，所余三成尽属道德部分，乃不言自明之事实。……四书五经之各章各句其文字虽有不同，但其主义则一以贯之的混杂着政论与德论。以化学论为譬，则非政德之混合体，乃亲化体（引用者注：化合物）也。……今儒教中含有政论与德论，若问其混同情状如何？终究非如沙米混杂之简单混合，而是等同于盐酸和苏打之化合，其元素紧密结合甚为坚固，既不可以纯粹政论名之，又难以纯粹德论名之，二论之本来性质已变，的确产生一种中间的主义，乃对此命名为儒教主义。①

上述分析，乃福泽对"儒教在日本可否作为道德学使用？"之质疑，所做出的回答。在此文中，他曾说"儒学在中国古代曾充分扮演过充分的角色"，因为有此说法，所以福泽有时被误解为肯定儒学，而他否定的部分只不过是近代初期不适合日本使用的儒学侧面。佐藤贡悦曾对福泽之儒学批判加以分析，称："其负面言辞大部分都在有关儒教政治思想领域的部分。换言之，至于其儒教道德思想的批判，则集中在它和政治思想不可分割的侧面，故可说它只不过是间接性的否定而已。"② 小泉信三虽然认为：福泽"乃是长年吐露嘲笑儒者、儒学"之人，不过又认为他是"对儒道深信不疑的人"。③

因福泽在早年曾受过儒学教育，所以对儒学内容也有一定程度的熟悉，甚至偶尔露出其儒学性的思考。虽然如此，他却始终如一

---

① 福泽谕吉：《儒教主义》，《福泽谕吉全集》9，东京：岩波书店，1960年，第268—269页。此文亦曾刊登于1883年（明治16年）11月19—21日的《时事新报》上。
② 佐藤贡悦：《福泽谕吉的儒教观与脱亚论的思想局面》，《日本思想》10，首尔：韩国日本史思想学会，2006年，第303页。
③ 小泉信三：《福泽谕吉の儒教批判》，东京：岩波新书（青版），1996年，第207页。

地主张在日本，无论在政治、道德等任何领域都不能采用儒学。虽然他曾说儒学在中国古代扮演过肯定的角色，但这句话其实是为了强调在近代的日本社会中，儒学绝不可能发挥出肯定的作用所使用的修辞而已。

2. 丸山真男对福泽谕吉之儒学批判的解析

丸山真男将福泽谕吉的儒教论述与批判，约以明治 14 年到 15 年间作为区分前后的时间点，而将其划分为前期和后期二个阶段。丸山说福泽在前期的批判，与彻底扫荡封建门阀之问题意识如出一辙，在在均足以暴露其意识形态（即封建社会思维模式的儒教伦理）。他也说与其严峻批判的前期比起来，后期的批判则显得温和、批判范围有限，并冷静地分析儒教，一边尊重周公孔子的原来思想，一边说儒学变为不好，不符合现今时代等等。① 由此可知，福泽的儒学批判，有全面性否定或部分性否定、前期批判强和后期批判弱的差异。

实际上，《学问的劝导》（明治 5 年 2 月到 9 年 11 月间发表）等前期的著作，似乎是全面性否认儒学的存在价值。不过《儒教主义》、《德教之说》（两篇都在明治 16 年 11 月发表）等后期著作，则出现对儒学作出部分肯定的言辞，故佐藤贡悦、小泉信三、丸山真男的分析，都有其根据。不过，他们对福泽所指出的儒学批判，忽略了一个重要的地方，即其儒学批判的大部分都属于对日本儒学史的批判，而不可扩大解释为对儒学在中国、朝鲜所施行之本来面貌的批判。换句话说，由于他讲的儒学问题不一定是指儒学的本质问题，所以从其批判的儒学面貌中可以推知日本儒学史展开所具有的特点，但无法开拓出其所需之某种东洋精神。

福泽在明治 5 年（1872 年）2 月到明治 9 年（1876 年）发表的《学问的劝导》（共 17 篇），有关"实学"的主张中，不断呼吁日本社会须将"无实"的学问放下，改为从事实学。根据福泽自身的估

---

① 丸山真男：《福泽谕吉の儒教批判》，第 139—161 页。

计,《学问的劝导》在明治 13 年时已正式发行 70 万本。另,他也估算非法贩售的数量也高达 10 余万本。其中,若仅算初篇发行量的话,真伪版本合计,也有 22 万本。因此,可说,当时人口 3500 万的日本,约每 160 人中就有 1 人读过《学问的劝导》初篇。① 可窥知这本书在当时社会中的影响力。

福泽在此书的初篇中,对儒者的学问批判,如次:

> 所谓学问,不仅在于只知难字,解难读古文,享受和歌,作诗等,世上无实的文学。此等文学也自然令人心中愉悦且颇为适用,但是并非如古来世上儒者或和学者所说般那么值得遵崇贵重。自古以来,汉学家少有善于经营家庭者,也少有既善于和歌又善于经商者。因此,理智的商人百姓见其子女热衷学问,以父母之心则忧其不久将倾家荡产,此忧非无道理。归根结底,乃该学问离实际甚远,此其不适日用之迹证。如今,此种缺乏"实"质学问,首应放下,只专注于与世界普通日用密切相关之实学。②

不过,据丸山真男所称,因本书大为流行致福泽学被"误解"为只是实业学。为了消除该误解,丸山特别执笔并发表《福泽的"实学"的转回——福泽谕吉哲学研究绪论》一文。丸山表示:

> 福泽因此文传遍天下,"实学"遂成为流行用语,福泽学只作为。(着重符号乃作者所加)实业学普及。这件事同时产生错过在福泽学问观中尚有另一种——尤其是更有根本性的——"革命"之危险。如此一来,整体的福泽学遂被视为庸俗

---

① 福泽谕吉:《合本学问之劝序》《福泽谕吉全集》3,东京:岩波书店,1958 年,第 23 页。(1880 年 7 月 30 日作)
② 福泽谕吉:《学问のすゝめ》初篇,《福泽谕吉全集》3,东京:岩波书店,1958 年,第 30 页。

的现实性功利主义之俗见①,主要也是因解释此文而发酵造成。福泽的主张若仅单纯止于"学问的实用性""学问与日常生活之结合"的话,则那种想法绝非那样新颖。就此点而言,福泽虽是继承者,但绝非革命者。②

平石直昭表示,丸山的上述论文与《福泽谕吉的哲学》一文等两篇论文,乃是对福泽进行批判论述中具有核心地位的著作。对《丸山真男集》第三卷解题的植手通有(1931—2011)曾称此两篇论文在丸山所有著作中乃最精彩之作。平石直昭也称,此两篇著作确实是在福泽思想的历史意义及其评价上,具有划时代的业绩。③换言之,丸山的这篇论文乃被公认为对福泽谕吉之思想分析得最好的论文。

丸山在这篇论文中也说,福泽的"实学"并不可以仅从实用主义之类的角度来看待,而必须要关注其"向他者的本质性飞跃、与过去断绝"之意义。

> 虽然可说排除所谓游离生活的有闲性学问、提倡学问的日常实用性以及将学问从支配阶级的独占中解放出来而与庶民在生活结合的点上,福泽的努力和事业原本即有其显著之处。不过这种方向仍与 Ancien régime 之学问传统并非无关。因此若只从此面向把握福泽思想的话,其"实学"只不过是以东洋实

---

① 实际上,和辻哲郎等人认为福泽谕吉思想"不过是功利主义的个人主义的思想之通俗的介绍而已。"参阅藤田友治:《福泽谕吉の教育思想》,《大坂经大论集》53,大坂:大坂经大,2002 年,第 434 页。
② 丸山真男:《福泽における「実学」の転回——福泽谕吉の哲学研究序说》《丸山真男集》3,东京:岩波书店,2014 年,第 111 页。本文发表于 1947 年 3 月《东方文化研究》。
③ 平石直昭:《丸山真男における福泽观の転回——"福泽における'実学'の転回"について》《福泽谕吉年鉴》29,福泽谕吉协会,2002 年,第 135 页。

用主义为基础而适用于新历史阶段而已。① 在那里虽然也有内在发展，但不存在任何向他者的本质性飞跃、与过去断绝。②

那么，福泽的实学论是从何处飞跃到何处？丸山对福泽之实学说："其真正的革命性转回，其实不在于'学问与日常生活的结合'、'学问的实用性'之主张本身，而其核心在于学问与生活是以何种方式结合的这一点上。"③ 丸山曾说：

> 引起他关注之处，与其说是自然科学本身乃至它所带来的诸结果，还不如说是产生根本性的近代自然科学之人类精神的样态。其相同的人类精神正是流淌在近代的伦理、政治、经济、艺术之基底里。由于"伦理"的实学和"物理"的实学相互对立，如此一来，在根本上，即可归结于因产生东洋道学④之"精神"与产生近代数学的物理学⑤之"精神"相互对立

---

① 平石直昭说，丸山真男对福泽谕吉"实学"的评价，战后有大幅改变。战前的说法为"（福泽的）注重结果＝功利主义的思维妨害其'独立自尊'的真正内在化。他的'实学'主张并没有像他表示般的远离东洋的实用主义。"（《丸山真男集》2，150—151页）也就是说，它只存留在功利主义的思维中，是较为负面的评价。平石直昭：《丸山真男における福泽观の转回——"福泽における'实学'の转回"について》，第136页。
② 《丸山真男集》3，113页。
③ 同上，113页。
④ 丸山在此文说：在东洋，"道学"是所有学问的根本，别的一切学问都只要为追求"道"这个目的服务就被容许存在。（115页）又说，道学的代表是儒教，尤其在理论最齐备的就是宋学。（119页）故，产生东洋道学的精神指的是产生近世东亚世界风靡的宋学（朱子学）之精神。
⑤ 丸山特别关注福泽所说的"东洋儒教主义和西洋文明主义比较起来，有些学问是在东洋没有的即有形的就是数理学、无形的就是独立心这两者"及以物理学"为学问的学问，所有学问的基础及预备学"。实际上，近代日本，也不少人关注西方物理学的意义。如大西祝（1864—1900）对西欧启蒙思想起源说从研究物理的思想和旧时代信仰的衰退所结合导出的学问。参阅李礼安：《明治日本の启蒙概念：'启蒙'和'Aufklärung'の交叉》，《龙凤人文论丛》52，全南大学人文学研究所，2018年，第118页。

所致。①

福泽的"实学"主张或许只能解释为不要从事无实的学问，反之，必须从事实用的学问。不过，经丸山重新诠释，与"产生近代数学的物理学之精神"有关系的。那么，"产生东洋道学之精神"意义是什么？丸山有如次的说明：

> 作为此道学代表的儒教，尤以最具完整性的宋学思维方式，在 Ancien régime 下的人类、社会、自然间的状态有其完整的描绘。此即，儒教的天人合一，在宋学以太极＝理赋予根据，依太极运行，将人类、社会、自然一脉贯通。天理（天道）最终形成宇宙秩序，并内在于人性而成为本然之性，并将社会秩序对象化而成为君臣、父子、夫妇、兄弟、朋友的"伦"。这种社会秩序的基本规范因天生内在于人性，人类的本来样态只能归依于作为那种客观被赋予的社会秩序。另一方面，那种社会秩序因与宇宙的世界连结，而在永远的循环中再生产。人类为社会所束缚，社会为自然所束缚。……（因此）从人类价值独立之所谓纯粹外在客观的大自然就没有可供成立的地盘。②

透过丸山如上的诠释可知，福泽的儒学批判已非单纯为了清算日本社会的非实用学风，而是试图为了克服产生道学的精神，而道学的精神就是宋学（朱子学）的根本精神。这就是在近世中国和朝鲜为了培养其统治阶层，所发展出来的体制性教学。

丸山真男曾对（中韩儒学）的"道学"思维方式表示："在此，人类并非肩负社会的主体。相反的，作为依存于所赋予之社会秩序

---

① 丸山真男：《福泽における"实学"の转回——福泽谕吉の哲学研究序说》，116 页。
② 同上，119 页。

的性质，才是人类本来的态样。依存于那种先天环境才是'价值'，而从该价值离脱的就是反价值。"① 平石直昭对于丸山对福泽实学的解释，曾扼要地说："在此，（儒学）规范其生活的态度是，顺应环境秩序之道。"对此，福泽则采用"透过把握物理法则，以开拓大自然的精神，而将其技术化，形成其主体环境"的观点。② 在中韩的学问体制里，儒学乃是"政治哲学"，故儒者"以天下为己任"的胸怀，但丸山却将它转变为顺应环境的"生活态度"。

其次，关于福泽所要克服的对象为何是儒学？根据丸山的看法，福泽倾其浑身之力的目的，一方面是企图将"'洋学'当成建设新日本之素材而移入普及欧洲的市民文化，另方面则图谋在打破深深扎根于国民的封建意识之时，在该意图实现之前，阻挡其去路之最强韧的障碍，实乃儒教精神"③。丸山说，在当时的日本社会中，儒教的强力性，乃"儒教的诸多理念，在封建社会的人们中，成为所谓思维模式（Denk-modelle）的点上，具有儒教的强力性"。④ 因此，丸山又说："对福泽谕吉而言，攻击儒教，甚至到达与其'父母之仇敌'般的憎恶封建门阀制度，而欲加以彻底扫荡之问题完全一致。"⑤

不过，根据当代日本思想史研究，不能说儒学在德川时代即已彻底扎根于日本。那么丸山为何认为儒教的理念在封建的德川社会早已成为日本之思维模式？依丸山的逻辑，可以指出如次。

（德川时代）大名称为"诸侯"，同样的，家老称为"大

---

① 丸山真男：《福泽における"実学"の転回——福泽谕吉の哲学研究序说》，第120页。
② 平石直昭：《丸山真男における福泽观の転回——"福泽における'実学'の転回"について》，第141页。
③ 丸山真男：《福泽谕吉の儒教批判》《丸山真男集》第2卷，2014年，第139页。本文为1942年作。
④ 同上，第140页。
⑤ 同上，第143页。

夫"，一般武家称为"士"。这是将原本以儒教为前提的天子、诸侯、卿、大夫、士、庶民的身份，生硬的套用于日本封建制度而产生的名称。不过，不论其历史由来以及其妥当性如何，一旦这种称呼普及于社会的话，而逐渐养成以儒教范畴为视野来认识日本之事，逐渐养成习惯，相应的，它将如所谓五伦五常的儒教伦理，在几乎毫无意识之下，不久将到达作为一切社会关系之观念纽带而通用（于日本），此乃极为自然之事。①

丸山的意思是，德川时代，虽然仍维持着日本封建组织的体制，但在制度的用词上则逐渐转为以儒教为观点的名称。结果，儒教观点自然而然地被日本人认识，最后变成习惯，儒教伦理观念遂成为人民的思维模式。不过，称呼的普及真的能够自然而然地引起观点的转变吗？

丸山在 1940 年代撰写该文的时候，确实是这么认为。他在 1940 年代执笔的一系列论文（后来，收录于《日本政治思想史研究》）中，曾就在江户时代初期以"朱子学的思维方式"普及于日本社会作为共同前提。一如前述，这是"德川思想体系＝朱子学"的图式。他在该著作中，提出这种思维模式，来叙述十七世纪以后朱子学的思维样式逐渐被古学派克服之过程，此即为其德川思想史。不过，后来他认定"此前提不仅被困在历史进化的想法中，也不能说它正确地对应具体的历史事实"。② 换言之，儒教伦理观念成为德川日本人民的思维模式一事，乃是丸山在其想象中所虚构的思想转换过程。

即，朱子学思维模式在德川社会普及或被古学派取代的构想是 1940 年代丸山想象的虚构。不过，读者依然阅读他根据这些构想撰

---

① 丸山真男：《福泽谕吉の儒教批判》，第 140 页。
② 丸山真男：《英语版への著者の序文》，《日本政治思想史研究》，东京：东京大学出版会，2011 年，第 401 页。（1974 年，当本书出版英译本时，他所执笔的该序言，也收录在 1982 年以降的日文新版中。参阅本序言部分，第 377 页。）

写出的不少著作，而与福泽的儒学批判及实学论相关的一系列著作也属于其中的一部分。上文《福泽的儒学批判》中，丸山说，儒学在思想界"几乎据有独占的地位，只在德川前期而已"。① 根据这句话，我们可以确认这篇论文，也以"儒学在德川前期占有独占地位，到了后期受到其他思想的挑战"的构想做为前提。这种说法，与儒学在德川社会尚须等到18世纪后半才普及日本的"历史事实"，实不相符合。

福泽呼吁日本社会，为了国家独立，个人须要先有独立自尊，而儒教思想就是最强韧的障碍。但这种认识的背景，就是出于日本儒学史与中韩截然不同之处。在中、韩儒学史中，儒学之道曾经对君王发挥出牵制工具的功能。不过，在日本因无法发挥其基本功能，故只在一般生活态度层面被批评。进而，透过丸山"儒教伦理观念成为德川日本人民的思维模式"之解释，作为近世中国和朝鲜之教学体制的儒学（又称，道学、宋学或朱子学），也遭误解为日本人之所以无法独立自尊的主要原因。因此，在其解释中，就变成此即东亚人之所以无法近代化的根源。虽然福泽和丸山并非故意，但是他们所倡"儒学扮演近代化的障碍角色"之论述，其实已深深地影响到东亚学界，甚至已经成为目前所常见之东亚儒学史的部分逻辑。

透过当代日本研究者高山大毅对东亚儒学史之研究，不但可以引发如次反思的同时，也可以窥知福泽和丸山对东亚儒学史于无意中所提出的问题，依然等待着学界去解决。

> 在以"东亚儒学史"为名的研究，对特定地域的既存思想史架构中，也含括其他地域的儒学，亦非罕见。确实的，在共有经典与书写言语（古典中国语）的东亚儒学者，看起来就像完全相同比赛的参加者，但是他们往往只是使用相同的棋子与

---

① 丸山真男：《福泽谕吉の儒教批判》，第140页。

牌子。其实,他们可能是在举行不同的比赛。乍见之下,即使看起来像是相同的比赛,说不定角色的种类或得分分配的条件皆有所不同。①

高山之著作,提醒了东亚儒学史的研究群,德川日本儒者虽经常使用与中韩儒者同样的词汇,但实际上他们所采用的游戏规则和中韩儒者截然不同。此乃对一般认为20世纪后期才开始之东亚儒学史研究文献的回应。正如他所指出般,在东亚视域探讨儒学史的最近研究中,对日本儒学史的文献研究确实经常忽略日本文化的特点。不过,这种问题并非源于最近20多年。其实,丸山曾对日本将随着儒学文献普及、儒学式的称呼将普及于日本社会一事,解释为"儒教伦理,在几乎毫无意识之下,不久它将到达作为一切社会关系之观念纽带而通用于日本"时,即已存在的事实。

五、结论

儒学起源于中国,但在近世中国和朝鲜都是体制构成要素的一部分,且用于经世,并获得不言自明的普遍性。在近世日本,因儒学既不是体制学问,也未实行科举制度之故,既不存在儒学理想可获实现的憧憬,也不存在儒者可称为现行或未来之治者的前提。日本儒者只能透过个人的努力,建立其与经书内容、现实社会之间的连接纽带。

德川社会在和平持续近150年的18世纪中叶后,具备儒学素养的武士大举出现。尽管儒学仍未能在经世方面"普及",但儒学的用语却"普及"于德川时代。因此,其封建性身份关系被认为可能来自儒学,其封建社会问题也被认识为可能来自儒学本身的问

---

① 高山大毅:《近世日本の"礼乐"と"修辞"——荻生徂徕以后の"接人"の制度构想》,东京大学出版会,2016年,第20页。

题。这就是福泽谕吉对日本封建社会的憎恨,与儒学批判相继出现的原因。

丸山真男对福泽之儒学批判进行定位时,称:福泽儒学批判的根本问题意识是将产生"东洋"道学之"精神"本身作为思考的对象,他的实学则从该精神飞跃到与它对立的精神,即产生近代"西洋"数学的物理学的"精神"。因为如此,福泽的儒学批判及实学主张,也成为对包括中国和朝鲜在内的东亚地区所传承下来之新儒学精神本身的批判。

在他们的儒学解释中,不过,近世中国和朝鲜以道学(朱子学)被认为是其国家之所以无法独立自主的主要障碍。此即,中韩让无官职的读书人承担以天下为己任之"政治哲学"的儒学,被福泽转换认识为顺应环境秩序之"生活态度"的过程。虽然福泽和丸山并非故意去叙述东亚儒学史,但是他们所倡之"儒学扮演近代化的障碍角色"之论述,却已成为东亚近代历史中儒学扮演过的角色之逻辑。

儒学原本所拥有的实用性,即作为经营天下之经世学的实用性,然而在日本却无法普及这类的实用性。故,在日本出现儒学乃无实之学,也是理所当然之事。不过,关于儒学的非实用性问题,在中韩儒学史上到底是否曾经出现过?尤其,在朝鲜儒者的问题意识里是否曾经存在过?这个问题,在殖民时代的韩国学界因面临急迫的国家独立课题而错过。本文对丸山偶然指出的东亚儒学史进行分析,用以开始殖民时代来不及去做的作业。

医学与女性社会地位变化之关系：
近代韩国女医职业的形成（1876—1945）

黄永远

（中山大学朝鲜语系）

一、前言

近代西方医学是推动社会变革的重要力量，在东亚历史上亦是如此。当今社会，医学不再单单停留于医学知识和临床治疗，而是结合了资本的力量，渗透到日常生活的方方面面，成为建构社会秩序和规训大众行为强有力的要素。医学之所以能够拥有如此广泛的社会影响力，很大程度上有赖于国家权力所支撑的正规医学教育（尤其是大学教育）、证照制度以及政府对于特定医疗人员的排他性、垄断性、专业性地位的保障①。韩国近代西方医学的发展历程集中反映了这一事实。

韩国西方医学在日本殖民统治时期（以下简称"日治时期"）正式形成并开始发展。日治时期，殖民统治当局即朝鲜总督府无视并打压传统医学的汉医学，积极扶植发展西方医学②。在朝鲜总督

---

① ［韩］赵炳儇：《疾病与医疗的社会学》，首尔：集文堂，2015年，第196—200页。
② ［韩］申东源：《20世纪10年代日本殖民当局的保健医疗政策——以汉医学的政策为中心》，《韩国文化》2002年第20期；［韩］申东源：《朝鲜总督府的汉医学政策——以20世纪30年代以后的变化为中心》，《医史学》2003年第2期；［韩］朴润栽：《日本殖民当局的汉医学政策和朝鲜统治》，《医史学》2008年第1期；黄永远：《日治时期朝鲜汉医界与汉医学的殖民近代性》，博士学位论文，高丽大学韩国史学系，2018年。

府的政策庇护之下，朝鲜西医在证照、教育、组织化、职业伦理等方面逐渐走上了职业化的正轨①。但是当时在朝鲜西医的内部，存在民族、学历、地域、性别等方面的差异。例如，朝鲜人医师有别于日本人医师，他们进入公立医院就职和大学任教的机会微乎其微，大部分人只能到私立医院、医校工作，或自行开业②。除了这种民族差别之外，朝鲜人内部也存在着因性别、学历等因素而导致的差异。

在近代韩国，女医是具有先驱意义的代表性女性专门职业。在"男女有别"这一传统社会规范依然有效的近代韩国，女医们走出家庭，进入社会，活跃在医院等职场，这一现象本身无疑具有伸张女权的象征性意义。不仅如此，要想成为医师这一具有高度专业化知识的人员，必须有中等以上的学历，并接受专业的教育，这对于当时奉行"女子无才便是德"的传统教育秩序和社会规范来说，也是一种巨大的冲击和挑战。当然，我们大可不必以如此单向的视角来探讨女医问题。虽然近代女医作为高级专门职业的代表，在推动女性解放方面具有重要意义，但是对其局限性和实际的社会影响力也有必要加以客观评说。即使在今天，不只是韩国，在日本、美国、欧洲等其他国家和地区，女医在教育、雇佣机会、薪酬、岗位晋升等诸多方面依然遭受性别歧视③。这也提醒我们有必要客观看待女医这一具有代表性的专门职业在社会性别规范重构方面所发挥

---

① ［韩］李兴基：《韩国近代医师职业的形成过程（1885—1945）》，博士学位论文，首尔大学国史学系，2011 年；［韩］金正化、李康源：《日本帝国主义的殖民统治与朝鲜西医的社会属性》，《社会与历史》2006 年第 7 期，第 36—39 页。
② ［韩］金正化、李康源：《日本帝国主义的殖民统治与朝鲜西医的社会属性》，第 44—45 页。
③ ［韩］朱孃子等：《韩国近现代女性史上女医师的活动及其社会地位：以朴爱施德之后作为时代领袖活跃的女医师的社会活动为中心》，首尔：大韩医师协会医疗政策研究所，2012 年，第 119 页；《医师职涯中的性别迷思》，《台湾医学》2018 年第 22 卷第 4 期，第 419—420 页。Abi Rimmer, "Why do Female Doctors Earn Less Money for Doing the Same Job?", *British Medical Journal*, vol. 349, 2014, p. 1, p. 3.

的实际作用。

截至目前，韩国学界关于近代女医已经积累了一定的研究成果。首先，在女子医学教育方面，奇昌德①、金相德②等人对朝鲜女子医学讲习所（1933年更名为京城女子医学讲习所）、京城女子医学专门学校（1938年）的设立、运营、教育内容等情况进行了探讨。其次，出现了针对朴爱施德（原名金点童）③、许英肃④、郑子英、玄德信、刘英俊、吉贞姬等代表性女医的生涯及其社会活动的研究⑤。此外，大韩医师协会政策研究所也出版过相关的通史性著作⑥。

这些研究对于揭示韩国近代女医的全貌以及代表性人物的生平具有重要意义。但也存在以下几个问题。第一，以往研究多延续传统医学史的书写范式，将女医先入为主地设定为先驱者、女性启蒙主义者、女性运动家等"高大全"的形象，这显然会有损女医原本更为丰富的历史面貌，也忽视了女医内在的差异性。第二，以往研究碍于资料所限，没有对女医的社会地位和自我认同进行深入探讨。第三，大部分研究仅在国别史的框架下展开，没有对医学、科技中所潜在的性别政治这一普适性问题进行深刻的剖析。

本文将在前人研究的基础上，聚焦医学和女性社会地位变化的

---

① ［韩］奇昌德：《韩国近代医学教育史》，Academy'a，1995年；［韩］奇昌德：《医学系的海外留学生》，《医史学》1994年第3卷第2期。

② ［韩］金相德：《女子医学讲习所：从1928到1938》，《医史学》1993年第2卷第1期。

③ ［韩］奇昌德：《韩国最早的女医师金点童（朴爱施德）（1876—1910）》，《韩国齿科医师协会志》1993年第31卷第2期；［韩］李芳媛：《朴爱施德（1877—1910）的生涯与医疗宣教活动》，《医史学》2007年第16卷第2期；［韩］李芳媛：《朴爱施德：成为韩国医学之光的最早的女医师》，首尔：梨花女子大学出版文化院，2018年。

④ ［韩］申东源：《日治时期女医师许英肃的生涯与医学》，《医史学》2012年第21卷第1期。

⑤ ［韩］崔恩璟：《日治时期朝鲜女子医师的活动——以东京女子医学专门学校4名毕业生为中心》，《Cogito》2016年第80期。

⑥ ［韩］朱孃子等：《韩国近现代女性史上女医师的活动及其社会地位：以朴爱施德之后作为时代领袖活跃的女医师的社会活动为中心》。

关系，重新考察近代韩国女医这一专门职业的形成过程。为了更深层次地探讨医学和性别政治的关系，本文在探讨近代韩国女医问题时，将在纵向上与韩国古代的医女，在横向上与中国、日本的事例进行比较。

二、韩国古代"医女"的表与里

女医在韩国历史上早已有之①。近代西方医学传入之前，韩国和中国、日本长期共享东亚传统医学知识。女性的身体其实很早就已进入东亚传统医学的视线。中国早在汉代就已经出现了皇室后宫延用女性医者的记载②。此后，女性参与宫廷医药事务似乎成为一种惯例。到了唐代，在民间有"以提供医疗照顾来维持生计"的来自社会底层的女医；针对宫廷女医，朝廷还通过《医疾令》对其进行了制度化③。"诸女医，取官户婢年二十以上，三十以下，无夫及无男女，性识慧了者五十人，别所安置，内给事四人，并监门守当。医博士教以安胎产难及疮肿、伤折、针灸之法，皆按文口授。

---

① 当然，古代历史上的"女医"有别于现今"女医师"的概念。前者是指提供各种医疗服务的女性医疗人员，是一个广义的概念，不仅包括上流社会儒医家族出身的女性医师，而且包括活跃在民间的医婆、药婆、师婆等人员。参见章梅芳，刘兵：《女性主义医学史研究的意义——对两个相关科学史研究案例的比较研究》，《中国科技史杂志》2005 年第 2 期，第 169 页。因此，有些研究者也会采用"女性医者""女医者"的说法。后者是指接受过医学院校正式教育，并获得国家行医资质的女性医者。同时，在传统社会，医、药、护并未分离，女医的层次也是十分丰富的。诊脉开方、接生（稳婆）、照顾看护的功能并非完全分属不同的人。有鉴于此，为了提升文章的针对性，本文所讨论的古代"女医"主要限定为具备一定医学知识，懂得诊断开方和用药的女性医者。近代以降，医师、护士（看护妇）、产婆三者已经分化，并具有不同的从业资质和职业认同，所以近代以后的"女医"单指女医师，并不包含后两者。
② 张继，张宗明：《中国古代女医兴衰之医政文化制度探析》，《医学与哲学（人文社会医学版）》2009 年第 30 卷第 5 期，第 64 页。
③ 程锦：《唐代女医制度考释——以唐〈医疾令〉"女医"条为中心》，载荣新江主编：《唐研究（第十二卷）》，北京：北京大学出版社，2006 年，第 278 页。

每季，女医之内业成者，试之。年终，医监正试。限五年成。"①

《医疾令》对宫廷女医的身份、资格、选拔人员、居住场所、教育、考试、学业年限作了详细规定。其中，有三点值得注意：第一，女医出自官户、官奴婢等身份卑贱的阶层；第二，将女医另外单独安置，严格限制其出入；第三，让医学博士以口头形式教授女医以安胎、难产、疮肿、骨折、外伤、针灸等知识。这意味着当时国家设置女医的主要目的是为宫闱女性提供医疗服务，女医处于相比男性医师低一个等级的从属性地位②。唐代的《医疾令》也对日本影响很大。日本于8世纪颁布了与唐代的法令极为相似的《医疾令》③。由此可见，在古代东亚世界，女性很早就在国家医疗体系中占据了一定位置。

女医的地位到宋代发生了很大改变。宋代之后，医学和儒学相结合，医界重视阴阳五行和脉诊等理论，崇尚儒医的风尚日益兴盛。这对和教育几乎无缘的女性而言十分不利。同时，民间针灸铜人的出现促进了针灸的普及。相比医学理论，女性原本与针灸、咒术性的医疗更具亲和性，这也使得她们日益被重视理论的正统医学所排斥④。此后，历经元明清三代，随着医师专业化水平的提升，社会对医师知识水准的要求越来越高。这导致女性愈发远离正统医疗，也加速了士绅家庭出身的女流医师（儒医）和民间一般女医之

---

① 天一阁博物馆，中国社会科学院历史研究所天圣令整理课题组校证：《天一阁藏明抄本天圣令校证（附唐令复原研究）下册》，北京：中华书局，2006年，第319页。
② 李志生：《中国古代女性医护者的被边缘化》，《华南师范大学学报（社会科学版）》2012年第6期，第90页；楼劲：《释唐令"女医"条及其所蕴之社会性别观》，《魏晋南北朝隋唐史资料》2018年第37期，第94—114页。程锦认为，女医出自地位卑贱的官户婢，又被要求无夫无男女，即便训练有成，恐与补官任职无缘。因而她推测当时少数几个司药、典药和掌药的女官应该并非从女医中选任，而是另有选任渠道。参见程锦：《唐代女医制度考释——以唐〈医疾令〉"女医"条为中心》，第68页。
③ 日本女医会编：《日本女医史》，日本女医会本部，1962年，第17—18页。
④ 张继，张宗明：《中国古代女医兴衰之医政文化制度探析》，第66页；李志生：《中国古代女性医护者的被边缘化》，第93页。

间的分化①。由于出身于士绅家庭、接受过良好教育的女性医家不但人数极为有限，而且碍于礼教无法公开行医，致使她们的影响力仅限于家族之内。因此，整体而言，女医逐渐落入与儒者和男性主流医师所定义的正统医道格格不入的"三姑六婆"② 的行列③。

日本在 8 世纪颁布的《医疾令》确立了规范女医的制度，但从 15 世纪开始，关于这一制度的记录就不复见诸史料，这表明女医制度很可能退出了日本历史。到了江户时期，由于男女有别的风俗，治疗女性患者的女医重新出现，但是史料记载的人数相当有限④。

从文献资料来看，相比中日两国，韩国的女医出现较晚。韩国的医女制度始于朝鲜时期太宗 6 年（1406）3 月。《太宗实录》记载："丙午，命济生院，教童女医药。检校汉城府尹知济生院事许道上言曰：窃谓妇人有疾，使男医诊治，或怀羞愧，不肯出示其疾，以致死亡。愿择仓库、宫司童女数十人，教以脉经、针灸之法，使之救治，则庶益殿下好生之德。"⑤ 从史料来看，太宗时期设立医女制度，目的是救治难以接受男性医师诊疗的众多女性患者。学界一般也多将"男女七岁不同席"这一朝鲜时期儒教社会的性别规范作为医女制度创设的原因。

令人费解的是，众所周知，高丽时期是女性地位相对较高的时期，在高丽末期性理学传入之前，男女之间没有如此教条化的繁文缛节。即便认为朝鲜初期受到了性理学的影响，但一个社会风气的改变恐怕不会如此迅速。因此，笔者认为有必要对朝鲜时期医女制

---

① 张继，张宗明：《中国古代女医兴衰之医政文化制度探析》，第 66 页。
② 关于"三姑六婆"这一称呼的文本呈现及其社会文化内涵，参见衣若兰：《三姑六婆——明代妇女与社会的探索》，台北：稻香出版社，2006 年。
③ 梁其姿：《面对疾病：传统中国社会的医疗观念与组织》，北京：中国人民大学出版社，2011 年，第 211—214 页。
④ 日本女医会编：《日本女医史》，第 25—26 页。
⑤ 太宗实录 11 卷（6 年 3 月 16 日），http：//sillok. history. go. kr/search/inspectionDayList. do? id = WCA _ 10603016。

度的起源进行重新解释。第一，在朝鲜时期以前，韩国有可能已经存在医女制度，虽然并不一定见诸现存史料；第二，太宗时期创设医女制度，可以视作国家基于对男女授受不清这一风尚的考量，从制度上对这一既定的事实进行认可；但也可以解释为，男女之间的性别隔离是朝鲜王朝初期致力于构建的社会秩序，而医女制度正是可以支撑这一性别规范的医疗制度。

虽然上述讨论不乏"鸡生蛋"还是"蛋生鸡"问题的纠结，但也提醒我们可以从多个角度思考医女制度的意义。事实上，女性患者接受女医的诊疗，虽然和性别隔离这一外在的社会规范有密切关联，但也不失为一种"人之常情"。这不仅限于女性，男性同样如此，尤其是泌尿生殖系统疾病，同性医师的诊察往往会使患者感觉更自在。女性的生理结构不同于男性，月经、妊娠、生产等女性特有且至关重要的生理现象都与生殖器官等人体私密部位相关联，这也造成了女性患者众多的"难言之隐"。从这一角度来看，朝鲜初期医女制度的创设，既是构建儒教社会性别规范的制度性举措之一，也可以被认为是国家开始将女性的身体和健康纳入"医疗化"的场域，积极对其进行管理的表现。

朝鲜时期的医女在史料中也被称为"女医"。医女出身于官婢，相比大多属于中人阶层的男性医官，其身份更为卑微。这和古代中日两国的情况类似。这也是日后燕山君时期医女被作为官妓对待的重要原因之一。朝鲜时期的医女是各地官府选送的聪明伶俐的官婢，她们进入中央的济生院（后改为惠民署）接受教育。因为当时女性接受教育的机会极其有限，所以医女进入惠民署后，首先要接受汉文和经典的教育，之后才开始学医[①]。成绩优秀的医女会被从惠民署提拔到内医院（成为"内医女"），反之则将被送还本乡。

从成宗九年（1478年）2月定立的"劝课条目"来看，医女教

---

① ［韩］洪世瑛：《朝鲜时期医女的自我认同》，《民族文化》2010年第34期，第360页。

育的课程包括《妇人门》《产书》等妇产科方书,《直指脉》《篡图脉》等诊脉法,《加减十三方》《和剂方》等药物调剂法以及《铜人经》等针灸法。上述科目既是汉医学的基础科目,也是为了便于医女将来能够辅佐医官,对宫中的女性开展诊断、诊脉、针灸、助产、看护、调剂等医疗行为。这样的角色设定和教学内容,决定了医女的整体水平。纵观整个朝鲜时期,虽然出现了长今、正玉、长德、贵今等医术杰出的医女,但总的来说,医女的医术在很大程度上落后于男医①。当时代表医女最高水准的内医院医女也只能代替医官进入后宫诊察,然后出去将症状报告给医官,由医官讨论判定病情,并决定诊疗方案;或者按照医官的指示,入宫开展脉诊和针灸。医女不能独立诊断病情,更不能开具处方,只是纯粹的辅助性角色。

到了朝鲜后期,官员们批评医女医术日趋下降的意见越来越多,有人开始质疑通过医女入宫诊察症状,然后依靠她们的描述来诊断病情的方式是否合理。例如,肃宗十四年(1688年),文臣朴世采曾向国王进言:"……臣新自外来,伏闻大王大妃殿症候,只使医女入诊云。……而只使医女入诊者,已极不安,且其入诊时,亦不得瞻望玉色,但以脉度迟数,传于医官而议药云,医家之观形察色,最是紧要处,而既不得瞻望颜色,医女术业,又比不如医官,而只凭口传而议药者,岂非疏漏之甚乎?……今我大王大妃殿于群下,俱有母道,则医官入诊,似无嫌疑之事。"②

众所周知,东亚传统医学中有所谓"望、闻、问、切"四诊法。朴世采认为让原本医术欠佳的医女仅靠四诊法之一的脉诊法进行诊断,然后报告给医官的做法,存在很大的风险。医女的医术当然不及男性医官,但是问题的核心可能在于严格的男女内外之别。对此,中国明代医家张景岳有过犀利的分析:"如寇宗奭引黄帝之

---

① [韩]金斗钟:《关于近世朝鲜医女制度的研究》,《亚细亚女性研究》1962年第1期,第2页。
② 承政院日记第330册,肃宗14年(1688年)7月13日,http://sjw.history.go.kr/search/inspectionDayList.do.

论曰：凡治病察其形气、色泽，形气相得，谓之'可治'；色泽以浮，谓之'易已'；形气相失，色夭不泽，谓之'难治'。又曰：诊病之道，观人勇怯、骨肉、皮肤，能知其虚实，以为诊法。故曰：治之要极，无失色脉。此治之大则也。今富贵之家，居奥室之中，处帷幔之内，复有以绵帕蒙其手者，既不能行望色之神，又不能尽切脉之巧。使脉有弗合，未免多问，问之觉繁，必谓'医学不精'，往往并药不信，不知问亦非易。其有善问者，正非医之善者不能也。望、闻、问、切，欲于四者去其三，吾恐神医不神矣。"①

从张景岳的论述来看，中国的男性医师也是苦于内外之别，无法采用脉诊法之外的其他"三诊"，只能隔着帷幔搭脉诊断，使医术大打折扣。当时朝鲜民间的状况当与此无异②。医女制度可以说正是维护这一内外有别的社会秩序的制度性屏障。但是，正如朴世采所言，到了朝鲜后期，在医疗领域出现了质疑这一社会秩序的声音。实际上，由于光靠医女传言无法正确诊断病情，也出现了允许医官随同医女共同进入后宫施诊的例外情形③。

朝鲜时期医女制度的创立，旨在向女性，尤其是统治阶层和上流社会的女性提供医疗服务，从而维护男女有别这一儒教社会的两性伦理规范。但具有讽刺性意味的是，医女本身经常背离上述规范。医女主要面向女性患者进行诊疗，尤其是隶属于中央的内医院和惠民署的医女。但是，有时其诊疗对象也不仅仅局限于女性。朝鲜前期的文臣徐居正就曾接受过医女的诊疗。当时御医全循义在标

---

① 景岳全书卷38，人集，妇人规（上），总论，论难易二，https：//mediclassics. kr/.
② 如《承政院日记》记载，"且以闾巷事言之，女人之病，毋问轻重，皆障蔽诊脉。"参见《承政院日记》第330册，肃宗14年（1688年）7月13日。
③ 承政院日记第390册，肃宗26年（1700年）4月14日，http：//sjw. history. go. kr/search/inspectionDayList. do；承政院日记第564册，景宗4年（1724年）3月2日，http：//sjw. history. go. kr/search/inspectionDayList. do；承政院日记第609册，英祖2年（1726年）1月16日，http：//sjw. history. go. kr/search/inspectionDayList. do；承政院日记第807册，英祖11年（1735年）8月23日，http：//sjw. history. go. kr/search/inspectionDayList. do.

识了艾灸的部位之后,差派手下的医女接常前来操作。徐居正在接受艾灸治疗后,写下了《戏女医接常》:"汝是女和缓,活人应有方。要须砭骨病,不必挠刚肠。信手渠能炷,颦眉我忍肠。深恩无以报,聊复慰壶觞。"① 诗中对于医女接常的戏弄之情溢于言表。

身份低微的医女在面对男性患者时,即使作为专业医疗人员的资质得到认可,也无法逃脱来自男性带有色情意味的审视与戏弄。使问题更为复杂的是自燕山君时期(1494—1506)之后,医女被作为官妓动员到各种宴会场所,从而造成了医女的"妓生化"(即"妓女化")。让医女充当官妓,来为王室和士大夫陪酒助兴,一方面是由于医女和官妓同样出身于官婢,另一方面是由于当时官妓人数不足。但是无论如何,这一政策不仅"有伤风化",而且妨碍医女履行自身职责。因此,中宗时期(1506—1544)之后,朝廷为了防止医女的"妓生化",采取了诸多修正措施。但是,风纪一旦受到破坏就难以恢复,医女的"妓生化"一直持续到了朝鲜后期②。

医女的"妓生化"现象大大影响了其专业性。例如,宣祖十年(1600年),王妃朴氏患病,药房上奏国王,请求让识字且医术突出的爱钟入诊,宣祖对此拒绝道:"闻爱钟是娼女,虽有轩岐之术,不可出入于内庭也。"③ 由此可见,医女和妓女的混同与界限的模糊,对医女的专业性声望和社会地位造成了极大的负面影响。医女的负面社会形象此后一直延续。例如,18世纪实学家柳得恭曾在《京都杂志》"声伎"条中记载:"内医院、惠民署有医女,工曹尚衣院有针线婢,皆关东三南选上妓也,宴集招致歌舞。"④ 事实上,当时医女除了开展各种医疗业务外,还同时承担着"仪仗奉持"、陪酒助

---

① 四佳诗集第12卷,诗类。http：//db. itkc. or. kr/dir/item? itemId = BT♯/dir/node? dataId = ITKC_BT_0061A_0130_010_0850。
② [韩] 李美淑:《朝鲜时代医女的作用》,《韩国思想与文化》2012年第61期,第192页。
③ 国朝宝鉴卷33,宣祖朝10。http：//db. itkc. or. kr/dir/item? itemId = BT♯/dir/node? dataId = ITKC_BT_1295A_0340_010_0030。
④ 柳得恭:《京都杂志》,版本不详。

兴、搜查和逮捕女犯人等多种职责①。然而，在上述多种角色中，人们却尤为关注妓女的角色，几乎将医女和妓女两者视为一体。

图1是18世纪画家申润福所绘的《听琴赏莲》。画中头戴黑色绸缎"加里磨"、口衔烟管的女子即是医女。"加里磨"主要由身份低微的女性外出时佩戴。根据柳得恭的记载，当时只有医女才允许穿戴丝绸，以表示其身份有异于一般下层女性②。在古代，医术被视为治病救人的"仁术"，因此，相比一般官婢，医女的身份稍显特殊。而且她们如若立功，还可以获得免贱和从良的机会③。由此可见，国家为了维护性别隔离的社会规范，对医女的确实行了一些政策上的"照顾"。

图1 《听琴赏莲》中的医女（头戴黑色绸缎"加里磨"）

但是，在父权家长制占统治地位的传统社会，医女不同于一般女性，可以较为自由地穿梭于男女之间，游离于国家所要保护的女性行列之外，与妓女一样成为男性士大夫欲望的投射对象。这无疑妨碍了朝鲜时期医女的专业化，也为其后女医师社会形象的塑造带来了一定的历史包袱。1885年，韩国近代最早的西式国立医院——济众院成立。医院成立之初，政府为了募集在附属女性病室工作的

---

① [韩]洪世瑛：《朝鲜时期医女的自我认同》，第378—380页。
② 《京都杂志》记载："内医院医女戴黑缎加里磨，余用黑布为之。加里磨者，方言羃也，其形如书套，可以羃髻。"参见柳得恭：《京都杂志》，"声伎"，版本不详，第9页。
③ [韩]洪世瑛：《朝鲜时期医女的自我认同》，第386页。

医女,向各道下达了选送妓女进京的命令①。虽然济众院的医女实际扮演的角色更接近于近代意义上的护士,而非女医师,但在当时医护尚未正式分离的情况下,还是造成了不良影响。传统社会对于医女的形象认知和角色定位影响后世之深,由此可见一斑。

三、近代韩国女医师的培养与专门职业的形成

开港以后,随着西方医学的传入,社会对于女性医疗人员需求的呼声日益高涨。在男女有别这一传统社会观念影响依然强劲的朝鲜社会,迫切需要面向女性患者的医疗人员。1884年4月27日,一位笔名为"如囚居士"的日本人在《二六新报》上所载的《朝鲜杂记》中,对当时朝鲜女性的医疗状况做了如下描绘:"该国中流以上的妇女即使患病,也不会寻求男医的诊察,即使接受男医的诊察,也会羞于露脸。因此,她们只会从房门中伸出手来接受诊脉。而且,虽说存在所谓的女医(即医女),但是所谓的'医'只不过是徒有其名而已。她们连《伤寒论》都没读过,其实只不过是卖春的一群人罢了。总之,女医对朝鲜社会没有任何帮助。真是不幸啊!该国女性患重病时,即便知道,似乎也只能束手等死。"②

这段话虽然带有日本人蔑视朝鲜的口吻,但也在一定程度上反映了当时朝鲜的实情,即朝鲜女性因为男女有别的社会风俗而被阻挡于一般的医疗服务之外,抑或需要忍受由男性医师诊疗的种种不便,而面向她们的医女则被视为医术不济的妓女③。在这样的背景下,向朝鲜输送女医师或培养朝鲜女医,一方面被认为是普及西方

---

① "八道四都三港口日记1·2",八道四都三港口日记。http://db.history.go.kr/item/level.do?levelId=mk_077_0010_2580。
② 如囚居士:《朝鲜杂记》,《二六新报》1894年4月27日。
③ 对于医女的这种认识,不仅局限于日本人。1924年6月朝鲜人的刊物《开辟》上所刊登的《京城的花柳界》一文,也将医女称为"药房妓生",认为医女的本质就是妓女。参见一记者:《京城的花柳界》,《开辟》第48期,1924年6月1日。

先进文明的象征——西方医学的善举；另一方面也在改变朝鲜社会陋习、救赎朝鲜女性的层面被赋予了合法性①。

19世纪80年代之后，朝鲜宫廷开始雇用西方女医师。同时，外国人经营的医院也出现了西方和日本女医师的身影。然而，仅靠外国女医师，无法根本改变朝鲜的医疗现实，因此，Rosetta Sherwood Hall（以下简称"Hall女士"）、Howard, M. 等美国监理会的女医疗宣教士，开始计划培养朝鲜女医师。1896年，在Hall女士暂时回国之际，在其手下担任助手的朴爱施德主动跟随她前往美国学医，1900年朴爱施德学成回国，成为韩国首位女西医。

此后，Hall女士努力推动在朝鲜设立女医教育机构。她首先向美国北监理会女性海外宣教士会发出在朝鲜设立女医学校的请求，但遭到了拒绝。于是Hall女士改变方向，找到朝鲜总督府医院院长藤田嗣章，要求朝鲜总督府医院附属医学讲习所（1916年升格为京城医学专门学校，以下简称"京医专"）向女子开放，实行男女共学。但是，总督府医院方面拒绝了这一要求，仅同意接收少量的女子旁听生。拒绝男女共学的理由在于担心学校风纪问题。1921年4月7日《每日申报》所载的一则关于京医专接收女子旁听生的报道明确传达了校长志贺洁的态度："男女混合教学，原本就是令当局头疼的问题。尤其是讲到人体的生理时，会十分麻烦，（男生）很可能会对旁听的女生产生一些不恰当的想法。但是无论如何，从朝鲜一般的诊疗状况来看，尤其是妇女，下层劳动者阶层姑且不论，中流以上的妇人绝对禁止接受异性的诊疗，因此，只能叫女医前来就诊。"② 由此可见，以志贺洁为代表的殖民当局，并不认为男女有别的内外法有何不妥，且对男女共学表现出了否定态度。尤其

---

① ［韩］金相德：《女子医学讲习所：从1928到1938》，第80页；如囚居士：《朝鲜杂记》，《二六新报》1894年4月27日；天眼生：《サラミ（三）》，《二六新报》1894年10月28日。
② 《人体의 生理를 讲义하는 关系로，남녀간 함께 배우는 것은 곤란 医学专门学校长 志贺博士谈》，《每日申报》1921年4月7日。

是医学校不同于其他教育机构,要教授生理学、解剖学、卫生学等和人体相关的知识,被认为更容易引起"风纪问题"①。事实上,当时校方由于担心男女共学会造成问题,特意让女子旁听生坐到最前排的位置。对于屈指可数的几名女子旁听生来说,在众多的男生包围下学习无疑是一种无形的压力。1925 年,京医专的女子旁听生制度宣告终止。

和殖民地朝鲜一样,明治时期日本的医学校同样拒绝或排斥女生。1884 年,日本首家接受女生的医学校——济生学舍中就蔓延着"男尊女卑"的思想。其间,还发生了一起男生侮辱女生的所谓"病毒事件"②。当时,一位男生公然宣称吉冈弥生等女生是诱导男生腐败和坠落的特殊病毒,呼吁校方尽快将她们驱逐出去,以维持学校风纪。时隔 20 余年的 1908 年,当吉冈弥生创立的东京女医学校举行第一届毕业典礼时,来宾中又有人提出所谓的"女医亡国论"。其内容可以概括如下:第一,女性学医而晚婚,会造成儿童人口的减少;第二,女医的培养会使挥刀杀生的女性越来越多;第三,女性由于月经而污秽不洁,不应该进入神圣的手术室;第四,女医一旦怀孕,就需要停业③。近代日本社会对于女子医学教育的强烈否定态度,由此可见一斑。这是因为当时日本将贤妻良母视为理想女性的典范。而当时作为殖民地的朝鲜,自然会受到日本上述教育体制和价值观的影响。

京医专废除女子旁听生制度后,朝鲜的女医培养计划再次搁浅。Hall 女士在留日朝鲜女子医学生、朝鲜社会知名人士、美监理会等各方支持下,于 1928 年设立了旨在培养朝鲜女医的朝鲜女子医学讲习所。Hall 设立该讲习所时,主要从三个角度阐述了培养女

---

① 《해내 해외에 흩어져 잇는 朝鮮女医師 評判記, 해마다 늘어가는 그 수효 잇다금은 해외에서도 활동》,《別乾坤》1927 年第 5 期,第 72 页。
② [日] 吉冈弥生:《吉冈弥生传》,东京:日本图书センータ,1998 年,第 56 页。
③ [日] 远山佳治:《近代日本における职业人としての女子专门教育に关する一考察——女医育成を中心に——》,《综合科学研究》2011 年第 6 期,第 32 页。

子医师的必要性：第一，医师是符合母性和女性特质的职业；第二，基于对朝鲜民族和女同胞的使命感；第三，在全世界范围内，妇产科自古以来就是女性的天下①。对于 Hall 来说，培养女医师并非旨在让她们告别现有的性别规范和与生俱来的女性特质，而是认同现有的社会秩序及其对女性的角色设定。女性由于生理特性和女性特质，天生具有学医的优势，这一看法同样基于上述前提。

当时留日归国的女医师刘英俊也持类似观点。她在 1926 年 12 月的一篇文章中表示：关于小儿的所有问题、卫生以及身体的毛病，最了解的自然是为人母的女性们②。在刘英俊看来，女医师的职业只不过是女性家庭角色的延伸而已。这种观点在 20 世纪 30 年代京城女子医学讲习所升格运动时也有所体现③。1934 年 4 月 23 日《朝鲜日报》一则关于升格运动的报道中提及："在朝鲜，包括官立、公立、私立在内，男女医专一共有 4 所。如果算上京城帝国大学的话，就一共有 5 家。但是女子医专却一所也没有。这从男女教育的机会均等来看，难道不是一大矛盾吗？……小到一个家庭的儿童卫生，大到社会的民众保健，无论哪一方面，如果没有占人类半数的女性协助的话，那么是根本无法实现的。女子的教育即使从这一角度来看，也是必要且紧迫的。"④

上述报道虽然先从男女教育机会均等的角度讨论女子医校设立的必要性，随后话锋一转，从家庭育儿和社会民众保健角度强调女性医学教育的迫切性。在这一愿景下，京城女子医学讲习所于 1938 年 4 月升格成功。1940 年 4 月颁布的校规，在延续上述观念的同时，更增添了几分"国家主义"色彩。校规中称："本校按照《朝

---

① ［韩］朱孃子等：《韩国近现代女性史上女医师的活动及其社会地位：以朴爱施德之后作为时代领袖活跃的女医师的社会活动为中心》，第 18 页。
② 刘英俊：《조선의 여의학교》，《기독신보》1926 年 12 月 8 日。
③ 1933 年 Hall 女士回国，朝鲜人医师金铎远、吉贞姬夫妇接手经营朝鲜女子医学讲习所（后更名为京城女子医学讲习所）。其后金铎远夫妇为了推动讲习所向医学专门学校升格，于翌年 4 月发起成立了升格工作促进委员会。
④ 《（社说）女子医专의 期成运动》，《朝鲜日报》1934 年 4 月 23 日。

鲜教育令》,向女子教授医学,尤其旨在培养兼具国民道德和妇德修养的皇国女性。"① 因为京城女子医学专门学校(以下简称"京城女医专")是在战时体制下升格成功的,所以上述校规显然烙有日本皇民化政策的印记。但是不难发现,即使有表述上的差异,女子医学教育的目标和战前相比并无本质的变化。换言之,女医师首先是一个女人,其次才是一名医师。因此,女子医学教育的目标也总是一以贯之地强调维持和保护女性特质,以及合乎利于国家和民族的"大义"。

即便如此,女子医学教育还是难以避免地会在某些方面挑战着当时的社会习俗。如果要进入女医学校就读,至少要先接受过相当于中学的教育。而在当时的朝鲜,由于儒教传统的影响,认为女子无才便是德的观念依然盛行,早婚的现象也十分普遍②。在这种情况下,女性接受中等教育尚且不易,更遑论进入比中等教育机构还要高一级别的女医学校学习。因此,当时能够突破上述障碍,接受医学教育并最后成为女医师的人,大部分都出生于开明或富裕的家庭③。

在克服诸种困难后,朝鲜于1928年9月设立了朝鲜女子医学讲习所,1938年该讲习所又升格为京城女子医学专门学校,成为朝鲜唯一一所正规且获得日本文部省承认的女医学校。当然,这并非朝鲜女医培养的唯一路径。事实上,由于讲习所并非正规学校,学生毕业后需要通过医师资格考试才能获得医师资质。而升格后的京城女医专直到解放前夕——1942年才培养出第一批毕业生,因此,在此之前朝鲜并没有正规的女医教育机构。所以,不少女子选择前

---

① 《京城女子医学专门学校一览》,京城:京城女子医学专门学校,1941年,第25页。这一教育理念应是继承了日本自明治时期《高等女学校令》颁布以来所确立的女性教育方针。1899年颁布的《高等女学校令》确立了国家主义、儒教式的妇德、新贤妻良母主义三位一体的近代日本女性教育方针。参见苗苗:《考察吉冈弥生的女医养成教育理念》,硕士学位论文,西安外国语大学日语系,2016年,第16页。
② 《觉醒한 妇人의 将来(刘英俊女史谈)》,《每日申报》1921年2月26日。
③ [韩]国史编纂委员会编:《出产与女性健康:韩国妇产科的历史》,果川:国史编纂委员会,2018年,第176—177页。

往日本学医。不同于朝鲜，当时日本有数家女子医学校。而且，在朝鲜赴日留学生中，医学和家政、体育同为人气较高的专业①。

表1对近代韩国女医求学情况进行了统计。数据显示，近代韩国女医从"文化政治"实行之后的20世纪20年代正式起步，此后人数持续增长，到解放为止，总人数累计达300多名。她们基本上都在朝鲜或日本求学，两者比例为6∶4。

表1 近代韩国女医求学情况②③ 单位：人

年代	朝鲜				日本			其他国家	总计
	京医专旁听生	（朝鲜）京城女医讲	京城女医专	医师鉴定考试	东京女医专	帝国女医专	大阪女医专		
1900—1910								1	1
1910—1918	4				1				5
1919—1928	6				10			1	17
1929—1938		18		4	30	12	3		67
1939—1945			157	4	25	29	4		219
小计	10	18	157	8	66	41	7	2	309
合计	193				114			2	

---

① 《女性廿六人，졸업할 녀성이 26명 家事医学体育이 最多》，《朝鲜日报》1931年1月23日。

② "京医专"全称为京城医学专门学校，创办于1916年；"京城女医专"全称为京城女子医学专门学校，创办于1938年；"（朝鲜）京城女医讲"全称为朝鲜女子医学讲习所，创办于1928年，1933年更名为京城女子医学讲习所；"东京女医专"全称为东京女子医学专门学校，创办于1900年；"帝国女医专"全称为帝国女子医学专门学校，创办于1925年；"大阪女医专"全称为大阪女子高等医学专门学校，创办于1928年。

③ ［韩］朱嬢子等：《韩国近现代女性史上女医师的活动及其社会地位：以朴爱施德之后作为时代领袖活跃的女医师的社会活动为中心》；［韩］奇昌德：《医学系的海外留学生》。

朝鲜女医人数虽然呈现出不断增长的趋势，但是直到20世纪40年代女医总人数并不多，到日本统治末期才开始迅速增长。从1940年到1945年日本殖民统治结束，共新增219名女医，占女医总人数的70%。① 这与战时京城女医专的新设密切相关。京城女医专是和日本的女子医学校同等的正规学校，对于学生具有相当大的吸引力。但是，最为重要的应是战时体制这一时代背景。据1944年进入京城女医专学习的韩元珠回忆，当时很多女学生为了逃避挺身队②的征用而纷纷涌向该校。1943年12月，殖民当局颁布了《战时教育临时措施令》，梨花女子专门学校（以下简称"梨花女专"）和淑明女子专门学校都奉命关闭了校门，而梨花女专转为专门为挺身队输送女学生的短期培训机构。战时医疗的重要性日益凸显，在战争末期，朝鲜总督府强化医护人员的培养和管制，新设了不少护校和医学院。朝鲜虽然也有少数护士（时称"看护妇"）被动员到一线战场③，但是与被征用到前线的士兵和劳力相比，朝鲜的医务人员主要投入后方保健、伤兵救治和防空演习等领域，相对较为安全④。更为重要的是，在一般高等院校纷纷关闭的前提下，只有医校可以继续招生。在这一背景下，不少学生退学后转到了京城女医专⑤。不过，20世纪40年代培养的女医学生，要到解放后

---

① 由于京城女医专到1942年才培养出第一届毕业生，而1939—1941年其他渠道培养的女医也是屈指可数。因此表1的时间栏中虽然标记了1939—1945年，但实际上可视为1942—1945年的统计数据。
② 挺身队：第二次世界大战时日本为强制动员殖民地女性充当各类劳力而设立的组织。1944年8月22日，日本颁布了《女子挺身勤劳令》（敕令第519号），所以也称"勤劳挺身队"。以挺身队名义动员的女性大部分被送往军需工厂，也有一部分被送去为日军提供性服务，即充当"慰安妇"。
③ 朝鲜看护妇被作为"军属"动员到前线大约是在1941年之后，而且人数并不多。参见申英淑：《二战期间朝鲜人从军看护妇的动员实态及其自我认同》，《女性与历史》2011年第14期，第154页。
④ [韩] Lee Geod-me：《韩国近代看护史》，坡州：Hanul Publishing Group，2002年，第197—212页。
⑤ [韩] 韩元珠：《百岁职场人不是梦：一个90多岁女医师的职业与人生》，首尔：匠伯出版社，2016年，第61页。

才能真正发挥作用。如果考虑这一因素，到解放前为止，真正活跃的女医师应该不到 100 名。

当时这不到 100 名女医师的象征意义恐怕要远大于其发挥的实际作用。女医师和女教师是近代韩国最早出现的女性专门职业。一般舆论认为，女医师"对于朝鲜女子来说，是相对需求量大、高尚且收入不菲的女性职业"①。一项统计表明，整个殖民地时期，女性就业人数为 330—380 万名，其中，从事农业的女性占 90%，从事商业交通业的女性占 3%—5%，行商、女店员、服务员占 2%—4%，从事工业和公务自由行业的女性占 1%。由此来看，除了农业，当时女性就业机会相当有限②。其中，医疗、教育、媒体、艺术、宗教领域的女性就业人数仅占女性总就业人数的 0.5%—1%，占女性总人口的 0.2%—0.3%③。这也反过来说明女医师在朝鲜女性中属于精英中的精英。仅从收入来看，女医师的薪酬（起薪为 70—80 圆）也等于或高于中学教师（70—80 圆）、播音员（50—60 圆）、幼儿保育员（40—60 圆）、女记者（40—60 圆）、小学教师（40—50 圆）、产婆（40—50 圆）等职业，是当时收入最高的女性职业之一④。

更为重要的是，当时很多女医师或自行开业，或在公私立医院从事诊疗活动，都活跃在医疗行业的一线。可以说，她们成功地确立了女医作为医疗专业人员的社会地位。其中，大部分的女医师都

---

① 《女子职业案内，돈 없어서 外国 留学 못가고 就职할 곳은 몇치나 되는가》，《别乾坤》1927 年第 5 期。
② 这和女性受教育机会有限的背景密切相关，也和殖民地朝鲜经济的低迷有很大关联。参见金景一：《日治时期女性的工作与职业》，《社会与历史》2002 年第 61 期，第 172 页。
③ ［韩］金景一：《日治时期女性的工作与职业》，《社会与历史》2002 年第 61 期，第 159、166 页。
④ ［韩］韩元珠：《百岁职场人不是梦：一个 90 多岁女医师的职业与人生》，第 174 页；《女子职业案内，돈 없어서 外国 留学 못가고 就职할 곳은 몇치나 되는가》，《别乾坤》1927 年第 5 期。

耕耘在妇产科和儿科领域，即便是综合医院，因为是女医坐诊，实际上吸引的大部分患者也是女性，自然形成了女性集中于妇科、产科的现象①。事实上，当时有不少女医在实习阶段选择了内科，但当她们毕业后自行开业或就业时，还是会选择主攻妇产科和小儿科②。

在古代东亚传统医学中，相比成年男性疾病，女性和小儿的病患更加难以医治的观念由来已久③。近代女医群体的形成，意味着女医发挥女性特质，在不违背传统社会伦理规范的前提下，成为治疗和照护在传统医学中处于边缘地位的女性的主体，并承担起近代民族国家话语下备受重视的母子保健的任务。由此可见，女医师集中于妇产科、儿科，虽然缩小了其活动领域，但的确有助于确保和提升她们在上述专科乃至整个医学领域所构建的专业权威④。

四、近代韩国女医的自我认同与社会地位

近代女医师既接受过高等教育，又从事高度专门化的职业，她

---

① 张文卿：《医师生活杂感》，《家庭之友》1940年第30期，第3页。
② 例如玄德信、孙致贞、朴顺婷、李仁淑、许凤朝都属于这种情况。
③ "宁医十丈夫，莫医一妇人，宁医十妇人，莫医一小儿。"起源于中国的这一句业界行话，自朝鲜时期以来，也广泛地流传于朝鲜医家之间。参见许浚：《谚解痘疮集要（卷下）》，1601年；崔奎宪：《小儿医方》，京城：广学书铺，1912年；郑淳中：《红疹方药编》，咸阳：梅轩书室，1927年；李永泰：《春鉴录》，义城：义城印刷所，1927年；李承天：《经验秘方小儿保鉴》，京城：中央印书馆，1936年。之所以会有这种观念，一是因为无论是女性还是小儿，他们都因为无法向医师正确或自如地描述自己的病情，从而给治疗增添了难度；二则是这种观念背后还蕴藏了父权制社会下男性医师和知识分子为了建构男女有别的社会秩序，而有意识地将女性的生理问题进行特殊化的意图。参见赵婧：《医学、职业与性别——近代女子习医论再探》，《妇女研究论丛》2018年第6期，第62页。
④ 当然，当时朝鲜男医师中也有一些妇产科、儿科专家，如女医文郁城的丈夫曹鞋焕就是典型的例子。他毕业于日本医科大学，在治疗不孕不育、慢性淋病等妇产科疾病方面具有高超的技术。参见《刀圭界的重镇，中央医院长曹鞋焕氏》，《东亚日报》1934年4月19日。

们作为时代的先驱，无疑会受到来自舆论和大众的追捧①。女医毕业、医师资格考试通过、留学、医院开业等都会成为媒体关注的话题，但如果仅仅据此就判定当时女医的社会地位和生存境遇，难免会以偏概全。为此，笔者将结合具体事例，从近代韩国女医的习医动机、家庭角色、职业生涯、自我定位等角度来探究其自我认同与社会地位。

历经开港、日治时期，韩国的医师行业逐步走向专业化、正规化，在殖民当局所设定的医疗秩序下，医师作为专门职业的地位得到了保障。与此相应，女医师理论上必将日益拥有更多的社会光环，然而这并不意味着当时所有的女医学生都是冲着这一社会光环而选择习医。有一些人是出于对女性健康和疾病的关注，抑或出于宗教情怀或社会责任感而走上了习医的道路②。例如，20世纪30年代毕业于京城女子医学讲习所的女医师金东淑就是典型的例子。她曾于1937年回顾自己的学医历程："我立志学医的动机十分简单，因为我曾经受过很严重的刺激。众所周知，30年前，和现在很不一样，我们的社会还处于蒙昧之中，不仅医疗机构缺乏，而且人们十分顽固，不愿意接受医院医师的诊察。如果一个女人接受了洋人医师的诊察，并就此传出去的话，人们就会对此嗤之以鼻、大惊小怪。……在那样的环境下，我年仅22岁的母亲，在没有看过一次医师的前提下，就断送了花一般的年华。……所以我要成为医师，让世界上所有的孩子都能拥有妈妈陪伴的幸福。"③

金东淑的事例虽有些特殊，却代表了出于实现医术价值和女医的社会价值而走上习医道路的女性。当然，也有不少人不像金东淑

---

① [韩]朱嬢子等：《韩国近现代女性史上女医师的活动及其社会地位：以朴爱施德之后作为时代领袖活跃的女医师的社会活动为中心》，第30页。
② [韩]朱嬢子等：《韩国近现代女性史上女医师的活动及其社会地位：以朴爱施德之后作为时代领袖活跃的女医师的社会活动为中心》，第51页；[韩]吴赵英兰、洪性煜：《超越男性的科学》，首尔：创作与批判社，1999年，第105页。
③ 金东淑：《내가 女医되기까지》，《女性》1937年第2卷第8期，第46页。

那样一开始就对医学抱有如此执着的信念。例如，继朴爱施德之后成为近代韩国第二个女医师的许英肃（著名文人李光洙的妻子）。许英肃从女子高等普通学校毕业后，不愿意像三个姐姐那样早早地嫁为人妇，成为贤妻良母，所以毅然选择了赴日留学。她一开始想去东京学习音乐，但是由于母亲反对，且诸位老师也劝其学医，所以最终选择了东京女医专①。像许英肃那样，因希望告别旧时代女性的命运而选择继续求学的女性当不在少数。女医玄德信也是因为不想成为平凡的家庭主妇而选择了习医。她们希望有别于未接受高等教育、早日嫁为人妇的旧女性，选择进入专门学校（相当于现在的大专）学习。只是最初专业未必限于医学，可能会像许英肃那样，一开始有自己心仪的专业，后来在亲朋好友的劝告之下，才改为学医②。

女性选择习医的另一个重要原因是经济因素。日本明治时期女医的先驱者吉冈弥生最初创立东京女医学校时，就是基于经济因素的考量。吉冈弥生认为，要提升女性的社会地位，经济能力是不可或缺的，而医师这个职业对提高女性经济能力尤为有利③。事实上，近代西欧新女性在高倡女权时所提出的核心价值之一也正是女性的经济独立。这一思想潮流在20世纪20年代前后波及朝鲜。20世纪20年代致力于女性运动的姜平国就曾表示："所谓的结婚自由、恋爱自由，或是社交自由等等，关乎女性自主独立的所有问题，都无法通过空谈的理论进行解决，而是（根本上）取决于唯物主义的经

---

① 《시험에 합격한 최초의 의, 여의학교 출신의 허영숙양》，《每日申报》1918年10月20日。
② [韩]朱孃子等：《韩国近现代女性史上女医师的活动及其社会地位：以朴爱施德之后作为时代领袖活跃的女医师的社会活动为中心》，第167—168页；延世大学医学史研究所：《京城女子医学专门学校第一届毕业生洪淑意》，《延世医史学》2009年第12卷第2期，第117—118页。
③ [日]三崎裕子：《明治女医的基础资料》，《日本医史学杂志》2008年第54卷第3期，第189页。

济独立。"① 东京女医专毕业生、20 世纪 30 年代开设东洋妇人医院的李德耀，也曾在 1931 年 2 月的一次采访中表示："坚持完成这个学校（东京女医专）的学业，其理由在于我一直有一个觉悟，那就是一定要实现经济独立……正是因为我有自己的职业，所以即便丈夫流亡海外，虽然谈不上富裕，但是也能基本保证自己衣食无忧，这不可不谓是一件幸事。"②

和姜平国一样，李德耀也将经济独立作为学医的最主要动机。李德耀是朝鲜共产党干部韩伟健的妻子，她本人也倾向于社会主义思想。因此，李德耀重视女性的经济基础，当与她受到社会主义思想的影响有关。从上述引文中我们不难发现，在丈夫流亡中国的岁月里，女医这一职业在助其维持生计方面的确发挥了至关重要的作用。由此可见，属于高收入行列的医师职业，对于提升女性的经济独立性和改善其社会地位具有切实的积极意义。

值得注意的是，并非所有的女医都对女医师这个职业在改善女性地位方面的积极意义怀有高度的自觉。换言之，当时的女医并非都积极支持女性解放，或对现有的性伦理和社会秩序高举反旗。女医内部存在的差异使得我们无法在单一的女权主义框架下将其思想倾向和价值观念予以简单化。

首先，在恋爱方面，作为接受过高等教育的精英女性，女医群体对于 20 世纪 10 年代后传入朝鲜的自由恋爱观并不陌生，甚至对非主流的恋情——同性恋也持包容开放态度，如女医李德耀年轻时就以同性恋爱而出名。但细究则发现，女医群体基本上未游离于传统社会的性别规范与父权家长制之外。例如，当时女医在贞操问题上表现得十分保守。学生时代沉迷于同性恋的李德耀，在嫁为人妻后，尤为重视女性的贞洁，她曾向因为丈夫流亡海外或被殖民当局关押而"守活寡"的女同胞呼吁："有人因为性欲而不能等待丈夫

---

① 《女子解放의 杂感（续）》，《东亚日报》1925 年 7 月 20 日。
② 《学校选择体验谈》，《东光》1931 年第 18 期，第 80 页。

（回来），但是坦率地说，以我的经验来看，我忍了 3 年多（都没有问题）。如果说爱得热烈的话，如果说那份热烈（的情感）无论何时都不会冷却的话，那么，性欲这个东西，100 年都应该可以忍受吧?! 万一实在无法忍受的话，可以继续深爱着那个男人，但是同时可以偶尔与其他的男人发生关系。……我认为，只要是出于爱情，无论多久都应该守节。只要能吃饱饭，就那么点儿性欲还忍不住吗？"①

相比李德耀，女医张文卿在这一问题上的态度更为坚决。她认为，"贞操是女子的生命"，"没有贞操观念的女子，就是性方面的破产者"②。她强调，越是文明的社会，性道德就应该越严格③。不仅如此，她还站在医师的角度，将性道德和花柳病（性病）相联系，认为"世界上正是因为存在花柳病，性道德才得以维持"④。她将花柳病视为维持性道德的"必要之恶"，由此可见其对贞节的重视程度。不过，在贞节问题上，张文卿也反对只针对女性而纵容男性的双重标准⑤。

维护现有性伦理的观念，同样反映在女医群体的家庭观上。当过医师也做过女记者的许英肃，经常被视为近代韩国新女性的代表。但实际上，她内心却是贤妻良母式家庭的坚定支持者⑥。不仅是许英肃，许多女医师都十分重视家庭。张文卿和孙致贞等批判了因热衷于社会经济活动而忽视家庭的女性，认为女医应同时在职场和家庭履行好作为医师、母亲、妻子、儿媳的职责⑦。

---

① 《男便在狱，亡命中 妻의 守节问题》，《三千里》1930 年第 10 期，第 39 页。
② 张文卿：《贞操观念과 性教育》，《新家庭》1936 年第 4 卷第 9 期，第 13 页。
③ 张文卿：《贞操观念과 性教育》，第 16 页。
④ 张文卿：《性病에 对하야》，《女性》1936 年第 1 卷第 3 期，第 46 页。
⑤ 张文卿：《贞操观念과 性教育》，13、16 页。
⑥ ［韩］申东源：《日治时期女医师许英肃的生涯与医学》，《医史学》2012 年第 21 卷第 1 期，第 60 页。
⑦ ［韩］朱孃子等：《韩国近现代女性史上女医师的活动及其社会地位：以朴爱施德之后作为时代领袖活跃的女医师的社会活动为中心》，第 35 页。

女医郑子英1920年从东京女医专毕业后，和丈夫文穆圭一道在京城授恩洞开设了进诚堂医院。在1928年1月的一次采访中，当被问及对丈夫有何不满时，她回答道："……不满有很多。但正因为如此，期待也很大。最近听说社会上所谓的新女性们不尊重丈夫。我当然是和旧家庭女性进行比较才如此说。……但这恐怕是不行的。读过书，有学识，难道就可以轻看自己的丈夫吗？他可是我世界上独一无二的夫君……对于男人明摆着的怨念和希望，难道能一一述说清楚吗？这是我的家庭，难道我可以撒手不管吗？这就是朝鲜女人的命啊。"①郑子英在批判无视丈夫的新女性的同时，重申了"夫为妻纲"这一传统伦理纲常。她认为即使对丈夫有再多不满，也要忠实于自己的家庭，并以"这就是朝鲜女人的命"将其合理化。

不仅是与丈夫的关系，一部分女医师在育儿问题上的看法也十分传统。20世纪30年代在世富兰偲医院（现延世大学附属医院）妇科工作的女医边锡花曾和《新家庭》记者之间有过如下一段对话：

记者：到头来，您的意思是说女性拥有职业是很艰辛的事情吗？

边锡花：这是事实。按照女性的体质，连一般的家务活都很吃力了，如果还想要工作的话，背负双重的职责实在是强人所难。而且，在全然不理解女性生理的男性旁边工作的话，就更是累人了。

记者：那您是反对女性工作吗？

边锡花：虽然并不反对，但是如果怀孕的话，我认为最好不要工作。因为养育孩子比起工作更为重要。对于女人来说，经营家庭和养育子女是重大的职责。②

---

① 《내가슴을 내손으로 다려 볼는지요 进诚堂医院 郑子英氏谈》，《每日申报》1928年1月7日。
② 《研究와 趣味, 同途同伴의 기쁨 女医边锡花宅의 기쁨》，《新家庭》1934年第2卷第8期，第119页。

医学与女性社会地位变化之关系：近代韩国女医职业的形成（1876—1945）

边锡花白天要在手术室高强度地工作，晚上回到家后还要承担家务，所以她深知职业女性的不易。边锡花在职业和育儿两者中更看重后者，她本人并不鼓励女性工作。当然，边锡花的意思并非让女性都不要工作。她的经历其实说明了一个事实：在现有的家庭秩序下，女性因为要承担家务和育儿的全部重担，只要这种秩序不发生改变，女性就难以走出家庭，步入社会。换言之，若有意实现女性的职业化，就有必要改变家庭内部的性别分工。对于生活在20世纪30年代的边锡花来说，在工作和家庭难以兼顾的情况下，她倾向于将家庭作为重心①。由此可见，似乎应走在女性解放队伍前列的女医师们，实际上更多的是遵循传统的家庭伦理，扮演丈夫的忠诚配偶、家庭的忠实守护者角色。

这种将女性置于被动、从属地位的家庭角色设置，在很大程度上影响了女医的社会地位。当时在社会上，人们虽然认可女医师是头脑聪明、学习优秀的女性，但是比起将她们视为以西方近代医学为业的"医师"，更多的人认为女医师是依托丈夫的职业和名望才得以出人头地的。例如，1927年3月，《别乾坤》杂志的一则报道就曾如此评论许英肃、玄德信、李德耀、刘英俊4位女医："……但是话说许氏、玄氏、李氏，这三位在社会上出名并非因为医术或医学知识，而是因为她们的丈夫是文学家、新闻记者，所以才自然而然地跟着出名的。而刘氏的话，则出生于平壤这座名城，她曾留学中国、日本，此后担任泰和（泰和诊疗所）的医师和梨花学堂的校医，她在忙碌之余，还不忘在报纸、杂志上发表大量的文章，所以也出了名。并非因为专业的医学知识和技能而出名。"②

---

① 女性所面临的这种困境，一直持续到朝鲜解放后。解放初期，女医师们通过报纸舆论，呼吁丈夫要一起承担家务，从而将女性从繁重的家务劳动中解放出来，使她们能够好好工作。参见《建设新朝鲜的寄语（四）建国之际的嘱托，请尊重女性（女医师孔小泽女史谈）》，《中央新闻》1945年12月8日；《家庭之上的社会，一家团乐的时间》，《京乡新闻》1950年1月22日。
② 《海内 海外에 헛허지 잇는 朝鲜女医师 评判记, 해마다 늘어가는 그 수효 잇다 금은 해외에서도 活动》，《别乾坤》1927年第5期，第73页。

上述报道的内容当然并非完全属实。的确如报道所言，相比家庭主妇、记者的角色，许英肃作为医师的角色并不鲜明，也确实在很多方面沾了丈夫李光洙的光。但是，其他三位女医师却并非因为丈夫的地位才得以出名，她们更多的是以女医师形象见诸报端。当然，有部分女医师，由于她们的丈夫也是同行，所以存在夫妻共同开设医院的现象。这种情况下，的确容易招致大众对她们仰赖丈夫出名的误解。

社会对于女医师的专业性也存在一定偏见。1934年《新家庭》杂志曾组织召开过一次女医座谈会，会上，吉贞姬、张文卿、边锡花、孙致贞、刘英俊等女医代表，围绕女医的社会偏见展开了如下讨论：

> 刘英俊：……我在红十字医院曾工作过一段时间，那家医院在外科、皮肤科、小儿科等方面都很优秀，唯一的问题就是把女医师当护士看待。
>
> 吉贞姬：一般说起女医师坐诊的医院，人们就会以为是产妇要去的地方，而且会认为是只有女医的地方。
>
> 刘英俊：我一开始去梨花女学堂的时候，可能是大家没见过女医师，气氛并不对劲。她们认为来了一个到底是护士还是产婆，连来历都不清楚的人，还自诩为医师，所以都不找我看病。"
>
> ……
>
> 吉贞姬：当然，一般医师所做的事，我们都能做，我们哪里不行呢？"①

上述对话至少传达了两方面的信息：第一，女医师在很多情况下被视为护士或产婆；第二，人们认为女医师比男医师低一等。对于这样的认识，女医师们表现出了极大的不满。她们抱怨大众对于

---

① 《女医座谈会》，《新家庭》1934年第2卷第11期，第37—38页。

女医没有起码的尊重，看了病连一句感谢的话都没有就扬长而去①。此外，她们还指出，女性患者虽然由于男女有别的观念，更喜欢接受女医的诊疗，但对女医常不信任与轻视，反而在男医师面前表现得更为合作②。

不过，在女医师集中活跃的妇产科和儿科领域，社会大众对于女医师还是十分信任的。人们认为女医师更了解女性的生理结构，并且具备特有的纤细、温柔等女性特质，能够更好地和女性患者沟通③。部分女医师自身也认同这种一般性的看法。据京城女医专第一届毕业生洪淑憙回忆，她入学的时候就曾下定决心要专攻妇产科，以保障所有产妇的生命安全④。1944年进入京城女医专学习的朱一忆也是如此。朱一忆的同学在毕业后也大部分选择妇产科和儿科作为各自的临床方向⑤。

令人意外的是，女医们的这种选择并非受学校的教育方针或培养体系影响。当时京城女医专并没有开设正规的妇产科课程，学生在学期间也没有参加过接生等妇产科实习，她们在这方面的知识主要靠书本自学而来⑥。因此，女医学生毕业后大部分选择妇产科、儿科方向，多半并非受学校氛围或老师的影响，而是因为她们也认同或无意识共享了女医师就应该发挥好女性特质、为女性服务这一社会的通行看法。正是基于这种认识，1934年毕业于东京女医专、其后成为韩国第一个女性医学博士的孙致贞才会明确表示："女医要充分发挥女性应有的本性，要以无比亲切的态度竭诚对待患

---

① 《女医座谈会》，第41页。
② 张文卿：《医师生活杂感》，第3页；《职业妇人의生活裏面（十二）》，《每日申报》1927年3月3日。
③ 《女医座谈会》，第43页。
④ 延世大学医学史研究所：《京城女子医学专门学校第一届毕业生洪淑憙》，《延世医史学》2009年第12卷第2期，第118页。
⑤ ［韩］国史编纂委员会编：《出产与女性健康：韩国妇产科的历史》，第173—174页。
⑥ 同上。

者"①。出于这一想法,孙致贞联合其他女医师,计划设立专门面向女性患者的妇人联合医院②。虽然包括孙致贞本人在内的一部分女医,都认为女医不应该只为女性患者看病,而应该面向包括男性在内的所有患者。但在无形的现实障碍面前,凸显自身的女性特质,主要接诊女性患者,也不失为一种无奈却又保险的行业生存策略。

五、结语

在近代西医职业化的过程中,东西方的女医都经历了一个从被排斥到被慢慢接纳的过程。女性最终能够和男性一样接受正规的医学教育,成为有资质的医疗专业人员,无不得益于东西方女医先觉者们的抗争与呐喊。然而,通过对近代韩国女医职业化历程的考察,我们不难发现,制度层面的女医职业化,不一定能够真正实现东西方女医先觉者们所追求的两性平等的终极目标。

相比西方和日本,韩国近代女医的培养主要依靠外来势力。20世纪30年代之前主要的推手是Hall女士,1938年京城女子医学专门学校升格后,校长由日本人担任,而大批的女医又是从日本留学归来。因此,在为女医争取生存空间的过程中,朝鲜医师尤其是朝鲜女医师并没有发挥很大的作用。换言之,近代韩国女医的职业化和为争取女权的女性解放运动之间并没有形成充满张力的互动。反而,无论是在为女子医学教育正当性辩护的问题上,还是在女医群体的自我认同层面,与其说女医是现存性别规范和社会旧秩序的挑战者,毋宁说她们更多呈现出的是顺从、继承乃至拥护旧秩序与旧规范的面貌。这使得近代韩国女医师这一职业,在诸多方面受制于因性别不平等和歧视而造成的非制度性障碍。而这一问

---

① 孙致贞:《꿈꾸는 女医联合病院》,《新家庭》1935年第3卷第1期,第38页。
② 边锡花:《朝鲜女性界五个年计画 女医로서(其一)自己完成其他》,《新家庭》1935年第3卷第1期,第35页。

题的最终解决，无疑需要一项长远的、各项机制配套的系统性社会改造工程。

（本文原载于《妇女研究论丛》2020年第3期，第107—120页）

文学话语中的三一运动

——话剧《山河泪》的创作与传播

孙科志　孙　晓

（复旦大学历史学系）（山东农业大学外国语学院）

引言

　　1910年日本强迫韩国政府签订《韩日合邦条约》，吞并了韩国，对韩国进行残酷的殖民统治。从日本将韩国变为保护国开始，韩国民众反抗日本侵略和殖民统治的斗争就没有停止过，1919年更是发生了全民的反日独立运动即三一运动，以此为起始韩国争取独立的斗争更加蓬勃地开展起来。1920年3月1日，三一运动后建立的大韩民国临时政府在上海举行了三一运动一周年的纪念活动，从此之后这种纪念活动就没有停止过，甚至可以说在日本殖民统治期间，海外凡是有韩人的地方就会有三一运动的纪念活动。韩国光复后，作为韩国民众争取祖国独立象征的三一运动更加受到重视，不仅年年都会有相关的纪念活动，学界也开始从学术层面进行研究，积累了大量的研究成果，同时反映三一运动精神的文学作品、电影戏剧作品也不断涌现，对弘扬三一运动精神起到了重要作用。出人意料的是，第一部有关三一运动的文学艺术作品却是在三一运动发生五年后即1924年由中国人所作，这位中国人便是著名的剧作家、编剧和电影导演侯曜，这部作品便是话剧《山河泪》。

　　《山河泪》脱稿于1924年4月，5月便被搬上舞台，但其广泛传播却是1925年五卅运动爆发之后。五卅运动爆发后，以爱国主义和反帝斗争为主题的话剧《山河泪》在中国各地被以各种方言、各种形式在各种场合中公演,影响了无数的中国人。不仅如此,这部话剧还被收入戏剧集中,也被进行各种艺术再加工,在中国人民反抗帝国主义侵略的斗争中起到了重要作用。不过这部反映三一独立运动精神的剧本并没有引起在华韩国独立运动志士的关注,在韩国光复后也同样没有引起韩国学界的关注。国内的各种文字虽多有提及《山河泪》,但却没有专门研究,甚至关于其作者侯曜的研究也大多集中在其电影艺术的研究上,仅在侯曜的生平介绍中提及《山河泪》这一剧本。① 不仅如此,涉及《山河泪》的文字中也不乏疏漏和谬误。基于这种情况,笔者拟就《山河泪》的创作背景、内容及其传播进行一番探究,以求教于各位学人。

一、侯曜其人

话剧《山河泪》的作者侯曜无论是在中国现代文学史还是中国电影史上都占有一席之地,不少文学和电影相关著述都曾提到他,也有关于其生平的研究,然而现有关于侯曜的介绍乃至生平研究的

---

① 关于侯曜的研究主要有:彭耀春:《侯曜考据研究》,《南京社会科学》2006 年第 6 期,2006 年 6 月;秦喜清:《导演侯曜的知识分子电影——从〈海角诗人〉的残片说起》,《当代》2011 年第 4 期,2011 年 4 月;徐红:《中国早期银幕上的'娜拉'与'人民公敌'——论侯曜的〈弃妇〉(1924)》,《北京电影学院学报》2011 年第 6 期,2011 年 6 月;吴迎君:《侯曜'影戏见'的知识考掘——一种'大戏剧'意识和电影本体意识并立的电影观的揭橥》,《电影新作》2015 年第 1 期,2015 年 1 月;罗卡:《跨界斗士海外征魂——重构侯曜传奇》,丁亚平、聂伟主编:《影视文化》13,中国电影出版社,2015;安燕:《侯曜:抽象抒情与儒学忏悔——兼论'五四'与传统的关系》,《当代电影》2017 年第 4 期,2017 年 4 月;田亦洲:《'人生如戏'——试析西方理论话语影响下的侯曜早期'影戏观'》,《电影评价》2017 年第 8 期,2017 年 8 月;赵春灿:《论侯曜 20 世纪 20 年代电影中女性形象的自我完成》,《戏剧之家》2019 年第 1 期,2019 年 1 月等。可以看出,以上研究成果中彭耀春文主要考证了侯曜的生平事迹,罗卡一文则全面、详细地介绍了侯曜的生平和艺术成就,安燕一文则是探讨侯曜艺术创作中的思想因素,除此之外其它的研究成果基本都是在探讨侯曜的电影艺术。

文字中，疏漏和不实之处不在少数。不过若对其生平事迹进行详细考订，则又非一篇论文所能容纳，故本文根据所掌握的资料对其生平做一简略介绍，其详细的生平事迹容后专文考订。

侯曜1910年出生于广东番禺，早年曾就读广东省立惠潮梅师范学校，一年级时曾在《学生》杂志上发表《旅行遇盗记》和《秋菊》的诗作，① 此后又陆续在《学生》杂志上发表多篇诗作，② 显示出其文艺天赋。1920年侯曜考入南京高等师范学校，进入教育专修科学习。③ 1920年12月北京政府国务会议通过决议在南京建立国立东南大学，1921年8月开始招生。1922年南京高等师范学校停止招生，其教育专修科被并入东南大学，成为东南大学的教育科，侯曜也随之成为东南大学教育科的学生。不过在当时就读的学生中间，"国立南京高等师范学校"和"东南大学"这两个名称是混用的。1921年12月19日，侯曜和同学钱肇昌代表东南大学参加由江苏省教育会演说竞进会举办的演讲比赛，结果侯曜获得高等组的第一名。④

侯曜在南京求学期间，积极参加了南京社会主义青年团的活动。1922年5月5日，南京社会主义青年团在南京高师的梅庵召开团员大会，到会者有吴肃、侯曜等24人，会上通过了简章，并决

---

① 侯曜：《旅行遇盗记》，《学生》第3卷第9期，1916年9月20日，第99至102页；侯曜：《秋菊》，《学生》第3卷第10期，1916年10月20日，第97至98页。前者署名为"广东省立惠潮梅师范学校本科一年生侯曜"，后者署名为"广东潮州韩山师范学校学生侯曜"，广东省立惠潮梅师范学校与广东潮州韩山师范学校乃为同一学校（参见林英仪、吴伟成编著：《韩师史略》，汕头大学出版社，2003，第15页）。
② 侯曜：《春夜泛舟》，《学生》第4卷第4期，1917年4月5日，第103页；侯曜：《登韩山谒韩文公祠》外四首，《学生》第5卷第6期，1918年6月5日。前者署名为"广东省立惠潮梅师范学校本科一年学生侯曜"，后者署名为"广东高等师范学校附设师范本科一年级学生侯曜"，但相信应该为一人所作。虽1916年和1918年在《学生》杂志上发表诗文时署名中均有"本科一年生"字样，但前后之侯曜应为同一人。
③ 《本校广东同乡会代表侯曜古□启示》，《南京高等师范日刊》第407期，1920年11月27日，第3版。
④ 《演说会决赛结果》，《申报》1921年12月20日第11版。

定组织公开的马克思学说研究会，组织善演戏的中等以上学校学生入团，为组织"平民戏剧社"做准备，由侯曜负责此项工作。① 1923年7月9日，平民教育促进会在南京青年汇举行干事会议，决定设立驻会办事员，负责教育会的日常活动。当时正在东南大学学习的侯曜被选为4名驻会办事员之一，② 这也许是因为侯曜的专业是教育学，又曾发表过数篇教育学的长文，涉及童子军、学生生活指导和初级中学课程等问题，对教育学有着自己的看法。③ 被选为驻会办事员后，侯曜便申请休学半年，搬到设在大行宫东的平民教育促进会去住，全身心投入到平民教育活动中。平民教育促进会设立有平民学校，编有《平民千字课》的识字课本，为一般市民提供免费的识字教育，甚至设立造林场平民学校，为林场的林夫及附近乡民提供识字教育，还为那些白天需要劳作的平民设立平民夜校。除了平民教育促进会的日常活动外，侯曜还负责编辑平民教育促进会的刊物《平民教育周刊》。④ 在从事平民教育活动期间，侯曜还组织平民戏剧社，先后编写了《弃妇》、《山河泪》等舞台剧本，并自己登台演出。⑤ 在即将毕业的这一年，侯曜将自己此前的舞台剧《弃妇》改编成电影剧本，由长城影片公司摄制，于1924年搬上荧幕，"这可算是我入电影界的第一步"，⑥ 也为他毕业后入职长城影片公司奠定了基础。

---

① 中共南京市委党史编写领导小组办公室、南京市档案局编：《南京党史资料》总第13辑，1986年4月，第118页。
② 《南京快信》，《申报》1923年7月10日第10版。
③ 侯曜发表的有关教育学的文章有：《重新估定童子军课程的价值》（《教育汇刊》第3期，1922年4月，第1至9页）、《学生生活的自己指导》（《学生》第9卷第7期，1922年7月，第79至90页）、《中等教育研究——初级中学课程的研究》（《教育汇刊》第4期，1922年9月，第1至22页）。
④ 侯曜：《厨工》，《学生》第11卷第5期，1924年5月5日，第52至55页；《平教促进会添设造林场平民学校》，《申报》1923年9月23日第10版。
⑤ 《侯曜为民众呐喊》，中共南京市鼓楼区委宣传部、中共南京市鼓楼区委党史工作办公室编：《虎踞群英》，1997，第1页。
⑥ 侯曜：《悲欢离合的生活》，《民新特刊》第2期，1926年9月25日，第16页。

1925 年从东南大学毕业时，侯曜有两个选择，其一是继续从事其在学校时就曾参与的平民教育事业，其二是从事影戏业。经过一番考虑之后，侯曜选择了后者，因为他认为"影戏能宣扬文化，改善社会，比任何事业都来得重要"，① 故在毕业后应长城影片公司之邀来到上海，担任该公司的编剧主任，从此开始了其电影艺术的生涯。在长城影片公司任职期间，侯曜先后编写了《一串珍珠》、《伪君子》等剧本，并执导了影片《伪君子》、《春闺梦里人》等。② 但其在长城影片公司任职时间并不长，据其本人讲："我的事业方针决定之后，就正式在长城影片公司供职，就正式开始我的悲欢离合的生活。半年后因好友的介绍见民新公司较能发展我的怀抱，就辞长城而到民新"。③

正如侯曜所判断的那样，民新公司确实为其施展自己抱负提供了一个良好的舞台，在民新公司期间，侯曜先后拍摄了《和平之神》、《复活的玫瑰》、《月老离婚》、《海角诗人》、《五女复仇》、《木兰从军》、《战地情天》等电影，是侯曜电影作品出产最多的一个时期。1927 年底侯曜因拍摄《木兰从军》结识了当时任国民革命军第十一路军总指挥的方振武，在其帮助下顺利拍摄了《木兰从军》的外景场面。④ 1928 年 6 月侯曜辞去民新公司之职，应已是第一集团军第四军团总指挥方振武之邀北上，任第四军团军事教育处处长一职，不过并没有与民新公司完全脱离关系，而是受聘担任民新公司的驻外导演，民新公司影片中所需的军事场面也均委托其拍摄。⑤ 侯曜在第四军团的任职时间并不长，方振武失势后即1930 年便离开第四军团，应邀至冯庸大学任教，同时担任该校的

---

① 前引侯曜之《悲欢离合的生活》，第 16 页。
② 侯曜：《伪君子》，《国闻周报》第 3 卷第 9 期，1926 年 3 月 14 日，第 35 至 37 页；《新片春闺梦里人开映有期》，《申报》1925 年 8 月 30 日第 22 版。
③ 前引侯曜之《悲欢离合的生活》，第 17 页。
④ 参见侯曜：《万里摄影记》，连载于《电影月报》第 2 至 4 期，1928 年 5 月 1 日至 7 月 1 日
⑤ 《民新消息》，《电影月报》第 5 期，1928 年 8 月 10 日，第 5 页。

教务主任。① 在这期间，侯曜创作了《韩光第之死》、②《忠魂碑》、③《星旗下之健儿》等剧本。④ 侯曜在冯庸大学任教的时间很短，在1930下半年就离开沈阳来到天津，并"因事滞津"，以致于冯庸大学不得不让机械系郭甄泰教授代行教务主任的职责。⑤ 1931年初，侯曜任天津的河北省立法商学院教授。⑥ 在任教于河北省立法商学院期间，"他一面当教授，一面暗中与关外的义勇军深相接纳，并为其策划种种活动。当中日两军在滦河两岸鏖战之时，侯君屡冒险出入前线从事义勇军之慰劳、联络、及接济工作。"就此他还赋诗一首讲述当时的心境，诗曰："天荒地老志难磨，遥望长城隔泪波，谁说书生无壮志，乘风策马渡滦河！"⑦ 也许是因为写作《山河泪》时阅读了《韩国独立运动之血史》等著作的缘故，侯曜对日本侵吞韩国的历史还是比较了解的，故在九一八事变后其有感而发写下了《亡国哀曲—吊朝鲜》的诗篇。⑧

1932年，侯曜应联华电影公司邀请担任位于北平的第五片场的导演，同时还组织电影人才养成所，与王瑞麟担任教授，并利用培养出的第一批演员拍摄了一部《故宫新怨》，剧本也为侯曜编写，这是联华公司第五片场设立以来拍摄的第一部影片。⑨

---

① 黎工次为侯曜的《太平洋上的风云》一书所作之序，载《太平洋上的风云》卷首，香港工商时报编辑部，1935年8月。
② 铁笔：《韩光第之死》（三幕悲剧），《东方公论》第18—19期，1930年4月4日，第1—19页。
③ 铁笔：《忠魂碑》（歌剧），《东方公论》第23期，1930年5月20日，第18—20页。
④ 侯曜：《星旗下之健儿》，《冯庸大学校刊》第3期，1930年10月10日，第37至61页。
⑤ 《学校新闻》，《冯庸大学校刊》第3卷，1930年10月10日，第6页。
⑥ 1931年4月河北法商学院文艺研究社公演《山河泪》一剧，侯曜就此接受记者采访时称自己"来法商未久"，并没有指导学生们的公演（《侯曜演讲〈山河泪〉演出》，《天津益世报》1931年4月26日第13版）。
⑦ 前引黎工次为侯曜的《太平洋上的风云》一书所作之序。
⑧ 侯曜：《亡国哀曲—吊朝鲜》，《民声周报》第12期，1931年12月19日，第18页。
⑨ 星宿：《北平联华制片场之第一声，侯曜东山再起》，《开麦拉》第68期，1932年，第1页；《侯曜来沪却是为何，昨日匆匆返平》，《开麦拉》第124期，1932年，第2页。

1934年侯曜来到香港,"以笔墨鬻生",应黎工次之请,创作长篇小说《太平洋上的风云》,刊登在《工商晚报》的副刊《晚香》,① 而与他一起来到香港的尹海灵不仅为他抄写书稿,而且还不避风雨替他送稿到报馆。② 与以前在内地或教授或名编剧、名导演相比,此时"景况视昔乃更觉凄惨"。③ 1937年全面抗战爆发后,侯曜与友人组织文化影业公司,将其所著的几部小说搬上荧幕,并取得了成功。此后侯曜在香港又拍了许多军事题材和民间故事的影片,取得了不俗的成绩,成为香港电影界的重要人物。④

1940年4月,侯曜应新加坡邵氏兄弟公司之邀到新加坡,在其新建的片场拍摄马来语电影,1942年2月15日,日军占领新加坡,随即大举搜捕抗日分子,2月23日侯曜向日军办领取检证时失踪。⑤

二、《山河泪》的创作

在笔者阅读的过程中,发现很多著述中提及《山河泪》,不过相关内容并不一致,甚至不乏相互矛盾之处,故觉得有必要首先厘清一下相关问题。

民国时期以"山河泪"为题的作品有话剧《山河泪》、电影《祖国山河泪》和电影《山河泪》等。电影《祖国山河泪》由黎民伟的民新公司拍摄,1928年首先在上海上映,主要讲述海外华侨的爱国情怀,而电影《山河泪》由永华影业公司在香港摄制,1949年上映,主要讲述抗战时期国人的家国情怀。话剧《山河泪》有两部,一部是侯曜的《山河泪》,完稿于1924年8月,1925年由商务

---

① 前引黎工次为侯曜的《太平洋上的风云》一书所作之序。
② 《太平洋上的风云》自序。
③ 《侯曜潦倒香港》,《电声周刊》第5卷第12期,1936年3月27日,第286页。
④ 前引罗卡之《跨界斗士海外征魂——重构侯曜传奇》,第23至24页。
⑤ 同上书,第32页。

印书馆以"通俗戏剧丛书之四"出版,另一部则是宋树人所著话剧《山河泪》,刊载于 1927 年 10 月的《醒狮》周刊上。① 这两部题名同为《山河泪》的话剧都是讲述韩国民族运动的,前者讲述的是 1919 年的三一运动,后者讲述的是 1926 年夏韩国志士在日本长崎举行的亚细亚民族会议上主张民族权力的活动。

　　侯曜的《山河泪》广为人知,众多著述提及的都是该剧,宋树人的《山河泪》却鲜为人所知,尽管如此,各种著述涉及侯曜的《山河泪》时,其内容中仍不乏谬误或不实之处。《信阳古今》中写道:"五四运动爆发消息传到信阳,三师(河南省立第三师范学校)学生率先响应,召开大会,罢课游行,抵制日货,义演《山河泪》、《卧薪尝胆》《武昌起义》,开展募捐活动,汇至北京政府,为赎路作出贡献。"② 王平陵在自己的著述中也称"一九二二年的冬天,我在南京看过《山河泪》的演出。这剧本是肄业南京高师的学生侯曜,根据韩国革命志士安重根刺杀日本伊藤博文的故事写成的,情节慷慨悲壮,凄恻动人……"。③ 前文已提及侯曜的《山河泪》脱稿于 1924 年 8 月,因此五四运动期间不可能出现《山河泪》的演出,1922 年也不会有《山河泪》的演出。同时《山河泪》讲述的是 1919 年的三一运动,与安重根刺杀伊藤博文并无关系。除此以外,还有不少著述在提及《山河泪》时都称该剧讲述的是安重根刺杀伊藤博文的故事。④ 可以看出,这些著述大都是回忆性的文字,也许

---

① 宋树人:《山河泪》,《醒狮》第 152 至 157 期,1927 年 10 月 10 日,第 66 至 73 页。
② 许仰民,冯明显,陈民主编:《信阳古今》,陕西人民教育出版社,1990,第 225 页。
③ 王平陵:《三十年文坛沧桑录》,北京海豚出版社,2016,第 109 页。
④ 把《山河泪》的内容介绍为安重根刺杀伊藤博文事件的著述有:中共河南省委党史工作委员会、河南省中共党史人物研究会编:《河南党史人物传》第 11 卷,河南人民出版社,1991 年,第 104 页;中国人民政治协商会议河北省保定市委员会文史资料委员会:《保定文史资料选辑第 12 辑　育德中学史料专集》,1994 年 8 月,第 135 页;中共党史人物研究会编:《中共党史人物传》第八十三卷,中央文献出版社,2002 年,第 261 页;毛德富主编:《百年记忆:河南文史资料大系》(文化卷·卷一),中州古籍出版社,2014,第 164 页。可以看出这些著述和《信阳古今》、《三十年文坛沧桑录》基本上都属回忆性文字,出现这样的表述也可理解。

时间的流逝使这些记忆变得模糊或断裂，于是便把最清晰的记忆拼接到模糊的记忆中，使记忆变得完整，而对于从民国时期走过来的人来说，关于韩国或朝鲜，印象最深刻的莫过于安重根刺杀伊藤博文事件了。

在为《山河泪》出版所作的序中，侯曜并没有说明何时开始写这个剧本，何时完成这一剧本，只是说"费了两个多星期的时间搜集材料，花了两个星期的时间，结构剧情，更花了三个星期的时间把全剧写了出来"，也就是说他花了近两个月的时间完成了这部剧本。在自序之末标注有"一九二四年八月七日侯曜于杭州陶社"的字样，让人觉得这一剧本的完稿时间为 1924 年 8 月 7 日。① 然而读完剧本就会发现，在整本书的结尾处有"一九二四，四，二十一。作于东南大学"的字样，② 由此可见侯曜在序中所标注的时间只是其作序或最后定稿的时间，剧本的写作是在 1924 年 4 月 21 日完成的。

《山河泪》剧本完成后就开始进行排练，5 月 24 日和 25 日在南京公共演讲厅进行公演，以募集灾后校舍重建所需款项，上海的《申报》事先报道了这一消息。根据《申报》的报道，"该校学生因灾后建筑校舍，在在需款，而校中经济，至感困难，于是有游艺大会之组织。闻现已练习娴熟，准于本月二十四、二十五下午七时，假南京公共演讲厅举行，所编剧目为《山河泪》，为该男生所演，新闻记者为女生所演，此外尚有中国电影，门票分二元五角三等，想届时必有一番热闹也。"③ 从这条消息可以看出《山河泪》有男女主角，男主角似乎是由该剧作者侯曜饰演，女主角为新闻记者，由东南大学女生饰演。同年 7 月东南大学的东大剧社又排演了该剧，由侯曜饰演男主角安南潜，章松龄饰演女主角崔玄英，王希曾饰演

---

① 《序》，《山河泪》，商务印书馆，1927 年 4 月第 3 版，第 1 至 2 页。
② 前引《山河泪》，第 81 页。
③ 《东大学生将开募捐游艺大会》，《申报》1924 年 5 月 20 日第 10 版。

朴忠，①角色的姓名与后来正式出版的《山河泪》剧本中的角色姓名一致，不过正式出版的《山河泪》剧本中却找不到新闻记者这一角色，女主角崔玄英是一名女校学生。由此笔者怀疑第一次公演后侯曜对剧中角色曾作过调整，将女主角的身份由新闻记者改成了女校学生。

关于创作这一剧本的动机，侯曜称只是为学生们的游艺会提供一个可供演出用的剧本，之所以选择韩国独立运动为主题，应该还是受到过三一运动的影响。三一运动时，侯曜已经是一个血气方刚的爱国青年，对于中国媒体连篇累牍报道的韩国人民争取独立的三一运动应该有所了解。同时侯曜还是一个热爱文艺的青年，而此时正是中国新文化运动蓬勃展开的时期，新文化运动的领军人物陈独秀、傅斯年等都曾发表过三一运动的文章，②这对关心国事、热爱文艺的侯曜不能不产生影响。换句话说三一运动应该给侯曜留下了深刻的印象，故在编写能表现当时人爱国精神的剧本时自然就想到了韩国的三一运动，毕竟三一运动刚刚过去5年。

五四运动以后，社会主义革命思想在青年学生中的影响非常大，作为在校大学生的侯曜也深受革命思想的影响，而这种革命思想的影响在《山河泪》的剧本中也有体现。侯曜在谈到写这部剧本的宗旨时就曾说"这本《山河泪》，是描写韩国独立运动精神的，并借此替世界被压迫的民族作不平鸣，向帝国主义之野心家，作一当头棒喝。更希望世界此后成一个平等、博爱、互助、共存的大乐园。"③也就是说其编写《山河泪》主要目的是通过描述韩国民众在三一运动中的独立精神来发出世界被压迫民族的吼声，建设一个没有压迫的、平等自由的新世界。

在编写《山河泪》剧本时，侯曜主要参考了韩国历史学家、独

---

① 1927年第3版《山河泪》照片插页上的说明。
② 参照拙文：《近代中国人对三一运动的认识》，载韩国东北亚文化研究会之《东北亚文化研究》13，2007年10月。
③ 前引《山河泪》之序，第1页。

立运动者朴殷植的《韩国独立运动之血史》、美国《大陆报》记者费波的《韩国真相》和英国《每日邮报》记者麦根斯的英文版《高丽之独立运动》。① 这三本书都有大量关于三一运动的内容,特别是后两本都是作者以记者身份根据实地采访写的通讯报道,全面、详细地记录了三一运动的真实场景,为侯曜理解和把握三一运动提供了素材。除了这三本书之外,侯曜"更从曾经参与独立运动的朝鲜人的口中取了些片段的材料",② 使得《山河泪》的场景更贴近真实,故事也更为感人。

三、《山河泪》的内容

《山河泪》是一部现实主义的话剧作品,作者根据真实的历史事件以写实的手法描述了在海外开展独立运动的安南潜与国内的爱国志士发动、领导三一反日独立运动,并在独立运动遭遇挫折之后暗杀新任朝鲜总督的故事,再现了三一运动的历史场景,塑造了安南潜、崔玄英、朴忠等韩国仁人志士在三一运动中为追求国家独立和民族自由而不惧牺牲的英雄形象,歌颂了韩国民众追求自由的独立精神。这部话剧的故事情节和事件发展完全是根据真实的历史事件构建的,让观众仿佛置身于真实的历史场景中,这样更能引起观众的共鸣。

《山河泪》共三幕,第一幕描写的是独立示威运动的准备,第二幕描写的是独立示威运动当天的情景,第三幕描写的则是独立示威运动失败后安南潜等谋刺新任总督,每一幕又设有不同的场景。

第一幕有两个场景,第一场描写女学生崔玄英和同学夜晚在宿

---

① 前引《山河泪》之序,第1页。《高丽之独立运动》英文名为《Korea's Fight for Freedom》,韩国译为《韩国独立运动》。
② 前引《山河泪》之序,第1页。

舍悄悄地缝制太极旗，准备在预定于3月1日举行的示威运动中使用。与此同时，全国无数民众也像她们一样在悄悄地缝制太极旗，期待着在3月1日这天喊出积郁在心中已久的"韩国独立万岁"的呼声。第一幕第二场主要描写崔玄英和韩国独立团执行委员在家里焦急地等待着在海外开展独立运动的爱国志士安南潜的归来，而安南潜是崔玄英青梅竹马的好友，因而对崔玄英来说这种等待还有另一种心境。

第二幕由三个场景组成，第一个场景描述的是安南潜与诸委员在韩国独立团机关部讨论独立示威的进行方式，有人主张用手枪、炸弹破坏殖民统治，安南潜则认为"能够和平不流血的成功是最好的"，"最好到不得已的时候，才采取激烈的手段"，"为自由而战！""为正义而战！""为人道而战！"第二幕第二场描写的是韩国民众聚集在一个教堂内，安南潜作为示威游行总指挥向聚集的民众发表演讲，称"今天是我们再生的纪念日，是多少光华灿烂的一天哪！"他接着说道："我们为生活而要求独立！我们为自由而要求独立！我们为东亚和平与世界和平而要求独立！我们为正义与人道而要求独立！"随后安南潜宣读了《韩国独立宣言书》。然而正在其宣读时，日本殖民者向教堂开枪，安南潜带领示威群众从教堂后门冲出殖民者的包围圈。第三场描写的是殖民者镇压汉城塔洞公园内示威民众的场景。面对荷枪实弹的殖民者，安南潜带领的示威民众毫无惧色，高呼"韩国独立万岁！"于是殖民者大开杀戒，甚至连小学生都不放过。

第三幕第一场描写的是1919年深秋的事。三一运动被日本殖民者残酷镇压下去，安南潜也在示威运动中身受重伤，失去了一条胳膊，在崔玄英的家中养伤。养伤期间安南潜一刻也没有忘记国家的独立，他识破了韩国民众只反对总督一人并非反对殖民统治这一虚假宣传，决定到车站暗杀新来的总督，以此来表达韩国民众追求国家独立的坚强意志。巧合的是，崔家的老仆朴忠也下定决心刺杀新来的总督，既是为国尽忠，也是为主人报仇。崔玄英既不愿看到安南潜牺牲，也不愿朴忠牺牲。正在这时，独立团执行委员带来了更令他们伤心欲绝的消息：韩国独立的要求被巴黎和会拒绝。这一消息使安南潜认识到了帝国主义的本质，"世界上帝国主义一天不灭绝，世界就一天不能和平"，赤手空拳向人求救，是不可能得到独立的。第二场描写的是安南潜和朴忠争着去车站刺杀新来的总督，最后安南潜抢过准备好的炸弹奔向车站。炸弹虽然响了，但却没能炸死新来的总督。看到这种情况，崔玄英和朴忠决心追随安南潜的后尘，并表示"我们二千万同胞的心，个个都是炸弹"，显示了韩国民众为了独立不惧牺牲的精神。

四、《山河泪》的传播

如前文所述，《山河泪》第一次公演应是在 1924 年 5 月 24 日和 25 日，然而第一次公演之后作者侯曜似乎对原剧本并不满意，对其进行了修改，将原来女记者角色改成了女学生，并于 1924 年 8 月定稿。1925 年上海的商务印书馆将《山河泪》书稿作为文学研究会通俗戏剧丛书第四种出版。《山河泪》初版于 1925 年 5 月推出，这时正值五卅反帝运动爆发之际，虽然《山河泪》描写的是韩国民众争取独立的斗争，但却是以爱国主义和反帝斗争为主题，时人在评论时就称《山河泪》"是一本强有力的民族主义的作品，在我们民气消沉坠落的现在，正是一帖对症的良药"，[①] 故一推出便被视为爱国新剧。该剧推出后在广大反帝民众中引起强烈的共鸣，同时也激励更多的民众投身到反帝斗争的队伍中。也正因为如此，仅在 1925 年，全国先后有河南、四川、上海、福建、浙江、广东、贵州等省的多个城市公演《山河泪》这一话剧，并由此拉开了《山河泪》话剧在全国传播的序幕。

---

① 李翼之：《〈山河泪〉文艺研究会丛书》，《前锋周报》第 15 期，1930 年 9 月 28 日，第 116 页。

继 1925 年《山河泪》在多个省市公演之后，一直到抗战中的 1939 年，这一话剧每年都会在不同的省市上演，从未间断过，在 20 世纪 40 年代的抗日战争和解放战争期间也时有上演，曾演出该剧的省市有二十个之多，这也使得对《山河泪》这一剧本的需求大增。为了满足这种需求，商务印书馆先后多次重印，目前可以看到的有 1926 年版、1927 年版、1929 年版、1932 年版和 1934 年版。由于条件限制，我们目前无法确切知道每一版的发行数量，但从 1925 年起各地根据这一剧本进行公演的情况来看，其发行量应该是相当可观的。

在 20 世纪 20 年代到 40 年代《山河泪》在全国各地的演出中，演出的主体虽然有专业的剧团，也有不少青年学生组织的业余剧团，但更多的是各地学生临时组织起来演出的，可以说青年学生是《山河泪》一剧在中国各地传播的主力。还有一点值得注意的是，中国的许多著名人物如著名话剧编导史行、京剧导演张艾丁、戏剧教育家吴㓉之和历史地理学家侯仁之等在学生时代都曾参演过该剧，吴㓉之还曾多次导演该剧。不过该剧的演出在不同时期呈现出不同的情况。

首先就 20 世纪 20 年代的情况来看，在 1926 年至 1929 年的 4 年间，《山河泪》一剧每年都会有数次或十余次在各地演出，演出的地域不仅限于上海、成都、贵阳、芜湖等大都市或省会城市，甚至一些偏远的地方县城如云南的巧家县等也有该剧的演出。20 世纪 20 年代《山河泪》一剧在全国各地热演，除了五卅等反帝爱国运动的影响之外，五四以来的新文化运动的影响也不容忽视。在新文化运动的影响下，在都市接受教育的青年学生回到各地后，用话剧这一新的文化形式去启蒙普通大众，唤醒大众，宣传爱国主义和反帝斗争。

在 20 世纪 30 年代，《山河泪》一剧在全国各地演出的热度和频次并没有减弱，不过与 20 年代相比却有着明显不同。在整个 30 年代，虽然每年都会有《山河泪》的演出，但从频次上来看明显集中在两个时段，即九一八事变后和七七事变后。九一八事变后，日本侵占了中国东北，并进一步入侵华北，中华民族面临空前的危机。在这种形势下，各地的青年学生用演出话剧《山河泪》来激发民众的爱国热情，用韩国民众追求独立的斗争号召广大国民投身到抗日救亡的斗争中去。七七事变后《山河泪》话剧在各地频繁上演并一直持续到1939年，其背景应与九一八事变后的情况相似。从目前掌握的资料来看，20世纪40年代以后《山河泪》的演出热度和频次明显减少，这也许是抗战期间有更多的抗战题材能起到宣传作用。

根据并不完全的整理，1925年至20世纪40年代解放战争时期《山河泪》一剧在各地的演出情况如下表：

《山河泪》演出情况表

演出时间	演出地点	主体	出处
1925年五卅期间	河南沁阳	广益完小学生	《沁阳县文史资料》第3辑，第31页
1925年6月	四川泸州	川南师范学校	《泸州文史资料》第21辑，第10页
1925年8月1日	上海四川北路中央大会堂	精武体育会剧团	《申报》1925年8月1日
1925年8月2日	上海四川北路中央大会堂	国乐演剧团	《申报》1925年7月31日
1925年暑假	福建连江	在北京、上海、福州的连江籍学生	《闽东苏维埃1934》上，第68页
1925年10月10日	四川成都	川师师生	《四川革命历史文件 羣团文件1922—1925》，第381页
1925年11月14日	上海	商务印书馆附设尚公学校	《申报》1925年11月9日
1925年10月	上海	上大剧团	《申报》1925年10月18日
1925年11月14日	上海闸北尚公学校礼堂	尚公学校五六年级学生	《申报》1925年11月15日

(续表)

演出时间	演出地点	主体	出处
1925年12月6日	浙江奉化	县立初中师生	《宁波时事公报》1925年12月9日
1925年12月	上海	尚公学校五六年级学生	《励志》第4期，1925年12月，第83页
1925年冬	广东兴宁	旅梅同学剧社，县立中学、兴宁中学剧社	《兴宁县文化艺术志》，第55页
1925年	河南开封	中州大学附中学生	《河南党史人物传》第11卷，第104页
1925年	河南开封	青年协社	《荥阳文史资料》第2辑，第48页
1925年	福建泉州	五卅剧社	《泉州文史资料》1—10辑汇编，第470页
1925年五卅后	贵州贵阳	省立第二中学学生	《贵州通史》中，第380页
1925年	贵州贵阳	省立模范中学	《贵阳市志 文化新闻志》，第110页
1926年1月1日	浙江湖州	湖州第三中学学生	《申报》1926年1月5日
1926年1月1日—8日	云南巧家县	巧家县师范讲习所师生	《巧家县文史资料》第1辑，第49页
1926年5月9日	安徽芜湖	芜湖的学校学生	《中共芜湖党史大事记1919.5—1949.10》，第58页
1926年5月9日	上海 上海中学	上海中学学生	《申报》1926年5月10日
1926年5月30日	浙江温州	瓯海公学学生	《瓯越文化史》113页
1926年五卅一周年之际	浙江温州	温州女界国民会议促成会所组宣传队	《浙江省中国共产党志》，第556页
1926年5月31日	浙江温州	温属女子初级师范学校学生	《温州近代史》，第551页
1926年	湖北汉口英租界维多利亚纪念堂	爱美剧社	《文史资料存稿选编》23，第481页

（续表）

演出时间	演出地点	主体	出处
1926 年	湖北武汉	国民革命军总政治部新剧团	《国民革命事典》，第 313 页
1926 年	江苏徐州	第一高级小学学生	《徐州市志》上下，第 1959 页
1926 年	四川三台	国民革命军第二十九军宣传处	《忠魂颂 绵阳市党史人物选集》，第 237 页
1926 年后	山西太原	山西省立国民师范学校爱美剧团	《中国艺术家词典 现代第一分册》，第 138 页。
1927 年 2 月 9 日—10 日	湖北武汉汉阳钢铁俱乐部	汉阳学生联合会、汉阳兵工专校、汉阳训女学院	《汉口民国日报》1927 年 2 月 17 日
1927 年 10 月 10 日	四川新都	新都平民夜校师生	《四川省武胜县龙女郁马坪何氏宗祠何氏族谱》，第 483 页
1927 年	广东广州	民间剧社	《广东省志·文化艺术志》，第 295 页
1927 年	河南南阳	南阳师范学校师生	《南阳市教育志》，第 418 页
1927 年	湖北武汉	北辰爱美剧团	《简明武汉史》，第 257 页
1927 年	江苏南通	通州师范的学生	《南通戏剧—通古今汇南北聚名流》，第 27 页
1927 年	四川涪陵	四川省立第一师范学校师生	《四川文史资料选辑》第 26 辑，第 66 页
1927 年	山东德州	博文中学学生（侯仁之）	《走读 侯仁之》，第 4 页
1927 年	山西太原	国民师范学校国师剧社（张艾丁）	《山西省文史资料》第 34 辑，第 121 页
1927 年	福建龙海	西湖校友会剧社	《龙海文史资料》第 6 辑，第 26 页
北伐期间	重庆江北	女二师校、工业中学、草心剧社	《江北县文史资料》第 4 辑，第 204 页

（续表）

演出时间	演出地点	主体	出处
1928年6月	浙江湖州	湖郡女校学生	《卷筒纸画报》第3卷第142期，1928年6月9日，第2页
1928年7月	安徽宿州	启秀女校学生	《卷筒纸画报》第3卷第146期，1928年7月7日，第2页
1928年10月10日	四川武胜	新都市政公所陈晓岚等	《党史人物传》，第67页
1928年12月1日	上海	上海中学实验小学学生	《申报》1928年12月1日
1928年12月8日	河北保定河北省党务训练所大礼堂	河北省党务训练所学员	《新中华报》1928年12月9日
1928年12月8日	上海国货路新普育堂	上海中学及实验小学	《申报》1928年12月8日
1928年	江苏南通	新民剧社等	《南通市志》下，第1771页
1929年5月16日	山东济南	济南迎榇宣传纪念大会筹备委员会	《总理奉安实录》，第172页
1929年6月2日	北京宣内东顺城街	公立二十一小学师生	《新中华报》1929年5月31日
1929年暑假	江苏武进	私立正衡初级中学教师业余话剧团	《常州文史资料》第9辑，第162页
1929年冬	河南开封	河南农村组织训练班	《百年记忆——河南文史资料大系 文化卷 卷一》，第164页
1929年	江苏常州庄家宅广场	吴仞之等	《中国话剧艺术家传》第4辑，第116页
1929年	江苏南通	新民剧社	《南通市志》下册，第1771页
1929年	四川眉县	眉山县中小学教师联合会	《眉山县志》，第184页
1929年	浙江杭州省党部大礼堂	西湖剧社	《杭州文史丛编》，第416页
20世纪20年代	江苏南通	通州师范学校	《南通戏剧——通古今汇南北聚名流》，第27页
20世纪20年代	江西九江	上海的剧团	《芳草梦》，第353页

（续表）

演出时间	演出地点	主体	出处
20世纪20年代	重庆	巴县中学、四川省立第二女子师范学校、重庆艺术专科学校	《重庆文化艺术志》第4辑，第285页
20世纪20年代末	黑龙江哈尔滨	陈凝秋等	《清末民初新潮演剧研究》，第267页
1930年12月25日	天津	河北省立法商学院艺术研究社	《法商周刊》第1卷第2期，1930年12月8日，第19页
1930年	山西襄汾	襄陵县第一高级小学师生	《襄汾文史资料》第5辑，第106至107页
1931年5月16日	天津 法商学院大礼堂	法商学院学生	《天津益世报》1931年5月18日
1931年9月19日	河北保定	育德中学学生	《保定文史资料选辑》第12辑，第135页
1931年10月	成都春熙大舞台	摩登剧社	《成都文史资料选编教科文卫卷》上卷第249页
1931年	江苏无锡	江苏省立教育学院	《人民教育家俞庆棠》，第94页
1931年	四川秀山	第一小学、县立小学	《秀山文史资料》第7辑，第113页
1931年	山东临沂	山东省立五中学生	《临沂党史资料2》，第53页
九一八事变后	河北保定	河北省立农学院学生	《河北文史资料》第4辑，第125页
九一八事变后	湖北应城	西河中学师生	《应城文史》第25辑下，第285页
九一八事变后	江苏南通	新民剧社	《"剧联"与左翼戏剧运动》，第219页
九一八事变后	天津	不详	《天津通览》，第340页
九一八事变后	浙江上虞	春晖中学白马剧团	《春晖》，第286页
1932年3月30日	北京燕京大学贝公楼大礼堂	燕京大学学生	《平西报》1932年3月31日

(续表)

演出时间	演出地点	主体	出处
1932年4月12日	北京 燕京大学大礼堂	燕京大学学生	《平西报》1932年4月14日
1932年4月30日	北京燕京大学大礼堂	燕京大学学生	《大公报》1932年4月19日 《平西报》1932年5月1日
1932年6月1日	河北高阳	高阳县立高小等	《大公报》1932年6月4日
1932年10月14日	北京协和礼堂	北京妇女联合会	《大公报》1932年10月15日
1932年	江苏南京	励志社干事训练班话剧研究会	《励志旬报》第2卷第9期，1932年7月10日，第10页
1933年前后	北京	贝满中学（现北京166中学）学生	《古都艺海撷英》第3页
1934年	上海	上中剧社，九一八剧社（史行）	《中国戏剧电影辞典》，第222页
1935年	江苏武进	奔牛民众教育馆	《武进文史资料》第3辑，第111页
1935年	上海	吴仞之等	《常州戏剧家》，第132页
1936年1月1日	江西南昌	励志社南昌分社	《励志》第3卷第50期，1935年12月15日，第15页
1936年1月4日	重庆演武厅社交会堂	女师附小	《新蜀报》1936年1月4日
1936年	湖北武汉	应城旅省同学会国防剧团	《应城文史资料》2000年第2辑，第248页
1937年8月	浙江余姚浒山镇	浒山民众教育馆	《浒山镇志》第221页
1937年冬	河南内乡	宛西乡师	《内乡县志》，第21页
七七事变后	河南内乡	内乡县立赤眉第六小学抗日救亡剧团	《内乡县志》第788页
七七事变后	河南西峡	救亡话剧团和宣传队	《西峡县志》，第532页
1937年后	不详	丘玺	《中国艺术家辞典 现代 第五分册》，第11页

(续表)

演出时间	演出地点	主体	出处
1938 年春	浙江余姚浒山镇	民众教育馆流动施教团	《余姚青年运动史》，第 19 页
1939 年 1 月 1 日	福建连江县郑氏宗祠	连江县农村信用合作社	《连江革命史》，第 261 页
1939 年 1 月	福建连江	建国中学抗日文艺宣传队	《连江革命史》，第 263 页
1939 年	云南昆明	云大剧团	《旧闻新编-民国时期云南高校记忆》上，第 302 页
1941 年 4 月	浙江宁海	宁海中学大礼堂	宁海中学抗战团
20 世纪 40 年代	重庆励志社礼堂	励志社	《蒋介石的内廷供奉机构励志社内幕》，第 32 页
解放战争时期	广东兴宁	进步青年学生	《宁江洪流》，第 149 页
不详	湖南长沙	周南女子中学学生	《烛光情语》，第 35 页

除了这些有比较具体记录的《山河泪》公演之外，在二三十年代反帝运动如火如荼展开的社会氛围中，全国各地的小学、中学、大学等教育机构和其它机构排演话剧《山河泪》的事例应该还很多。著名诗人、文学史家林庚在二十世纪三十年代后期称"民十三以后学校剧团以及私人团体的剧团渐见盛兴，此时丁西林的《压迫》和《一只马蜂》、熊佛西的《青春的悲哀》和《这是谁的错》、侯曜的《山河泪》等都成为一时公演的范本。"① 正如林庚所指出的那样，二十世纪二十年代初期，"话剧演出普及到了重庆的大部分学校，经常演出的有《遗产累》、《可怜闺里月》、《山河泪》等剧目"。② 而在辽宁，五四新文化运动之后，"话剧演出遍及全省，如

---

① 林庚著、潘酉堂整理：《中国新文学史略》，商务印书馆，2017，第 123 至 124 页。
② 李家发主编，张世均、蒋述东副主编：《重庆历史与文化》，陕西人民教育出版社，2003，第 192 页。

锦县、抚顺、安东、营口等地的青年会、学校也演出了《山河泪》、《刀痕》等反封建、反帝的爱国话剧"。① 在河南，九一八事变特别是七七事变后，"河南省出现了全省性编演抗日救亡剧目的热潮，如《打土地》、《歼毒计》、《长台关》、《郑州血》、《山河泪》等"。② 即便是表格中所列的公演，有很多公演也不是单次的演出，而是巡回演出，如成都的摩登剧社除了 1931 年 10 月在春熙大舞台的演出之外，"还应邀赴新都、安县、中坝等地进行巡回公演，并经常到大、中院校和附近乡、镇演出"。在抗战期间，福建连江县建国中学的中共党支部书记卓飘虹将 20 多名积极分子组成抗战文艺宣传队，下乡演出"文明戏"，演出剧目中就有《山河泪》。③ 由此可见，二十世纪二三十年代，话剧《山河泪》在全国的演出远比表格中所列的要多得多。

　　从一些著名演艺人员的经历也可以了解话剧《山河泪》在全国的广泛传播，著名演员阮玲玉的经历就是一个代表性的事例。民国时期被称为电影皇后的著名演员阮玲玉之所以后来走上演艺之路也是"拜《山河泪》所赐"。阮玲玉的电影处女作是《挂名夫妻》，在主演这部影片之前，她"只是个广东人的教会中学（即崇德女子中学——笔者）的学生"，不过却有着靓丽的外表和表演的才能，于是被邀请加入该校教员组织的剧团。该剧团在排演侯曜的新剧《山河泪》时就让她"担任一个在剧中颇占地位的女学生（似应为此剧中的女主角崔玄英，因为剧中最重要的女生就是女主角崔玄英，原剧中其他女生都是用甲乙丙等来标示——笔者）"，结果大获成功，这也使她认识到了自己的表演天赋，并且立下了加入电影界的志

---

① 辽宁省文化厅《文化志》编辑部编：《辽宁省文化志资料汇编》第 4 辑，1991 年 2 月，第 16 页
② 中国戏曲志编辑委员会：《中国戏曲志　河南卷》，文化艺术出版社，1992，第 106 页。
③ 郑光寿、吴用耕主编，中共连江县委党史研究室著：《连江革命史》，中共党史出版社，2011，第 263 页。

向。这时上海的明星电影公司为选拔《挂名夫妻》的女主角正在大作广告,于是阮玲玉便前去面试,结果被选中出演这部电影的女主角,从此声誉日上,成为电影皇后。时人在评论此事时称阮玲玉的电影皇后"也还是《山河泪》送给她的"。①

综上所述,《山河泪》剧本出版之后因五卅运动而迅速在全国传播,在二十世纪二十年代后期和整个三十年代,从城市到乡村到处出现了《山河泪》演出的场景。《山河泪》一剧在全国各地的公演,不仅鼓舞了中国人民反对帝国主义侵略的士气,同时也传播了韩国独立运动的精神,使更多的国人对韩国独立运动有了更多、更深入的了解,对中国社会各界支持和声援韩国独立运动起到了重要的作用。

五、结语

1919年韩国和中国先后爆发了三一运动和五四运动,这两场革命运动对两国的青年都产生了重要的影响,他们不仅积极参加本国的革命运动,也关注对方国家的革命运动,声援和支持对方国家的革命运动。在这种社会氛围下,中国的青年学生侯曜在三一运动仅过去五年后的1924年就创作出了以此为题材的话剧《山河泪》。

《山河泪》话剧创作后即由东南大学的学生在南京公演,引起了观众的强烈共鸣,于是上海的商务印书馆便将此剧出版。《山河泪》剧本出版之时正值五卅反帝运动爆发之际,这部反映韩国人民独立运动精神的话剧被认为是一副针对中国民气消沉坠落的良药,开始受到人们的重视,各地也争相排练和公演这一话剧,拉开了这一话剧在全国各地传播的序幕。在整个20世纪20年代,从大都市到省会城市,从小县城到偏远乡村,都能看到山河泪演出的场景,

---

① TK:《侯曜先生的杰作:〈山河泪〉使阮玲玉发迹》,《开麦拉》第56期,1932年,第1页。

每一次演出都能吸引大批的观众，而观众们在观看此剧后也都为剧中所表达的爱国情怀所感动。而在 20 世纪 30 年代，话剧《山河泪》更成为广大青年学生唤醒国民共赴国难的宣传工具。可以说话剧《山河泪》问世后影响了一批又一批的青年学生，又通过青年学生影响了无数民众，极大地鼓舞了广大民众抗日爱国热情，为中国人民反对日本帝国主义侵略的斗争做出了重要贡献。不仅如此，《山河泪》在各地的传播也使广大中国民众更多地了解了韩国的独立运动，了解了韩国民众为追求国家独立和民族自由而无惧牺牲的英勇精神，从而在各方面给予在华韩国志士的独立运动以声援和支持，谱写了两国人民携手争取民族解放的战歌。

（本文首刊于《东疆学刊》第四期，2020 年 10 月。此次略有增补）

论近代日本亚洲侵略思想的原型吉田松阴

唐利国

（北京大学历史学系）

关于吉田松阴（1830—1859）的亚洲侵略思想，学界已经取得了丰富的研究成果，揭示了其亚洲侵略思想的存在及其对明治日本领导层的影响，但是，对其亚洲侵略思想的内容和特质的分析尚有待于进一步深化。① 日本历史学者田中彰曾指出，吉田松阴曾是日本军国主义者所狂热遵奉的精神偶像，② 但日本在战败投降之后，却又逐步实现了"没有经过自我批判的松阴像的复活"，使得"战争责任暧昧不明"。③ 未经充分反省的松阴形象在日本至今仍然保持着经久不衰的影响力。即使有少数日本学者激烈批判吉田松阴是侵略主义者，也并未对其亚洲侵略思想进行深入分析。④ 而为吉田松

---

① 关于吉田松阴侵略思想的研究，成果主要集中于其征韩论，批判性研究主要有日本学者松浦玲：《幕末期の对朝鲜论》，《历史公论》第6卷第8号《近代の日本と朝鲜》，雄山阁，1980年；吉野诚：《明治维新と征韩论：吉田松阴から西乡隆盛へ》，明石书店，2002年；韩国学者李泰镇著，边英浩·小宫秀陵译《吉田松阴と德富苏峰——近代日本による韩国侵略の思想の基底》，《都留文科大学研究纪要》（80），2014年。中国学界在论述近代日本对外侵略思想的源流时，也常提及吉田松阴的亚洲侵略思想，但至今尚未见有深入的专题研究。
② 田中彰：《变革期の人物研究——吉田松阴の复权》，《中央公论》，115（2）号，2000年1月。
③ 田中彰：《吉田松阴——变转する人物像》，中央公论新社，2001年，第110页。
④ 《朝日新闻》对小岛毅的采访，http://digital.asahi.com/articles/DA3S11657442.html；纐缬厚："世界遗产になった'松下村塾'とアジア侵略 吉田松阴は'伟人'なのか"，《金曜日》23（29）《特集 战后70年 よみがえる军国主义》、2015年7月31日，第22—23页。

阴辩护甚至翻案的论著却时有所见。① 有鉴于此，本稿拟细致分析吉田松阴亚洲侵略思想的发展演变，以弥补相关研究之不足。

一、吉田松阴亚洲侵略思想的形成

吉田家是山鹿流兵学世家，山鹿流兵学是山鹿素行（1622—1685）所开创的近世（17世纪初—19世纪中叶）日本兵学的代表性流派。吉田松阴自幼接受以家学为中心的兵学训练，嘉永元年（1848）正月（本文叙述幕末历史所用月日均为旧历）出任长州藩兵学师范（教官）。松阴曾如此回顾其早年所学："仆生神武之邦，长兜鍪之家，幼所习，长所学，兵道而已矣。……必也明君臣上下之义，辨贤邪忠奸之分，士精强而民富实，粮储饶而器械利，沟堑足以保民，城垒足以卫地，其进也不可拒，其退也不可追，然后中立而外从，华盛而夷慑，灾除而道畅，于是生民之能事尽，天下之大业毕矣。是谓兵道。生斯邦，长斯家，所习所学，岂有他哉。"② 近世日本武士阶层受到来自中国的儒学的巨大影响，吉田松阴也不例外。但其所理解的"兵道"极端重视武力，严重影响了其对儒学的真正接受。身为武士而以兵学为业，这是松阴日后形成亚洲侵略思想的前提。

当日本遭遇西方的冲击时，松阴一方面国防危机意识高涨，另一方面也为看到了实现其"兵道"理想的机会而兴奋不已。在佩里

---

① 主张吉田松阴最终放弃了亚洲侵略思想的主要有：信夫清三郎：《象山と松阴——开国と攘夷の论理》，河出书房新社，1975年；栗田尚弥：《吉田松阴の対アジア观——松阴は果して"侵略"论者か——》，日本政治经济史学研究所编：《政治经济史学》，210号，1984年第1号，1984年1月；武石智典《吉田松阴の经世论》，北海道大学大学院文学研究科编：《北海道大学大学院文学研究科研究论集》（13），2013年12月；桐原健真：《吉田松阴——"日本"を发见した思想家》，筑摩书房，2014年，等等。
② 《未焚稿》《与土居几之助书》，嘉永四年4月以后，山口县教育会编《吉田松阴全集（第一卷）》（定本版），岩波书店，1936年，第407—408页。

初次到达日本、强行递交美国总统国书之后，吉田松阴向朋友写信感慨美国军舰的威力和幕府官员的狼狈，并认为："此次之事，甚非易与，终将交兵乎？然船炮不敌，胜算甚少。"但他同时又声称："然于此可谓日本武士之振作机会来矣。其可贺亦大也。"①

但是，武士身份特权意识所导致的愚民观念，使松阴无法认识到将要到来的国防危机其实是一个全民性的问题，无法真正理解建设近代民族国家的根本任务。嘉永元年（1848）5月6日，松阴所作《护民策一道》，充分反映了其思想上的这一局限。他担心："以不习战之人，无虞变之心，吾不善制之，而任彼自为，则狼狈纷扰为何如哉。"于是献"制之之术"。其主张背后是根深蒂固的愚民观："夫愚钝无虑者，莫甚于细民，必也上有法，下有教，处置得宜，然后庶几补十分之七八。"松阴依然认为从事战争是武士的特权："贼之来，或猛威可惧，何事于细民？"② 自诩为精英的武士对庶民的蔑视，在松阴名为"护民"的此文中表现得淋漓尽致。③ 正是因为不肯真正动员民众建设基于民主参与的近代民族国家，松阴及其门下日后才会选择通过对外侵略制造紧张气氛，煽动国民好战情绪。

1854年佩里再次率领舰队来日，签订《日美和亲条约》。松阴

---

① 山口县教育会编《吉田松阴全集（第八卷）》（普及版），岩波书店，1939年，第170—171页。
② 《未焚稿》《护民策一道》、山口县教育会编《吉田松阴全集（第一卷）》（定本版），岩波书店，1936年，第364—365页。
③ 日本著名国文学者前田爱曾以松阴嘉永元年所作《书粤东义勇檄文后》为据，论道："以粤东之义举为例，建议藩主'朝野君臣共一致'以当外夷的松阴，已经预感到将要到来的对外战争具有民族战争乃至国民战争的样态。（前田爱：《松阴における"狂愚"——嘉永三年から六年——》，《文学》39（4），1971年，第85页）"其实，松阴全文不过是感叹清朝皇帝在鸦片战争中不能任用义勇敢战之人："清岂无人哉，若张浚、岳飞，后之称为忠臣者，其言如斯，其志如斯而已。清之义勇，吾虽未详其为人，固知足与有为焉。令道光爷亲延此辈，切问其策，沮和戎之议，锐意战守，则将帅之惰可振，前日之辱可雪矣。（《未焚稿》《书粤东义勇檄文后》，山口县教育会编《吉田松阴全集（第一卷）》（定本版），岩波书店，1936年，第337页）"

虽然对此深感屈辱愤怒，却亦颇为理智地随即放弃了直接攘夷的设想，并以此为契机，迅速形成亚洲侵略思想。他设定的基本战略框架是把侵略亚洲作为日本与西方对抗的前提。这一点一经提出，从未动摇。至于如何具体实施这一战略，松阴的政策主张随着时局的变化而不断有所调整，主要有三个发展阶段。第一个阶段以作于安政元年（1854）的《幽囚录》为标志，其政策重心在于强化军备。这是松阴亚洲侵略思想初步形成的时期。第二个阶段以完成于安政二年（1855）4月6日的《狱舍问答》为标志，松阴转而强调以民政和仁政为核心的内治优先论，这是其亚洲侵略思想的成熟期。第三个阶段以安政五年（1858）的《对策一道》等文章为标志，松阴做出了新的政策调整，开始大力提倡航海通商。当然，松阴政策重心的每一次移动，都不是对此前主张的简单否定，而是随着时局的变化，不断完善侵略亚洲的构想。以下将首先简单介绍比较短暂的第一阶段的情况，然后重点考察第二阶段的有关问题。至于第三阶段，由于现有研究成果问题较多，将在第三节单独进行详细讨论。

关于松阴第一阶段的亚洲侵略思想，首先必须注意，他是在西方的军事压力之下，作为日本的国防战略而主张侵略亚洲。其作于安政元年（1854）的《幽囚录》，初次全面阐述了通过侵略亚洲对抗西方的国防设想："日不升则昃，月不盈则亏，国不隆则替。故善保国者，不徒无失其所有，又有增其所无。今急修武备，舰略具，炮略足，则宜开垦虾夷，封建诸侯；乘间夺加摸察加（堪察加）、隩都加（鄂霍次克）。谕琉球，朝觐会同，比内诸侯；责朝鲜，纳质奉贡，如古盛时。北割满洲之地，南收台湾、吕宋（菲律宾）诸岛，渐示进取之势。然后爱民养士，慎守边圉，则可谓善保国矣。不然，坐于群夷争聚之中，无能举足摇手，而国不替者，其几欤。"① 面对西方列强的军事压力，松阴并不质疑侵略行为本身，

---

① 山口县教育会编《吉田松阴全集（第一卷）》（定本版），岩波书店，1936年，第596页。

反而认为"增其所无"是"善保国者"的明智之举。他特别强调对琉球、朝鲜、中国、菲律宾等亚洲国家的侵略，是日本实现国防安全的必要前提。近代日本以自卫为名进行侵略的强盗逻辑，其源头即在于此。

至于为什么必须通过侵略亚洲来维护本国安全，松阴此时主要是从军事地理的角度进行论证：由于日本是岛国，四面环海，西方列强凭借军舰，能够机动作战，如果只是单纯进行海岸防卫，将会导致日本疲于应付，国力衰弱，因此，只有通过侵略亚洲来震慑西方列强才是有效的国防手段。在安政元年（1854）12月12日给兄长杉梅太郎的书信中，他如此写道："兵固有先声后实者。今大力打造船舰，北收虾夷，西服朝鲜，骎骎然示进取之势，则群夷自当收手。何哉？纵令一度接近而得小利，又恐其本国被袭也。计不出此则非保永久之策。"①

受到佩里叩关的刺激，幕末日本武士之间流行的是加强军备的主张，松阴最初也与此同调。但是，松阴完成于安政二年（1855）4月6日的《狱舍问答》，却转而强调民政：

> 所谓天下之大机者……近年来，外夷之小丑，妄自送死，是实可谓一时之大机。今则恐于其之虚喝而约永久之和亲，是亦何言？然已失其机。今当务者，无先于厚民生，正民心，使民养生丧死而无憾，亲上死长而不背。是不务而言炮言舰，炮舰未成而疲弊随之，民心背之。失策无过于此者。此事，孟子先生已尽言，今又何言？且至于军舰者，其制未详，纵费许多之金而造之，未可知其适于用否。数年之后，自米利坚（美利坚）、鲁西亚（俄罗斯）等地，其制当可传来。待其后而制之，亦不迟。固应或精研洋书，或招集船匠讲究其之可否利害，未

---

① 山口县教育会编《吉田松阴全集（第八卷）》（普及版），岩波书店，1939年，第341页。

可妄自打造耳。①

他认为佩里来航对日本而言本来是振作奋起的大好机会，但是由于幕府奉行软弱的外交政策而痛失良机。在已经与美国签订和亲条约的局面下，日本首先应该加强的是民政。他判断，由于幕府推行和亲政策，日本对西方可以维持十年左右的和平，因此在《狱舍问答》中反复强调："太平尚久！""予亦曾略学兵法，战胜攻守之术，素所尽心。予深思利害而发此论也。如与西洋夷交兵者，非十年外决无此事。"②

松阴的民政论在当时的日本堪称独树一帜，引起了学界的广泛关注。③ 但是，尚未有学者留心松阴民政论与其亚洲侵略思想之间的密切关系，甚至误以为松阴的民政论削弱了亚洲侵略的主张，其典型代表是日本政治史研究大家信夫清三郎的侵略延期论。信夫认为《狱舍问答》表明松阴完成了新的战术转变，将重点置于民政，侵略则被延期。信夫写道："向亚洲的扩张将如何呢？松阴认为，因为'果欲来朝鲜，收满洲，则非舰不可'，现在没有军舰，'今未

---

① 山口县教育会编《吉田松阴全集（第二卷）》（普及版），岩波书店，1939年，第270—271页。
② 山口县教育会编《吉田松阴全集（第二卷）》（定本版），岩波书店，1934年，第89、94页。
③ 管见所及，现有研究或指出吉田松阴民政论只是攘夷的方法，维护封建制度的手段（鹿野政直：《日本近代思想の形成》，劲草书房，1976年，第16页）；或分析其民政论的豪农立场（三宅绍宣：《吉田松阴の民政观》，广岛史学研究会编《史学研究》（通号200），1993年3月）；或通过比较研究确认了其民政论的独特性（藤田雄二《アジアにおける文明の対抗：攘夷论と守旧论に関する日本，朝鲜，中国の比较研究》，御茶の水书房，2001年）；或强调其民政论的道德性（郭连友：《吉田松阴与近代中国》，中国社会科学出版社，2007年），皆未曾留意松阴民政论与侵略论之间的密切关系。只有信夫清三郎曾间接触及这一问题："松阴虽然重视民政，但是他的愚民观不但有着制约其民政思想的危险性，而且妨碍了以庶民为抵抗侵略的据点的思想的形成，反过来又进一步强化了其危机感。（信夫清三郎：《象山と松阴——开国と攘夷の论理》，河出书房新社，1975年，第229—235页）"这一观点极富启发性，遗憾的是信夫没有进行深入探讨。

及于此，则巨舰可待也'。最终将向亚洲的扩张延期了。"①

信夫拆分引用的松阴言论，出自松阴对中村道太郎关于《狱舍问答》的批评的反驳，原文是："果欲来朝鲜，收满洲，则非舰不可，是余之本志也，今未及于此，则巨舰可待也。"② 信夫明显误读了松阴此语，将"没有军舰"视为延期侵略的原因。其实，松阴在此根本未提及侵略是否应该延期，其所谓"巨舰可待"也不是原因，而是结论，即可以暂缓军备。至于为什么要暂缓军备，松阴紧接着给出了更直接的解释："有独力以支天下驭百蛮之志，则炮不可不铸也，舰不可不造也。若今未（有其志）也，练志以代炮，养气以代舰，是为急矣。"③ 松阴的主张是，因为日本还没有确立对外侵略的志向，所以当务之急是"练志"、"养气"，军备则不妨暂缓。显然，松阴所谓民政或内治的优先性，是针对军备而言的，并不是否定侵略。其实，即使在写作《狱舍问答》之前，松阴也并没有主张马上对外侵略，而是主张先发展军备，然后"乘间"侵略亚洲；《狱舍问答》则是主张，先加强民政、仁政等内治，然后（发展军备）侵略亚洲。松阴的战术转变，并非从侵略转向民政，而是从单纯强调军备，转变为特别重视民政。

信夫根据安政二年（1855）4月6日的《狱舍问答》，判断松阴"将向亚洲的扩张延期了"。然而，安政二年（1855）4月18日，松阴在《与来原良三书》中再次强调侵略亚洲来战胜欧美："癸丑甲寅④，一大机会，乃坐失之，然事已往矣。为今之计，和亲以制二房，乘间富国强兵，垦虾夷，夺满洲，来朝鲜，并南地，然后拉米

---

① 信夫清三郎：《象山と松阴——开国と攘夷の论理》，河出书房新社，1975年，第168页。
② 山口县教育会编《吉田松阴全集（第二卷）》（定本版），岩波书店，1934年，第99页。
③ 山口县教育会编《吉田松阴全集（第二卷）》（定本版），岩波书店，1934年，第99—100页。
④ 癸丑是嘉永六年（1853），甲寅是嘉永七年（1854），嘉永七年11月27日改元，之后为安政元年（1854）。

（美国）折欧，则事无不克矣。向之失机，未足深惜也。"① 松阴在此富国强兵并举，甚至并未刻意强调民政优先于军备。安政二年（1855）8月1日松阴作《与治心气斋先生书》，再度阐明："今之忧，在当事者无志与略，治兵者不知势与机。苟使大其志、雄其略以建事，审势与机以行兵，虽无舰无炮，犹将横行五大洲而有余。……仆窃为国家思今之策，既与鲁（俄国）墨（美国）和，决不可自我生事，宜严章程谨约束，不令其至骄悍，乘间收满洲而逼鲁，来朝鲜而窥清，取南洲而袭印度，三者当择其易为者而为之，是天下万世可继之业也。天下之势，或未至于此，则退治吾国，偃武修文，招贤能，养士民，潜声息，敛形迹，犹足以受一方之安，传诸子孙，是则藩国之谋也。二者量德度力，为所能为。大则仁者之业，小则智者之事。是之不勉，而造船铸炮是事，是仆之所以甚惑。"② 松阴认为战争的关键在于洞察时势，抓住机会，不在于军备。他主张在遵守与西方的条约的前提下，或改善内政，或侵略亚洲，二者之间并无先后之别，只是要"量德度力，为所能为"。

松阴不可能主张将侵略延期的关键原因有二。其一，松阴认为国家与国家之间，是一种不侵略就会被侵略的关系。为了避免被侵略，只要条件具备，日本就应该对外侵略；如果条件不具备，就应该积极整备对外侵略的条件。这一思路充分体现在松阴于安政二年（1855）4月24日写给兄长杉梅太郎的信中。当时中国发生太平天国运动，松阴担心洪秀全掌握政权之后便会侵略日本，同时热切希望鼓动幕府趁中国内乱而主动入侵："以丰太阁（指丰臣秀吉）之雄才，惜哉生于天下分争之日，耗费心力于神州（指日本）之拨乱，故终未能取得明国而殁。况今国内事起，不得伸手外国，失大机。若洪秀全等伪定清国，朝鲜满洲亦皆随从，自彼先款我关，大

---

① 山口县教育会编《吉田松阴全集（第二卷）》（定本版），岩波书店，1934年，第22页。
② 山口县教育会编《吉田松阴全集（第二卷）》（定本版），岩波书店，1934年，第149—150页。

遗憾无过于此。切望以此论一动幕府者也。"①

其二植根于松阴对国际贸易的理解。他在安政二年（1855）4月24日给兄长的信中写道："鲁墨（俄国、美国）讲和一定，决然不可自我破之，失信于戎狄。但严章程，厚信义，以其间养国力，切割易取之满洲、朝鲜、支那。交易而失之于鲁国者，可又以土地而偿之于鲜满。"②松阴认为与欧美贸易将使日本遭受损失，因此而主张军事占领亚洲邻国的土地，以弥补日本的损失。相对落后的日本无法在自由贸易中与西方列强争胜，于是凭借军事力量在亚洲攫取殖民地作为补偿，近代日本最终选择的封建军事帝国主义的发展道路，松阴已然预言在先。而且，松阴给兄长的这封信表达了极为迫切的心情："国论（指长州藩的立场）一定，自本藩频频建白幕府，急务无过之。"③侵略延期云云，实在是误解了松阴。

松阴民政论的真正意义首先在于其独特的（相对于军备而言的）内治优先论，作为对外扩张型国家战略的逻辑起点。立足于武士的阶级立场，他认为日本真正的危险不在于外患，而在于民众内乱："天下之乱，不出于诸侯，而起于黎庶，古往之迹皆然。"开国以后的情势，进一步加剧了内乱的风险："互市皆得外夷无用之物，……不出数年，国家疲弊，民有菜色，途有饿莩，流民蜂起，奸雄煸是，黠夷乘是而至，是余所虑也。"总之，"国内之乱，实所一日不可忘也"。④松阴民政论的出发点在于其根深蒂固的愚民观所导致的对国内民众的不信任，归结点则在于整备足以对外实施侵略的国内体制："民内也，夷外也。谋外而遗内者凶，治内而制外者吉。"⑤他担忧的是日本武士只顾强化军备而忽视了民政，他期待是能够通过强化内

---

① 山口县教育会编《吉田松阴全集（第八卷）》（普及版），岩波书店，1939年，第424页。
② 山口县教育会编《吉田松阴全集（第八卷）》（普及版），岩波书店，1939年，第422—423页。
③ 山口县教育会编《吉田松阴全集（第八卷）》（普及版），岩波书店，1939年，第423页。
④ 《狱舍问答》，山口县教育会编《吉田松阴全集（第二卷）》（普及版），岩波书店，1939年，第266，268—269，272页。
⑤ 山口县教育会编《吉田松阴全集（第二卷）》（定本版），岩波书店，1934年，第24页。

治而实现"制外"(即侵略亚洲以对抗西方)的目标。

松阴民政、内治论的第二点重要意义在于指出了当时长州藩所应采取的战略。他不同于主张谏幕甚至倒幕的攘夷激进派，而是建议长州藩暂时追随幕府，因为幕府尽管衰弱，依然比列藩人才更多。同藩武士中村道太郎批评松阴道："欲令我君越樽俎，此方今藩臣之所日夜殚力也，不可以无其人而付之浩叹焉。"松阴的答复是："越樽俎者，必内治有余而后可能也，故余近日之论，最归重于内治。"①

与第一阶段片面强调武备不同，以安政二年（1855）4月6日的《狱舍问答》为标志，松阴转而强调以民政论为核心的内治论，以纠正片面重视军备的偏颇，逐步形成了更加完整的亚洲侵略计划。至安政三年（1856）6月18日，松阴完成日本国体论的代表作《讲孟余话》，但需要注意，这本书也是其以侵略扩张为最终目标的民政论、仁政论的全面展开。松阴在《讲孟余话》中寄托了其对外扩张的抱负："余幽闭于一间之室，日夜谋划并吞五大洲之事。"②松阴在安政二年（1855）4月24日写给兄长的信中也坦言其对《孟子》仁政论等的重视，最终目的在于对外扩张："鄙见以为，处置之急，无若孟子者。其要有二：安万民；得天下之才，来多士。其规模者六十六国成一块石，剿抚万国之夷辈，除五大洲之陋名，赐天朝之佳名。"③松阴通过对《孟子》的独特阐述而形成其国体论，在道义上也将侵略行为正当化，其亚洲侵略思想至此可谓大成。

完成《讲孟余话》不久，在松阴与其高足久坂玄瑞之间发生了一场争论。久坂主张应该斩杀外国使节。安政三年（1856）7月18

---

① 山口县教育会编《吉田松阴全集（第二卷）》（定本版），岩波书店，1934年，第90、98页。
② 山口县教育会编《吉田松阴全集（第三卷）》（普及版），岩波书店，1939年，第424页。
③ 山口县教育会编《吉田松阴全集（第八卷）》（普及版），岩波书店，1939年，第422页。

日，松阴在《复久坂玄瑞书》中批评久坂"空论虚谈，装慷慨，扮气节"，认为"今也德川氏已与二房和亲，非可自我绝，自我绝之，是自失其信义也。为今之计，不若谨疆域，严条约，以羁縻二房，乘间垦虾夷，收琉球，取朝鲜，拉满洲，压中国，临印度，以张进取之势，以固退守之基，遂神功之所未遂，果丰国之所未果也。诚能如是，二房唯我所驱使。"① 此次争论可以看作是松阴以其思想在其弟子之间统一认识之举。

吉田松阴的亚洲侵略思想是拒绝社会革命而又无意与亚洲各国联合的日本，在应对西方冲击时的最终选择，充分体现了近代日本的国家理性（摒弃道德考量，以符合目的的手段维护国家利益）。与幕末日本另一位著名的侵略主义者佐藤信渊（1769—1850）相比，松阴的这一特点尤其突出。

佐藤设想首先彻底重编日本国内统治体制，然后征服世界，而其首选的侵略目标便是中国："凡经略他邦之法者，以始于弱而易取之处为道。当今于世界万国之中，自皇国而易于攻取之土地，无易取于支那国之满洲者。"② 常有研究者强调吉田松阴的侵略思想对佐藤信渊的继承性。③ 其实，由于佐藤信渊有着强烈的空想色彩，吉田松阴并不欣赏其侵略构想。安政四年（1858）正月二十三日，吉田松阴作《读经济要录》，回顾自己早年读佐藤信渊的"混同四海之策"的感受是"喜其雄伟，而嫌其夸诞，未深服其为人也"。因此，"佐藤氏之书，大投时好，而余竟不一览也。"④

佐藤信渊把国内变革作为积蓄力量的主要手段，所以在其计划中，先征服中国再入侵欧洲，主要是步骤上的先后，而截然不同于

---

① 山口县教育会编《吉田松阴全集（第三卷）》（定本版），岩波书店，1935年，第38—39页。
② 滝本诚一编《佐藤信渊家学全集》（中卷），岩波书店，1926年，第199页。
③ 如吉野诚便认为吉田松阴继承和发展了佐藤信渊的扩张思想（吉野诚：《明治维新と征韩论：吉田松阴から西郷隆盛へ》，明石书店，2002年，第70页）。
④ 山口县教育会编《吉田松阴全集（第三卷）》（定本版），岩波书店，1935年，第197页。

松阴把侵略亚洲看作是对抗西方的必要前提。佐藤信渊曾设想与清朝联合对抗西方，于1849年写了五卷本的《存华挫狄论》。而吉田松阴却从未考虑过与亚洲国家联和的可能。① 与佐藤信渊相比，吉田松阴的内治论并未要求根本的社会变革，只是在现有统治框架内提倡改善民政，整备对外扩张的国内体制；其外侵论则以对欧美妥协为前提，通过侵略亚洲弱国积蓄实力。近代日本所走过的道路，事实上延续了吉田松阴的构想。

二、吉田松阴所谓"航海雄略"的真意

1857年，美国驻日公使哈里斯开始与幕府进行缔结开国（开港、开市）条约的谈判。安政五年（1858）3月20日，孝明天皇发下敕谕，拒绝许可幕府和哈里斯缔结的条约。吉田松阴在安政五（1858）年4月20日左右获知此消息，为之振奋不已。在上述背景下，松阴写作《狂夫之言》、《愚论》、《续愚论》、《对策一道》等，展开了其所谓的"航海雄略"论。

---

① 栗田尚弥主要引用了吉田松阴在《清国咸丰乱记》（1856年）序言中所谓"诗曰：'伐柯伐柯，其则不远。'吾之所宜以为则者，莫若清国"，以及例言中所谓"清国与我隔海相邻，土广民众，财富物阜，故其国之治乱，往往至于关系于我，非欧墨诸夷，荒陬远我者之比"，并将其分别解释为体现了吉田松阴"对'其国'国民的亲近感"，"对'亚细亚诸国'的一体感"（栗田尚弥《吉田松阴の对アジア观——松阴は果して"侵略"论者か——》，日本政治经济史学研究所编"政治经济史学"、210号、1984年第1号、1984年1月）。实际上，松阴在《莫若清国》以下写的是"清国治平日久，宴安日甚，视豺狼如猫狗，视苍赤如土芥。道光一危，咸丰乱。吾苟能反其道，则天下宁有危与乱哉。夫天下犹碁局也……抑当局者迷，而旁观者得，当局者苦，而旁观者乐。是观碁者之所以忘烂柯也欤。顷得清国近事，作此记，因题。（山口县教育会编《吉田松阴全集（第二卷）》（定本版），岩波书店，1934年，第55—56页）"在"非欧墨诸夷，荒陬远我者之比"以下写的是："昔天平宝字（757—765年）之时，唐土安禄山谋叛，天朝乃命筑紫，严武备。古藤廷之用心率如斯，何如今人之不察。（山口县教育会编《吉田松阴全集（第二卷）》（定本版），岩波书店，1934年，第58页）"非常明显，吉田松阴对中国的关心，一是以旁观者的态度学习治道之得失，二是担心中国的内乱波及日本，并无丝毫同情之心。

吉田松阴第三阶段的亚洲侵略思想,最显著的变化是开始提倡对外贸易。多有学者据此以为松阴放弃了曾经的侵略主张,其中最有代表性的论者是信夫清三郎。信夫认为1858年的松阴已经认识到为了购买西式武器,必须进行对外贸易,于是转而主张靠通商积蓄力量,放弃了侵略亚洲的主张。① 然而,通商和侵略两者本不必然矛盾。英国对中国发动鸦片战争便是侵略和贸易并举。那么,松阴所谓"航海雄略"究竟何所指?

松阴写作《对策一道》等文章的目的在于论述如何应对哈里斯开港通商的要求。他主张应该拒绝美国的要求,大力发展海军,然后先与亚洲诸国建交通商,再与美国缔结"和亲之约"②。在安政5(1858)年4月中旬的《对策一道》中,松阴写道:

> 欲振雄略驭四夷,非航海通市,何以为哉?若乃封关锁国,坐以待敌,势屈力缩,不亡何待?且神后之平韩,定贡额,置官府,时乃有航海焉,有通市焉。德川氏任征夷,时固航海而通市矣。其后天下已平,苟偷无事,宽永十三年,乃尽禁绝之。然则航海通市,固雄略之资,而祖宗之遗法。锁国固苟偷之计,而末世之弊政也。③

松阴批判德川幕府锁国传统的退缩性,把"航海通市"视为"振雄略驭四夷"的手段,却并未直接主张对外自由贸易,反而支持锁国,所以他接着写道:"虽然,言之有难焉。今之言航海通市者,非能资雄略,苟免战耳。其志固不如锁国者之不以战为惮也。"④ 松阴的设想是,以言辞说服美国人暂时放弃开国要求,然后日本再主

---

① 信夫清三郎:《象山と松阴——开国と攘夷の论理》,河出书房新社,1975年。
② 山口县教育会编《吉田松阴全集(第四卷)》(定本版),岩波书店,1934年,第109页。
③ 山口县教育会编《吉田松阴全集(第四卷)》(定本版),岩波书店,1934年,第107—108页。
④ 山口县教育会编《吉田松阴全集(第四卷)》(定本版),岩波书店,1934年,第108页。

动展开"航海雄略":

> 凡为皇国士民者,不拘公式,不问贵贱,推荐拔擢,为军帅舶司,打造大舰,习练船军,东北而虾夷唐太(库页岛),西南而流虬对马,憧憧往来,无有虚日,通漕捕鲸,以习操舟,晓海势。然后往问朝鲜、满洲及清国,然后广东、咬口留吧(雅加达)、喜望峰(好望角)、豪斯多辣理(澳大利亚),皆设馆置将士,以探听四方事,且征互市之利。此事不过三年略办矣。然后往问加里蒲尼亚(加利福尼亚,代指美国),以酬前年之使,以缔和亲之约。果能如是,国威奋兴,材俊振起,决不至失国体也,又不至空言以惩骄虏之不可也。然前之论,可以却墨夷,而后之论不举,何以强国本?国本不强,虏患何时而止哉?①

主要根据以上史料,信夫清三郎认为吉田松阴放弃了侵略亚洲的主张:"松阴容忍贸易而转向积极的开国论之际,改变了对亚洲的征服意图。他曾在强调征服亚洲的必要性时,说日本要展示'进取之势',使想要侵略日本的欧美诸国'恐袭其本国'。他现在考虑的战术是,说服美国暂时从日本撤走,然后以'通市'为核心手段来积蓄力量,同时形成独立的主体,以三年之后为期,与美国缔结'和亲之约'。他眼下的战术减少了使欧美诸国'恐袭其本国'的必要性。对眼下的战术而言,必要的是通过与亚洲诸国通市而'征互市之利'。松阴在抛弃征服亚洲的意图同时,强调互市的必要性。"②

信夫的观点有着极大的影响,此后持类似观点的作者基本上只是重复信夫的论证。例如桐原健真的《吉田松阴——发现"日本"

---

① 山口县教育会编《吉田松阴全集(第四卷)》(定本版),岩波书店,1934年,第109页。
② 信夫清三郎:《象山と松阴——开国と攘夷の论理》,河出书房新社,1975年,第214页。

的思想家》虽然也承认松阴的《幽囚录》主张侵略亚洲,① 却又强调松阴的思想在 1858 年发生了变化,即从"慑服雄略"转变为"航海雄略"②。桐原评论道:"在此,曾经作为'皇国之所以为皇国'而强调的,以武力侵略为轴心的'慑服雄略'的主张已经看不到了。其背景是松阴发展为,在天皇这一日本固有的存在中,寻求'日本'这一自我形象的根据,已经不再追求必须进行持续不断的膨胀的'慑服雄略'。"③ 桐原虽然说松阴在《续愚论》中提出了"航海雄略",却并未引用其中的文字。他随后援引的仍然是《对策一道》中的文字,未出信夫清三郎所引用的范围,并评论道:"'雄略'作为对象的地域,和之前的《幽囚录》近似,但在此展开的完全是以通商活动为主。"④

---

① 关于《幽囚录》中吉田松阴的亚洲侵略计划,桐原健真称其是"壮大的军事膨胀论"(桐原健真:《吉田松阴——"日本"を発见した思想家》,第 94 页),算是承认了松阴军事扩张思想的存在,但是,桐原又如此评论道:"值得注意的是,从堪察加到吕宋的这些亚洲地区的大部分,当时是尚未明确划定主权国家的境界的所谓边境。……对于这种作为暧昧的政治空间的'边境',以境界规定自己的主权的排他性的领域,是近代国家的权利,也是义务。……可以说在《幽囚录》中松阴的目的也是要通过抹去边境,划定境界,来确保拥有排他性主权的日本的独立性。所以,'满洲'和'豪斯多辣利(澳大利亚——原文附注)'等无主之地,在此无外乎'示进取之势'的'边境'。(桐原健真:《吉田松阴——"日本"を発见した思想家》、第 94—95 页)"紧接着,桐原健真写道:"本来即使所谓'无主之地'也绝非无人的大地,既然存在先住民,而且也有着某种秩序,在其土地上'示进取之势'的行为无疑是侵略。这一点并不限于松阴,在思考近代国家的发展的时候,绝不可以忘记。(桐原健真:《吉田松阴——"日本"を発见した思想家》,第 95 页)"桐原健真为了替吉田松阴辩解,居然说"满洲"等地都是"边境",是"无主之地"。即便如此,他也不得不承认松阴的设想"无疑是侵略",但他又马上强调在"近代国家的发展"中,侵略的思想"不限于松阴"。这里暗含价值判断的问题,本文在此不拟深入探讨,仅限于指出一点:桐原健真试图强调吉田松阴侵略亚洲的目的是"抹去边境,划定境界"(即划定国境),却又不得不承认吉田松阴这一时期的主张是"必须进行持续不断的膨胀的'慑服雄略'"(桐原健真:《吉田松阴——"日本"を発见した思想家》,第 96 页)。既然"必须进行持续不断的膨胀",又怎么能说这是近代国家划定国界的行为? 吉田松阴的思想分明是早熟的帝国主义。
② 桐原健真:《吉田松阴——"日本"を発见した思想家》,第 95—96 页。
③ 桐原健真:《吉田松阴——"日本"を発见した思想家》,第 96 页。
④ 桐原健真:《吉田松阴——"日本"を発见した思想家》,第 97 页。

首先必须指出，《对策一道》文中并无一字提及"放弃"侵略。信夫说松阴此时开始主张"以'通市'为核心手段来积蓄力量"，然而松阴的《对策一道》是把"设馆置将士"置于"征互市之利"之前；更在"设馆"之前，强调要首先大力发展海军。《对策一道》中并无只言片语表示"互市"比发展海军等更加重要。信夫并没有解释为什么他认为"通市"是松阴考虑的"核心手段"。桐原亦不过是简单重复信夫的观点。然而，如果不能证明松阴有意识地把通商置于特别重要的位置上，而只说他开始承认对外贸易的必要性，其实无法推论松阴放弃了侵略亚洲的主张。当时至少朝鲜依然坚持"锁国"政策，日本要和朝鲜"互市"，就必须首先设法打开朝鲜国门。

第二，松阴的《对策一道》其实非常清晰地表明了，其"航海雄略"是以军事活动为先，以贸易活动等为辅。他强调的步骤是首先要"打造大舰，习练船军"，"然后往问朝鲜、满洲及清国"。事实上，最终凭借武力打开朝鲜国门的，恰是松阴门下主导的明治政府。松阴这种以贸易为军事服务的思路，在安政五年（1858）针对长州藩的建议书《上国相益田君书》中也有着鲜明的体现。其文中强调长州藩当务之急有三："兴铳阵也，讲航海学也，开港通商，兼使士习海势、晓针路也。"然后引用了富永有邻的对策设想，其原则为"大开通商，增船只，殖物资，输出港口，使士人统领之，则富国强兵之资也。"① 信夫清三郎也注意到了这份上书，但他只强调此文体现了松阴"要求积极的航海通市"②，却未提及松阴对贸易乃"富国强兵之资"的强调。松阴的上书中还继续写道："商船渐增，土货渐殖，而互市渐盛，乃造军舰。军舰必备炮铳，充士卒，商舰以当辎重，于是欧罗米利（指欧美列强），无远而不可到，而

---

① 山口县教育会编《吉田松阴全集（第四卷）》（定本版），岩波书店，1934年，第42页。
② 信夫清三郎：《象山と松阴——开国と攘夷の论理》，河出书房新社，1975年，第219页。

朝鲜满洲之足言哉。果有志于此，航海之学，不得不预讲焉。"① 显然，对松阴而言，贸易是为军事服务的手段，甚至商船也要用来运输辎重。

第三，松阴视贸易从属于军事的观点其实是一以贯之的。松阴在作于安政五年（1858）的《未定稿附和作》中写道："吾曾闻之于象山师，云：出交易可也，居交易不可也。余云：国力强势，于驾驭外夷有余，则居交易亦可也，况出交易哉。畏慑外夷之威势，出于不得已，则出交易亦不可，况居交易哉。"② 不同于佐久间象山对出海交易的充分肯定，吉田松阴把军事强大看做是开展对外贸易的必要前提。

实际上，松阴深信设使通市是强国侵略弱国的手段。在作于安政五年（1858）1月16日的《狂夫之言》中，松阴强调美国总领事哈里斯对幕府提出的置使通商的要求，会导致日本的灭亡："当今天下之亡已决矣，其患有夫大于此者哉。"他如此理解美国的意图："墨夷之计曰，京阪及金川、新潟、长崎、平户，各起商馆，置官员，更立一重员于江户以管之。其商法，内商与外商私相贸易，不辖诸官府。是其吞噬我国之形，固已著矣。"松阴最后感叹："呜呼夷计至此，天下之亡，尚待旋踵哉。"③ 安政五年（1858）1月19日，松阴在给僧人月性的信中再次强调："置公使于江都（江户），万国通商，不拘于政府而任意为之，倘若如此，神州（日本）实绝于是。"④

松阴的逻辑很清楚，置使通市是美国灭亡日本的手段，所以不可接受其要求；但与此同时，他又主张日本应该让亚洲邻国接受置使通商的要求。要而言之，松阴所谓"互市"，直接构成了其亚洲

---

① 山口县教育会编《吉田松阴全集（第四卷）》（定本版），岩波书店，1934年，第43页。
② 山口县教育会编《吉田松阴全集（第四卷）》（定本版），岩波书店，1934年，第148页。
③ 山口县教育会编《吉田松阴全集（第四卷）》（定本版），岩波书店，1934年，第13—14页。
④ 山口县教育会编《吉田松阴全集（第九卷）》（普及版），岩波书店，1939年，第10页。

侵略计划中的一环。这也正是为什么松阴在《对策一道》中毫不隐讳地将其政策主张的原型,求之于神功皇后侵略朝鲜的古代传说:"且神后之平韩,定贡额,置官府,时乃有航海焉,有通市焉。"①松阴在前引安政五年(1858)1月19日的信中还强调自己的观点是受到了佐久间象山的启发:"此处吾师象山甚有活眼。大意谓,自吾国开人者妙,如此则通信通市亦尽由我心也,被人开国则如泪出妻吴(齐景公为了避免吴国的侵略而挥泪嫁女),终不得保其国也。仆服其说。"② 反对"被人开国",却意欲"开人(之国)",这便是松阴所谓"航海雄略"的真意。

在提倡"航海雄略"的同时,吉田松阴也开始表现出对所谓"竹岛(指郁陵岛)开发论"的持续关心。他不但没有放弃亚洲侵略,反而积极探索具体实施方案。松阴在安政五年(1858)2月19日写给木户孝允的信中,介绍了医家兴膳昌藏的"竹岛"开垦论,拜托木户孝允与在江户学习的久坂玄瑞商议,设法鼓动幕府同意。松阴论道:"委细玄瑞已知,请妥为运筹。天下无事则为幕府之一利,有事则远略之下手者,不若自吾藩临朝鲜、满洲。欲临朝鲜、满洲,则竹岛为第一落足之地。远思近谋,以为是乃今日之一奇策。"③ 安政五年(1858)6月28日,松阴又致信久坂玄瑞,让他与木户孝允商谈竹岛之事。松阴风闻英国人已经占据了此岛,觉得难以置信,但在信中又写道,如果传闻属实,也是好事,这样的话,则英国人"何时来袭长门(指长州藩长门国)等地亦不可测也,破寸板不能下海之陋,此等妙策无之。黑龙、虾夷者,距本藩

---

① 山口县教育会编《吉田松阴全集(第四卷)》(定本版),岩波书店,1934年,第107页。
② 山口县教育会编《吉田松阴全集(第九卷)》(普及版),岩波书店,1939年,第9页。
③ 山口县教育会编《吉田松阴全集(第九卷)》(普及版),岩波书店,1939年,第15—16页。

迂远，而竹岛、朝鲜、北京之事，正乃本藩之急也"①。安政五年（1858）7月11日，又致信木户孝允讨论竹岛问题，担心如果"洋夷已经下手，……成彼之落足之处，于吾长州有非常之难"，认为"以开垦为名渡海，是则可为航海雄略之始"。②吉野诚曾论："对吉田松阴而言，'竹岛'开垦论，是应该成为'航海雄略之始'的计划，然后奠定向朝鲜、满洲发展的'第一个落脚点'，可以说是基于积极攘夷论的亚洲侵略的第一步的构想。"③"竹岛"在吉田松阴的侵略构想中是否真的占有如此清晰的位置，尚有讨论余地。但松阴至死未曾放弃侵略亚洲的主张，这一点实无任何翻案余地。④

三、吉田松阴亚洲侵略思想的特质

综上所述，吉田松阴亚洲侵略思想的特质，可以总结为以下三点。

第一，吉田松阴思想的立足点在于其根深蒂固的武士身份意识，而其对兵学的重视，进一步强化了这一思想立场。为了维护武士的身份特权，他对内期望维持并强化封建统治秩序，敌视民众叛乱；对外坚持攘夷，在重视国家独立的同时，期望能够对外扩张。

德川幕府本质是军人政权，重视尚武传统，一旦面临外来威胁，原为军功土地贵族的武士迅速复活了进行军事扩张的冲动。吉田松阴安政元年（1854）的《幽囚录》自序中便无比神往地回顾了

---

① 山口县教育会编《吉田松阴全集（第九卷）》（普及版），岩波书店，1939年，第52页。
② 山口县教育会编《吉田松阴全集（第九卷）》（普及版），岩波书店，1939年，第60页。
③ 吉野诚：《明治维新と征韩论：吉田松阴から西郷隆盛へ》，明石书店，2002年，第68页。
④ 安政六（1859）年10月26日，在被斩首的前夜，松阴写下了作为政治遗嘱的《留魂录》，其中再次强调了他念念不忘的"墨使应接，航海雄略等等之论"（山口县教育会编《吉田松阴全集（第七卷）》（普及版），岩波书店，1939年，第321页）。

所谓古代日本的武威:"国朝之变,盖有三矣,古昔有所不臣,不问海内外,东征西伐,必除强梗而止,其势极盛矣。其后蕃夷悍然来侵,而我发兵歼鏖,虽非古也,亦盛矣。"然后又强调:"一盛一衰,国之所必有,而衰极复盛,乱极又治,则物之常也。况皇国君临四方,天日之嗣,永与天壤无极者,安有一衰而不复盛哉。"①

丸山真男曾指出:幕末日本的状况使得"战国时代的军事性思维方式复活",这种思维方式作为"'封闭社会'的一个重要侧面",其基本倾向便是"总是攻击或者准备防卫"②。松阴在《狱舍问答》中亦写道:"凡两强相遇,两勇相对,必起战斗。归来之迹,历历可见。"③ 这种不是进攻,就是挨打的武士传统思维,一方面有助于对西方的军事威胁作出快速反应,另一方面也使其难以设想和平共处的国家关系。对西方列强主防守,对亚洲弱邻主进攻,这是吉田松阴在日本对外关系上的基本主张。

第二,吉田松阴以邻为壑的国防思想,显示了儒学的普遍性规范在幕末日本的解体。

著名的儒教理想主义者横井小楠(1809—1869)在佩里叩关之前,于嘉永六年(1583)正月作《文武一途之说》,预言了对外危机导致武士传统思维复活,压倒儒家理想主义的危险。小楠写道:日本面临外来威胁,"然为学者者,不志于文武一途之道,无熟眺时势而救是之见识力量。于是忧世之人杰出时,以一切学者为迂阔无用,专欲以武之一途兴国"④。嘉永六年(1583)5月3日,小楠在给越前藩冈田准介的书信中又写道:"唯兴武事者,大错也。圣贤豪杰心术事业一致,治乱常变皆不一偏之修行,尤以为此学之心

---

① 山口县教育会编《吉田松阴全集(第一卷)》(定本版),岩波书店,1936年,第585页。
② 丸山真男:《开国》、《丸山真男集(第八卷)》,岩波书店,1996年,第56页。
③ 山口县教育会编《吉田松阴全集(第二卷)》(定本版),岩波书店,1934年,第89页。
④ 山崎正董编《横井小楠遗稿》,日新书院,1932年,第9页。

得。"① 小楠认为只有真正坚持以儒家道义指导军事活动，日本才能够面对西洋列强，维护国家独立，所以他在佩里来航后作《夷虏应接大意》，强调应根据儒家普遍主义原理即"天地仁义之大道"来决定外交政策。② 沿着横井小楠的思路，不会设想把侵略弱国作为对抗强国的手段。③

然而，吉田松阴却如小楠所担心的那样，放弃了山鹿流兵学所引入的儒家普遍主义原理。山鹿素行致力于以儒家的德治主义为武家施政提供指导标准，曾如此批判丰臣秀吉："若我无德正之处，无服下之文德，则纵令遍遣兵士于南蛮西戎，祸必起于萧墙之内。况征者，正也。以我之正，正人之不正，是为征。秀吉有何正以正高丽之不正哉。"④ 松阴却高度评价丰臣秀吉向大陆的军事扩张。其《外征论》称："太阁（丰臣秀吉）之征韩，可谓以不世出之才，为未曾有之举。"⑤

失去了儒家普遍主义的制衡，吉田松阴在侵略主义道路上越走越远。而同样重视军事实力的佐久间象山（1811—1864），虽然面对西方的冲击，迅速提出了重视"力"的国际关系论："同力度德，同德量义。虽称文王之美，亦不过云大国畏其力，小国怀其德。无其力而能保其国者，自古至今，吾未之见也。谁谓王者不尚力耶。"⑥ 但他依然信奉朱子学，并未单纯重视"力"而放弃"德"的考量，所以并无显著的侵略思想。吉田松阴奉佐久间象山为师，却没有继承其根本理念。

---

① 山崎正董编《横井小楠遗稿》，日新书院，1932年，第191页。
② 佐藤昌介〔ほか〕校注《日本思想大系55 渡辺崋山・高野长英・佐久间象山・横井小楠・桥本左内》，岩波书店，1971年，第43页。
③ 松浦玲：《幕末期の対朝鮮論》，《历史公论》第6卷第8号《近代の日本と朝鮮》，雄山阁，1980年，第44页。
④ 広濑丰编《山鹿素行全集思想篇（第十一卷）》，岩波书店，1940年，第296页。
⑤ 山口县教育会编《吉田松阴全集（第三卷）》（定本版），岩波书店，1935年，第65页。
⑥ 佐久间象山著，饭岛忠夫译注《省譽录》，岩波书店，1974年，第94页。

第三，吉田松阴在放弃儒家普遍主义规范的同时，又固守儒家之道德政治合一的传统，最终转向集团功利主义的狭隘道德，于安政三（1856）年推出了以《讲孟余话》为代表作的极端日本中心主义的"国体论"，其亚洲侵略思想日益趋向理念化、信仰化。

吉田松阴强调其兵学的道德性。然而，他直接把符合日本国家或者长州藩利益的行为看做正义，其最高的道德标准不过是本民族中心的集团功利主义。他一面说："不以经术为本，则不明义兵暴兵之辨。"① 一面却又毫无愧怍地把侵略亚洲称为"仁者之业"②。其"谋划并吞五大洲之事"的著作《讲孟余话》，亦称："如今，兴隆神州（日本），挞伐四夷者，仁道也。碍之者，不仁也。仁岂不胜不仁哉。……志于仁者，岂寥寥哉？"③ 这种狂热的特殊主义道德观，进一步封杀了其自我反省的可能性。

较早指出松阴亚洲侵略思想与其国体论的关联的学者是松浦玲。她认为吉田松阴的征韩论来源于"被日本至上主义毒害的儒教以及国学、神道"。她写道："幕末有教养的人大体上兼修儒教和国学两者。一方面出现了像横井小楠那样把儒教所具有的普遍主义进一步思考提纯，终生坚持不渝的人物，另一方面也出现了被国学、神道关于日本特殊优越性的议论所影响的人物。……吉田松阴是后者。"④ 就幕末日本征韩论的思想大势而言，松浦玲的把握是非常准确的。但如本文所论，就吉田松阴个人而言，他其实是首先在佩里来航的刺激下，形成了亚洲侵略思想，日后又通过在狱中的读书思

---

① 山口县教育会编《吉田松阴全集（第一卷）》（普及版），岩波书店，1940 年，第 280 页。
② 山口县教育会编《吉田松阴全集（第二卷）》（定本版），岩波书店，1934 年，第 150 页。
③ 山口县教育会编《吉田松阴全集（第三卷）》（普及版），岩波书店，1939 年，第 319—320 页。
④ 松浦玲：《幕末期の对朝鲜论》，《历史公论》第 6 卷第 8 号《近代の日本と朝鲜》，雄山阁，1980 年，第 45 页。

考，才逐渐形成其国体论的。①

虽然日本学者多强调松阴尊皇之心的纯粹性，其实松阴自己明确承认其国体论名著《讲孟余话》中提倡的"尊皇"是服务于"攘夷"的手段。安政三（1856）年11月23日，松阴作《又读七则》，写道："有因忧天朝遂愤夷狄者，有因愤夷狄遂忧天朝者。余幼奉家学，讲兵法，知夷狄国患之不可不愤。而后遍考夷狄之所以横，知国家之所以衰，遂知天朝之深忧，非一朝一夕故。然其孰本孰末，未能自信。向八月间，为一友启发，矍然始悟，从前忧天朝，并为愤夷狄起见，本末既错，非真忧天朝也。"② 松阴在此明确承认自己在安政三（1856）年8月之前，是作为攘夷的手段而提倡尊皇。而《讲孟余话》完成于安政三（1856）年6月，正是松阴以尊皇为攘夷手段的时期，所以其中国体论的最后归结是："闻近世海外诸蛮，各推举其贤智，革新其政治，骎骎然有凌侮上国之势。我何以制之？无他，明前所论我国体之所以异于外国之大义。"③ 阐明日本国体的独特性，对松阴而言，原本是对抗西方的手段，其国体论原本出于国家理性的考量。

松阴在安政三（1856）年所作的《外征论》中，如此论述日本

---

① 松浦玲之后，有不少学者继承并发展了其观点。如吉野诚认为，日本中心主义基本都是以天皇万世一系作为日本优越性的依据，而蔑视朝鲜的倾向，与此密不可分（吉野诚：《明治维新と征韩论：吉田松阴から西郷隆盛へ》，明石书店、2002年、第52页）。金光男也分析指出，日本人的朝鲜观与其国体论有着不可分割的结构性关联；《古事记》和《日本书纪》中所记载的古代日本大和朝廷支配朝鲜的内容，成为尊皇主义者宣扬天皇权威的历史根据；恢复对朝鲜的统治，与恢复天皇的权威直接相关（金光男：《幕末の朝鲜观に关する一考察——吉田松阴を中心として》，见茨城大学人文学部编《茨城大学人文学部纪要（社会科学论集）》（54），2012年9月。这些论述都非常有助于深化对相关问题的理解，只是，如本稿正文所述，仅限于吉田松阴的思想而言，其国体论原本是服务于包括亚洲侵略在内的所谓"攘夷"的手段。松浦玲等不免过高估计了吉田松阴的国体论在其思想中的本源性。
② 山口县教育会编《吉田松阴全集（第三卷）》（定本版），岩波书店，1935年，第57页。
③ 山口县教育会编《吉田松阴全集（第三卷）》（普及版），岩波书店，1939年，第20页。

侵略朝鲜半岛的必要性："夫坤舆之形势有不能不合者，有不可不合者。如我奥越，地脉相接，不能不合者也。至三韩、任那、渤海诸藩，地脉虽不接续，而形势对持，吾不往则彼必来，吾不攻则彼必袭，将酿不测之忧，是不可不合者也。"① 不难看出，松阴是以从封建国家开疆拓土的观念出发来理解近代国际关系中的强权政治原理的。在此观念的基础上，吉田松阴又道："吾谓，三韩任那，不可不合，而合之必合也。国朝之定奥越，吾无得间然矣。独至治三韩，未尝无得失也。神功籍列朝之威力，一举服新罗。新罗既服，则收兵不复穷追，纳质子，定贡额，使高丽百济，望风而降，得矣。已而遣勋旧之武内，按察四海，以遥制三韩，得矣。然才间入之，其任不久则失之。后置府任那，以驱使三韩，最得矣。"② 怀想神功皇后征韩的功绩之后，松阴又批评后世日本人不能有效统治朝鲜半岛的失策，为之遗憾不已。此文虽然援引了神功皇后征服三韩的古代传说，但是与尊皇思想显然没有必然联系，而主要是从地缘政治的视角展开论述。归根结底，松阴的思想源头是武士传统观念以及作为武士意识形态的兵学。

但也不可否认，松阴国体论的提出，急速推进其侵略思想的理念化和狂热化。与同时代的另一位亚洲侵略主义者桥本左内相对比，松阴的这一特点可以看得更加清楚。

左内和松阴一样，面对西方的冲击，迅速复活武士传统意识，产生了对外扩张的思想。但与松阴不同的是，他一直强调手段的合理性，并没有借助尊皇信仰。在安政四（1858）年11月28日写给村田氏寿的信中，左内认为当时国际局势的基本状况是英国和俄国两雄不能并立，天下将干戈不休，直到英国或者俄国两者之一成为盟主。③ 在此局面下，左内认为："日本甚难独立。欲致独立，不吞

---

① 山口县教育会编《吉田松阴全集（第三卷）》（定本版），岩波书店，1935年，第64页。
② 山口县教育会编《吉田松阴全集（第三卷）》（定本版），岩波书店，1935年，第64页。
③ 佐藤昌介〔ほか〕校注《日本思想大系55 渡辺崋山・高野长英・佐久间象山・横井小楠・桥本左内》，岩波书店，1971年，第565—566页。

山丹（清朝长城附近的山丹县）、满洲之边、朝鲜国，且领亚墨利加洲或印度地内，则甚不如所望。"① 但是，日本并无足够的实力获得上述领土，因此左内认为当下应采取的基本战略是联俄抗英，改革图强；同时拉拢美国（同意其通商、设使的要求，但是反对自由贸易，由官府控制对外贸易），侵略亚洲邻国。② 左内写道："且视亚（美国）为一东藩（日本东部的一个大名），思西洋为我所属，以鲁（俄国）为兄弟唇齿，掠夺近国，此等事为第一紧要。"③

吉田松阴将美国视为要灭亡日本的头号敌人，而坚决拒绝其设使通商的要求，桥本左内则敏锐地认识到俄英矛盾才是日本所处国际环境的关键。在把侵略亚洲作为积蓄实力的手段上，左内和松阴相同，但是左内显然比松阴对围绕日本的国际情势把握得更加全面，具体的应对之策也更为合理。造成两人思想差距的，除了所处政治地位不同、所获国际情报有异之外，松阴从安政三（1856）年 8 月以后开始不断强调其天皇中心主义的"国体论"，信仰日趋狂热，手段为目的服务的理性思考日趋衰退，无疑也是一个非常关键的因素。

总之，亚洲侵略思想在幕末日本武士之间甚为流行，松阴并非唯一。但其"国家理性"和"国体信仰"的奇异结合，使其成为近代日本亚洲侵略思想的真正"原型"。松阴在佩里来航之后逐步展开的亚洲侵略构想，有着极强的现实可操作性，体现了近代日本的"国家理性"。而其"国体论"的提出，则一方面使其侵略思想更加理念化，具有了作为宗教信仰的狂热意味，同时在另一方面也孕育了手段上升为目的的非理性倾向，为其通往昭和时代日本的超国家主义开辟了道路。

---

① 佐藤昌介〔ほか〕校注《日本思想大系 55 渡辺崋山・高野長英・佐久間象山・横井小楠・橋本左内》，岩波书店，1971 年，第 567 页。
② 佐藤昌介〔ほか〕校注《日本思想大系 55 渡辺崋山・高野長英・佐久間象山・横井小楠・橋本左内》，岩波书店，1971 年，第 568 页。
③ 佐藤昌介〔ほか〕校注《日本思想大系 55 渡辺崋山・高野長英・佐久間象山・横井小楠・橋本左内》，岩波书店，1971 年，第 568—569 页。

试析日本思想家陆羯南的对外观

——博爱主义、反军备及对外经济扩张①

那希芳

（上海外国语大学日本文化经济学院）

目前我国对于日本对外观的考察，明治及之前时期还显不足。关于这一点韩东育的研究开启了先河（韩东育2009，同2016）。但关于日本幕末及明治期对外观的研究仍处于起步阶段。本文选取明治思想家陆羯南（1857—1907）作为对象，探讨其对外观的内容、特点及成因。陆是明治期有代表性的思想家，他的对外观对当时及后世具有重要意义。他是著名评论家，早年任职于政府部门。1889—1906年担任报纸《日本》的主编时期，他的对外观理论水平达到顶峰。《日本》是1890年代言论界的一大支柱，鼓吹"国粹主义"。陆在该报上发表了大量国际关系相关论文，同时积极投身于修改不平等条约的运动。他曾参加东邦协会、国民同盟会等组织，并担任过近卫笃麿（1863—1904）的顾问，与其共同形成"对外硬派"，提出对外维持和扩张国权。日本学者丸山真男（1914—1996）曾高度评价陆的思想是"健康的民族主义"②。

迄今为止我国关于日本对外观的研究多以知识分子作为对象，探讨其反战思想或支持战争的原因。对前者的称扬和对后者的批判成为主要的视角，这当然是重要的。然而正如竹内好（1910—

---

① 本文系中国博士后科学基金面上资助"近代日本知识分子的对外观中的思维范式研究"（2017M621517）阶段性成果。另，本文中所涉及之日文文献，除特殊标明外皆由笔者译。
② 丸山真男：《丸山真男集3》，岩波书店1995年版，第97页。

1977）所言："从原理上给一般战争以否定的只有绝对的和平主义。但是，绝对的和平主义缺乏对具体状况的对应能力"①。在极端的侵略主义和绝对的和平主义之间，是模糊而广阔的灰色区域。对其进行探究同样具有价值：可以看到具体情况下知识分子面临的诸多思想抉择的现场，并呈现更加丰富的可能性和多元的思想空间。尽管这些内容可能是混沌或彼此矛盾的。

从这一意义来讲，陆的思想具有典型性和重要价值（相关研究有：片山庆隆 2011，颖原善德 1993，王明伟 2011，朴羊信 2008，山口一之 1980，远山茂树 1973，姜辉 2015，李向英 2004）。除了丸山的上述评价外，我认为陆的对外观的最大特点在于经济合理主义。这与石桥湛山（1884—1973）有相似之处（李含 2010）。而陆比石桥更早论证了过度军备及盲目殖民扩张的不经济与不合理性，可谓是这一思路的发明者，其思想意义非常重大。迄今为止这方面的研究很少，本文前半部分将重点加以论述。

同时，陆的对外观存在一些问题。研究者朴羊信指出其随时间与境况发生"变质"的问题："从通商国家论转向主张获取帝国主义利权"，"健康的民族主义"到了明治 30 年代即转换成了"侵略的民族主义"②。颖原善德也指出其"两面性"：面对欧美列强时主张民族独立，要求民族平等；面对弱国却带有"膨胀主义的侵略倾向"③。这一问题集中体现在陆的对外扩张战略上，本文的后半部分将对此着重讨论。

因此可以说，陆的对外观同时具有诸多的闪光点和暗影。如果说闪光点代表了日本知识分子的理性光辉，暗影（矛盾与问题）则如颖原所说，体现了日本近代民族主义的结构性脆弱，亦是具代表性的。关于这些暗影，研究者一般认为与其国益优先的思考方式有

---

① 竹内好：《近代的超克》，生活·读书·新知三联书店 2005 年版，第 324 页。
② 朴羊信：《陆羯南——政治认识と对外论》，岩波书店 2008 年版，第 201—202 页。
③ 颖原善德：《日清战后における陆羯南の对外政策论》，载《日本历史》1993 年 6 月总第 541 期，第 89 页。

关，但还缺乏深入的探讨。本文正是力图在这一方面有所突破。陆在明治思想家中属于温和稳健派，他的思想一定程度上代表了具有良知、对国际秩序和理念有清醒认识的日本知识分子。弄清其对外观存在矛盾、发生变质的原因，不仅可以更好地把握日本知识分子的思考方式及其所存在的问题，还有助于弄清日本知识分子的战争责任之所在。

本文将分为以下三个主题展开分析：对博爱主义与"人道"的认识、反对军备思想、对外经济扩张论。三者既概括了陆的对外观的主要特点，也呈现了其矛盾和问题。前两部分还涉及日本知识分子对普遍性价值接受的问题。笔者认为这才是陆的对外观产生矛盾的原因。三者的形成有其先后顺序：作为贫弱小国的国民，陆很早就对"博爱"、"人道"这些普遍理念有了认知和认同；甲午战争后日本利用巨额赔款疯狂进行军备，此时期陆形成了他的以经济合理主义为基础的反军备思想；而他的对外战略论则最晚确立，这部分议论完全以本国利益为目标，体现了其国家主义的一面。以下在对三者分别加以阐述的基础上，理清陆的思想趋势，分析其中的矛盾及原因。

一、博爱主义与"人道"

博爱主义是明治知识分子较早关注的普遍性价值之一。这与弱小国日本被迫打开国门的境遇有关。这之后很长时期明治知识分子对欧美列强都抱有强烈的危机感。博爱主义作为保护本国的理念武器，常常被他们提及。然而这一理念在明治日本实际上很少被真正接受，其原因耐人寻味。陆羯南的身上也存在同样倾向，这又给他的对外观带来了影响。

陆对"博爱"和"平等"等理念的认识和使用都较早。在不危及本国利益时，他对这些理念都非常认同。这使他有别于那些功利主义、侵略主义者。后者对超越国家利益的理念和价值都不感兴趣。在当时，欧洲的博爱主义思想（philanthropism，明治期译为"四海兄弟主义"）和康德（Immanuel Kant，1724—1804）的永久和平论都已传到了日本。陆在文章中对这些内容多有谈及。他称扬博爱主义是"人类最终之进步"，认可其作为理想的价值，同时也指出日本不具备博爱主义的思想传统。他看到了这一理念与日本人大多"无博爱之理想"、国家间的军备竞赛愈演愈烈等现实情况之间存在的距离（陆羯南，1894：72）。

问题在于，在陆的思想中爱国主义与博爱主义之间缺乏应有的紧张关系。他仿佛看不到其间可能存在的矛盾。他在《世界之理想与国民之观念》（1890年1月）中说"国民之观念"（爱国心）才是达成"世界之理想"（博爱主义）的阶梯：在世界这个生存竞争的大战场，人最重要的身份是其作为国民的存在，且只有以高度的爱国心支撑国家在竞争中取胜，才能成为"优等国民"。之后通过"优等国民"对"劣等国民"的同化和淘汰，才能实现博爱主义（陆羯南，1969：372）。按照这个逻辑，博爱主义不过是经过一系列优胜劣败的竞争后站在世界顶峰的唯一一国对他国的同化与淘汰罢了。且国家间竞争的终结，只能期于未来社会，博爱主义的施行也是遥不可期的。关于竞争，陆的看法也过于乐观。他虽然看到竞争"非人道"的一面，却仍说"争愈大公愈多，公愈多则道愈近"，认为竞争最终会带来"公道"（陆羯南，1894：1）。可见，使本国在生存竞争中取胜才是他最大的关心。

陆还提出一个折中方案："该遵从博爱主义之事项，则遵从其主义。该依据排他自卫原则之事项，则遵从其原则"（陆羯南，1894：补遗16）。此处的"排他自卫原则"即爱国主义。在没有给出具体标准的情况下，陆提出让两种主义在适用时各得其所，这可谓是一种无原则的折中。其间可能存在的冲突与矛盾被彻底忽略。但要注意的是，陆一贯奉行国家至上原则，凡事优先本国利益。那么他的折中方案也大多难以成立，博爱主义最终成了一个空想。

那么,陆为何常常提及博爱主义呢?首先,他受以儒教为主的传统思想熏陶长大,认可儒家的大部分道德理念。其思想中随处可见对"道义"的坚持和信守。这些内在的气质是他接受博爱主义的思想基础。然而现实的残酷又使他不得不将其搁置不顾。这种理念与实际行动之间的乖离出现在很多明治知识分子的身上。

其次,对于陆来讲,博爱主义是抨击欧美列强的利器。"人道"、"理"等代表普遍性价值的词汇也常出现在他的文章中,但多半是在批判欧美列强的语境中,为批判提供道德依据。例如陆曾说"以宗教或人种之异同,二三国际礼法之解释,乃有悖人道者。视有悖人道之举动为当然者,乃无视人道之存在、忘记世界文明之大理者也"(《对外思想之革新》1898年5月,陆羯南,1971:71);八国联军侵华后,陆曾以"国际良心"为依据谴责俄德两国的暴行(《国际良心之退步》1901年11月,陆羯南,1972:307)。不过这些词语有时也会成为将本国行为正当化的工具。甲午战争后发生了三国干涉还辽事件,陆即撰文称,日本应站在"东亚时局主人"的立场上遏制俄德两国对东亚的侵略。这是"以正义自由均等和平博爱为旗帜,为人道而敢为之对外言行"(《对外思想之革新》同上,陆羯南,1971:71)。在这里,日本的立场被从道德上彻底正当化了。

以上可见,陆并没有将博爱主义这一理念真正接受。外来思想与本有理念之间必然存在冲突与矛盾,不经过痛苦的碰撞(拒绝、徘徊)二者很难实现真正的融合。在陆那里博爱主义没能与自身思想有机融合、浑然一体,仅作为拥护本国利益、抵抗欧美列强的理念工具被使用。这便导致了在面对中国、朝鲜等当时处于贫弱状态的国家时,陆没有将其信奉的博爱主义一以贯之去奉行,而是采取了更为功利主义和实用主义的策略。

二、经济合理主义与反军备思想

在陆的对外观中,另一个与普遍性思考相联系的内容是其对军备扩张的反对。因为其中包含了对世界和平的思索。然而陆并非彻底的和平主义者,他的反军备更多是出于一种经济上的考量。甲午战争后,陆开始反对日本政府利用战争赔款疯狂开展的军备扩张。从他留下来的众多相关论文可以看出,他在这方面花费了不少的精力。那么他因何反对军备扩张,这一思想为何没能引导他最终真正走向和平主义?下面将对这两个问题展开讨论。

（一）世界和平的视角

甲午战争后,日本政府将总计 2 亿两白银赔款的 8 成以上用作军备扩张费和临时军事费。陆观察到了使日本走上军国主义的这个征兆后,开始对其进行猛烈批判。他对这次军备的定位是"半为掩饰外交之失败,半为满足旧式之野心"(《要使一国之军备适可而止》1901 年 8 月,陆羯南,1972:230),其眼光可谓犀利。军备扩张政策实施后不久,他在《政界漫言》(1898 年 1 月)中,将这一"反文明主义"的举动说成是"一场政变",认为这是日本历史转折的时刻:从此"外政由和平转为攻战,内政由文治转为武断"。他甚至看到这样的日本已有"妨碍东洋和平之嫌"。看到举国上下无人敢于公然反对军备扩张,他分析说这是战争中形成的"举国一致之惰力"使然(陆羯南,1971:14—15),并呼吁国民摆脱这一思想上的惯性。以上对军备扩张性质和原因的分析、后果的预测可谓既精准又深刻。陆此时已预见了军国主义苗头对国内政治及国际局势的影响。他的观点提醒我们,讨论日本战争责任问题时应该将明治乃至更早时期的政策及言论包括进来做统一考察,才能获得更加全面和整体的认识。

陆向来对军备不积极。他认为只有在"以真正文明思想反抗野蛮行动"的前提下军备才有必要,反对所有非此目的的军备(《真正之文明国》1898年4月，陆羯南，1971：62）。然而"文明对野蛮"这一图式往往成为帝国主义对外侵略的借口，所以此处的表述还不能等同于和平主义的主张。

1900年11月，陆听说万国仲裁裁判所草拟了《国际纷争和平处理条约》后格外高兴，便写了《万国仲裁裁判所》一文。文中高度评价该条约是"一道正义之光"、"世界人道史上之一大关节"。期望能借此遏制"国际纷争诉诸武力"的做法。他期待该条约尽快发挥实效，以使日本醒悟"军备扩张之愚"，放弃军国主义道路（陆羯南，1971：616）。可见陆在心里上对"正义"、"人道"的渴求并没有消失。这些渴求在反对军备的问题上得到了释放。

（二） 经济利益的视角

如果说上述反军备的言论略具和平主义视角，那么下面来自经济利益视角的反军备言论，才是最主要的。陆较早观察到了军备对经济的危害。在《支那问题与经济界》（1899年10月）中，他对这一问题做了深入的分析：欧美列强入侵中国"乃为工业家资本家之前驱"，一切皆"应经济之必要而起"，因此"不会断然举行不经济之外交及战争"。日本的盲目军备则不同，"最初即将经济世界之事置之度外"，"不顾工业之衰退及资本之贫乏"，不加思考地"将攻势性扩张原则加入军备之中"（陆羯南，1971：351）。通过理性的思考，陆看到欧美列强的对外扩张总是以经济利益为根本目的，其军备的目的亦在于为对外经济扩张保驾护航；而日本的军备扩张已自我目的化，反而将经济作了牺牲品。这一分析也道出了日本这一新兴帝国主义国家与老牌帝国主义国家间的区别：前者为加入帝国主义阵营显得过于急躁和不择手段。在陆看来这是由于没有很好地领悟后者的游戏规则造成的，也因此注定了其失败的结局。

关于帝国主义的目的，阿伦特（Hannah Arendt，1906—1975）曾指出，帝国主义"根本不是政治概念，而是从商业考虑的范围里产生的，其中所说的扩张意味着工业生产和经济业务的永久性拓展，这是十九世纪的特点"①。陆的看法与上述论断十分吻合。源自欧洲的帝国主义目的主要在经济扩张方面。而后发追赶进入帝国主义模式的日本，却走上了军国主义这一殊途。陆认为日本"倾国力于军备之扩张"的做法是对欧美对外战略的误读。

陆在《一种势力圈》（1899 年 10 月）中说，列强的军备与其经济实力成正比，新增军费与国民生产的增加成正比。日本则是为扩张而扩张，只仿效了外国军备的形式，没有看到其实质目的和作用。日本的盲目军备已严重危害经济，使其他产业的发展缺乏资金，导致"财力日益被掠夺，经济界越发不景气"（陆羯南，1971：355—356）。在上述《支那问题与经济界》中，陆指出庞大军队仿佛是国家饲养的"大食动物"，要"永远地吞噬巨大之资财"。军备及军队的维持耗费巨资，又不能带来经济利益。最终导致日本"财政上之大困难"。由于没有财力投入到殖民地经营上，日本在中国的"专管居留地皆荒草弥漫"（陆羯南，1971：351—352），没有得到很好的利用和开发。

陆的眼光非常现实，他的最大兴趣是国内经济的发展和对外经济扩张。在他看来，军队最大的作用仅限于为经济保驾护航。而他不得不面对的现实是，日本在甲午战争后走上了极度的军备扩张道路，且社会舆论对此大多赞成。陆以其敏锐的观察力和判断力指出了日本的这一重大失策，却无力回天。与日本财力不相称的军备使得其他社会活动都为其让路。陆看到的这个事实，早在甲午战争后就发生了。因此日本走上军国主义道路，应从此时，而非后来的二二六事件（发生于 1936 年 2 月 26 日的军队内乱）开始计算。

（三）外交的视角

自此，反对军备成了陆的重要课题。他在《国是谈》（1900 年 3 月）指出：日本是错将"帝国主义"误解成了"军国主义"。"帝

---

① 汉娜鄂兰：《极权主义的起源》，台北时报文化出版企业有限公司 1995 年版，第 205—206 页。

国主义"一词源自英国,意在"以英人种支配世界"。对于"帝国主义",陆从"人口之增殖需要移住,工业之发展需要开拓销路"的角度承认其存在的合理性(陆羯南,1971:447)。而对于源自德国与俄国的"军国主义"他是坚决批判的。陆的主张反映了他一贯的重视经济殖民、轻视武力扩张的态度。

陆还从外交战略的角度对盲目军备进行了批判。他很早就看出,扩张后的军队必然要寻找用武之地。如此则受害者不是清国便是朝鲜(《支那问题与经济界》同上,陆羯南,1971:352)。他后来在《要使一国之军备适可而止》(1901年8月)中也说,军国主义将"招致列强之猜忌,紊乱世界之和平"。日本的军备将直接导致"国外列强增加军备,成为支那近海之压迫"(陆羯南,1972:230),使东亚局势变得紧张:

> 于东亚,我国乃主人,列国则宾客也。故列强于东洋之军备,不问陆军海军,无不取准于我国。(中略)今列强中尚有一二有扩张东洋舰队之计划,毕竟无外乎欲使彼之势力接近于我国也(陆羯南,1972:231)。

列强间已开始上演军备竞赛。陆警告说如果日本"进而有第三期海军扩张之举",必将招来欧美列强的敌视和猜疑(陆羯南,1972:231)。

到了1902年,陆在《祝岁之辞》(1902年1月)中直接说"当时举国一致"的军备已彻底失败。然而"经营虽误国,军备则扩张完毕"(陆羯南,1972:338),面对已经完成的军备,他也已无计可施。他还看到"军国主义之骄梁"已逐渐形成,并将导致"军队自身之腐败"。养兵不用会使军纪废弛,如果使"军队之士气面向国内,不免生出诸种之弊害"。那么解决的办法只有两个:"施行军备机构之紧缩"或为"军队制造实用之机会"(《军队之腐败》1902年1月,陆羯南,1972:341)。日本政府显然选择了后者。

在此，陆指出了日本陷入的恶性循环：军备、经济凋敝→对外行使武力→再军备、经济更加凋敝→继续对外行使武力。这仿佛预料了二十几年后发动侵略战争的军国日本之轨迹。学者森本忠夫后来得出了与陆类似的结论：富国是强兵的基础。但日本越是加速强兵政策就越妨碍富国的实现，最后走上贫国道路。明治时代直至二战前，日本陷入了强兵与贫国形成的二律背反中，最终导致了1945年的国家崩溃（森本忠夫1993）。

研究者罗伯特·吉尔平（Gilpin Robert，1930— ）曾指出帝国主义模式的问题：对帝国的生存来说，经济盈余必须比战争成本增长得更快。但这很难做到，帝国需要被迫减少其领土控制和财政负担。如果不能成功收缩，则必然衰败（罗伯特1994：117）。陆所主张的正是一种收缩的方式：缩小军备，将节省下来的财政用于经济发展。可惜他的建议并未被采纳。

三、对外经济扩张的战略主张

通过以上分析我们可以肯定，陆反对过度军备和军国主义。那么他的对外观为何没能最终走向和平主义呢？这与他对外经济扩张的野心有关。陆对军国主义的批判大多并非出于对邻国的同情和国际正义，而主要是从本国经济利益出发。在批判军国主义的同时，他也提出日本要对外谋求霸权。

（一）对"外伸"的积极肯定

陆向来以国家利益为本，为了国家利益，他积极主张对外扩张。早在1893年时他就写过有关文章。得知日本在爪哇的移民争取选举权失利后，他撰文称"内治固不应受外邦之干涉，然此乃为爪哇言之。置两万臣子于爪哇之日本帝国可言之哉"。言外之意要求日本政府强硬干涉爪哇内政，以保护日本移民获取更大利益（《陋哉国际策》1893年5月，陆羯南，1970：109—110）。短短几句即暴露了他相对主义、随机应变的立场。当内政不受别国干涉的国际原则与日本之利益被放在天平上时，他毫不犹豫地选择了后者。

甲午战争爆发时，陆撰文表示期待日本去海外谋求发展（《读宣战诏书》1894年8月，陆羯南，1970：569）。在同月写成的《东洋之新局面》一文中，迫切希望成为欧美列强一员的心情跃然纸上。他分析说日本与中国、朝鲜同列于"东洋大俎"之上，被"西方诸国"任意"宰割"。日本要摆脱这种状态早日"就坐于宰割者之位"（陆羯南，1970：580）。在预言日本之胜利后他提出了如下的构想：

> 今帝国使朝鲜脱离羁绊，同时又将手伸至支那之东角。右翼以北海道与俄相接，左翼之冲绳县与台湾相望以通脉络于英法。则作为环坐于东洋大俎之一人，岂能无所为。（陆羯南，1970：581）

陆此时已看到了俄国与英国的矛盾，主张利用这一矛盾发展本国。而朝鲜、台湾及冲绳都成了为日本发展服务的棋子（陆羯南，1970：581）。

陆时刻关注着列强的举动。听说意大利要求中国割让三门港后，他立即撰文批评日本政府"榨干细民之膏血进行军备扩张，却被意大利先发制人"，言外之意要求政府利用强大兵力尽早在中国取得特权（《伊太利之举动》1899年3月，陆羯南，1971：235）。听说德国人在沂洲的活动后，他又建议政府向中国派兵。还声称"向没有内治能力的主权国"派兵作为"一种特例"是国际惯例所认可的。他甚至说"今日内地具有余之军队，将之用于支那亦是一策"（《南支那与外国驻兵》1899年4月，陆羯南，1971：252）。得知俄国谋求北京至牛庄的铁路铺设权后，他即主张如果北京政府不拒绝俄国，则日本也应提出要求（《英俄协商之前途》1899年5月，陆羯南，1971：278）。同时积极谋划将福建省作为日本的势力范围

(《时事见闻志5》1899年9月，陆羯南，1971：346）。

陆虽批判军备，但当军队可为对外经济扩张服务时，他是完全赞同的。此后他多次撰文强调"对外伸张"的必要："拓地殖民"既可解决多余人口之生存问题，也是精神上之需要：作为国民就应该"扩张国土，振国威，伸张同人种之势力"，以创造"人种之功绩"（《祝岁之辞》1902年1月，陆羯南，1972：337）。在《对外平和事业》（1902年3月）一文中陆已将"对外伸张"的对象锁定到中国和朝鲜，并说日本要向两国"伸出我民族之手"，以获得经济利益。具体策略包括开拓中国内地航路、在朝鲜修建铁路等。并称如两国竟敢误解为这是日本侵犯了本国利益，那便是"丧失邻国情谊之举"，是应该加以鄙视和批判的：日本在两国获得权益理所当然，因为"支那保全"、"朝鲜独立"还要靠日本。他还说日本此举可"打破东亚大陆之暗黑，使其土地及人民沐浴世界文明之光辉"。这仿佛就是后来的大东亚共荣圈理论的先驱（陆羯南，1972：392）。

（二）对世界形势的分析以及对经济扩张的偏重

陆主张"对外伸张"，根本动机是为效仿欧美列强。他说过"列国相竞于支那大陆伸张其利益线、扩大其势力圈，我固不得独逆此趋势"（《国之内展及外伸》1902年4月，陆羯南，1972：412）。在《支那问题与经济界》（1899年10月）中，他以独到的眼光分析了列强对东亚战略的变化："殖民政策之语今已有陈腐之状"。殖民主义已退潮，取而代之的是"势力圈"或"利益线"。经济扩张是新战略的重点，且"打开过剩工业产品之销路"的做法已过时，"代替所谓航海扩张的，今乃铁道之铺设，代替所谓通商发展的，今乃矿山之开采"。（陆羯南，1971：352）。他分析列强对中国和朝鲜的战略是：不欲"侵吞其土地人民，唯欲将其放在己之势力圈内，己之利益线内"。只要"使其堆积之资本获得充分利用之途"即可。所以宁可以两国政府的"腐败混乱"为利，也不会过度干涉其内政（陆羯南，1971：353）。

陆认为，以列强为标准看日本的对外政策，可谓南辕北辙：日本在甲午战争后实行的"朝鲜扶植"和"支那保全"政策，声称欲敦促两国施行"政事之改良"和"法令之革新"。然而这样"品格高贵"的政策已不合"世界之大势"。且两国情况比明治维新时的日本"混乱更甚"。"国人之资性"也比日本人"甚是下劣"（陆羯南，1971：352）。导致日本所采取的政策不具有实现的可能性。虽然陆是出于对两国国民性失望的原因，但毕竟他的主张是不过多干涉两国内政，并认为日本应该追随列强，实施注重经济利益的对外政策。

但陆也看到了对外经济扩张的阻力和困难：日本政府严重的财力不足。他说"在国内都苦于资本匮乏的人民，如何有余力奔赴支那和朝鲜等地。京釜铁路至今未完成测量，支那诸居留地至今蔓草丛生，皆是国民财力不足所致"（《一种势力圈》1899年10月，陆羯南，1971：356）。他对日本的财力衰竭深表担忧，认为日本没有进行对外经济扩张的财力：甲午战争后外资竞相流入中国，列强获得了在中国铺设铁路、开采矿山的权利。而日本上下苦于没有资金，竟然羡慕起中国来。日本人"最初便希望外资投入到我之铁路及矿山"，对于"外资之流入"和"欧美富力之来侵"实则非常期盼（《以富力征伐》1900年5月，陆羯南，1971：479—480）。

在甲午战争中取胜、被列强认可的日本，在经济上如此贫弱，以至于羡慕起外资流入中国来。陆认为日本于"今日之经济界自立犹难"（陆羯南，1971：480）。更别提对他国进行经济殖民了。在《以富力征伐》一文中，他列举了三种对外扩张的途径：上策靠"德力"，中策靠"富力"，下策靠"兵力"。而据他的分析，留给日本的也只有下策的"兵力"了。他仿佛预见了其后日本所走的道路，带着一丝忧虑和慨叹。

四、结语

综观陆羯南的对外观，其最大特点是对本国利益的考量和对经济扩张的偏重。陆从这一角度出发，注重道义、反对军备、反对干涉别国内政。他对日本经济状况的认知是清醒的，也很早预见了穷兵黩武将会导致的败局。他在观念层面上对以德服人式的外交战略、非军事的和平路线始终没有放弃。可以说他是一位道德意识很强的思想家。但他的思想确实存在矛盾之处：既向往博爱主义和人道又推崇本国利益至上；为世界和平及东亚安宁反对军备扩张，同时又主张日本在东亚的霸权，视中国和朝鲜为其工具和棋子；欲效仿欧美列强进行对外经济扩张又苦于本国无财力，转而就可能会默认日本政府仰仗强大兵力展开对外侵略的霸权主义。对此，我们不得不追问其中的原因。

陆的问题表面看是由于其国益优先的思考方式。其深层原因则是思考没有普遍性原则做支撑而缺乏统一性。由于缺少这一主心骨，他的对外观变得无原则。本国利益和对外经济扩张是陆的两条思维主线，然而国家利益以及经济发展本身并不能成为标准和原则，追求怎样的利益，向哪里发展，还需另寻答案。作为学习欧美的好学生，陆的答案自然是效法欧美。他也的确以一流的观察力捕捉到了欧美列强对外战略的要点。然而陆可能比同时代的很多人都更早看到了困难之所在，那就是日本的财力问题。

想要效法欧美却不具备欧美列强那样的财力基础。且实际上当时的日本与欧美在社会发展阶段、文化底蕴等方面都存在巨大差异。日本面临的这一困难曾被夏目漱石（1867—1916）及后来的学者表述为外压下被迫开启现代化进程的后进国家必然面临的所谓后发外生型现代化问题。诚如富永所言，"非西洋诸国的现代化，始于来自西方近代的文化传播，是在此基础上对自国传统文化重构的过程"[①] 即需要以自国传统为基础接受西方先进文明，在此基础上进行再创造。富永认为在这方面日本一定程度上是成功的，但他没

---

① 富永健一：《日本の近代化と社会変動——テュービンゲン講義》，东京讲谈社1990年版，第39页。

有看到的是，在所要依据的根本原理和理念上，日本至今没有成功。通过陆羯南的例子我们看到，这一创造性过程是需要理论基石的。即需要能够认可且始终坚守的普遍性原则。正是因为缺少这一原则，才会出现竹内好批判的现象：日本将"欧洲的原理"与"亚洲的原理""分而用之"（竹内好 2005），根据需要去任意选择原理。这其实便意味着根本上的无原理。这才是陆羯南对外观中存在矛盾的根本原因。而这才恰是我们对于像陆一样注重道义、具备知性和远见的日本知识分子所最期待的东西。

参考文献：

韩东育：《从"脱儒"到"脱亚"：日本近世以来"去中心化"之思想过程》，台北：台湾大学出版中心，2009 年版。

韩东育：《从"请封"到"自封"：日本中世以来"自中心化"之行动过程》，台北：台湾大学出版中心，2016 年版.

姜辉：《陆羯南的中国观研究》，天津：南开大学出版社，2015 年版。

李向英：《陆羯南の対清认识——日清提携论から支那保全论へ》，载《史学研究》2004 年 1 月总第 243 期，第 21—41 页。

李含《近代日本和平思想的发展轨迹》，中国社会科学院研究生院，2010 年博士论文。

陆羯南：《陆羯南全集 2》，东京：みすず书房，1969 年版。

陆羯南：《陆羯南全集 4》，东京：みすず书房，1970 年版。

陆羯南：《陆羯南全集 6》，东京：みすず书房，1971 年版。

陆羯南：《陆羯南全集 7》，东京：みすず书房，1972 年版。

陆羯南：《国际论》，东京：日本新闻社，1894 年版。

罗伯特·吉尔平：《世界政治中的战争与变革》，北京：中国人民大学出版社，1994 年版。

片山庆隆：《陆羯南の対外论：日清战争后を中心に》，载《日本史研究》2011 年 3 月总第 583 期，第 97—114 页。

山口一之：《陆羯南の外政论 1—4》，载《驹泽史学》第 27、28、35、38 期，1980 年 3 月至 1988 年 3 月。

森本忠夫：《贫国强兵——"特攻"への道》，东京：东洋经济新报社，1993 年版。

王明伟：《试论陆羯南的国际观》，载《史学集刊》2011 年 05 月，第 97—102 页。

远山茂树：《陆羯南の外政论——とくに日清战争前后の时期を中心として》，载《横滨市立大学论丛人文科学系列》1974 年 4 月，第 24（2·3）期，第 1—29 页。

吉野作造的中国因缘与中国认知

徐静波

（复旦大学日本研究中心）

一、引言

在日本的近现代史上，吉野作造（1878—1933）主要是以大正民主运动的理论家和指导者而为人们所记取，在生前，他的宪政思想就对蓬勃展开的大正民主运动产生了巨大的影响，在身后，作为一位重要的思想家，他的生平和思想也一直为后人所瞩目并不断地加以研究，差不多一百年过去了，它依然被清晰地留在了日本人的记忆中。毫无疑问，吉野作造的宪政思想不仅对于日本，即便对于当时和现在的中国或者说东亚，依然是一份不可忽视的思想遗产，可以由后人来继续整理和扬弃。

不过本文的关注点，主要在于他对中国的认知。日本朝野对中国的认知，在很大程度上决定了日本国家发展的走向。考察大正时期知识人代表之一的吉野作造的中国观，目的是厘清和把握这一时期日本人的中国认知，以把握当时日本对华姿态的内在思想动机。

至少从江户时代的中期前后开始，围绕着日本人对自身认识的演变，对于他者之一的中国的认识，逐渐出现了歧异。歧异的缘起，第一在于大航海时代以后西方带来的新知识，尤其是因地理大发现而建构起来的对世界的新认知，使得这一时期的日本人意识到中国未必是它主要的他者，更由于新的知识和技术的传入（杉田玄白等译著的《解体新书》是一个代表),使得长期以来中国一直处于先进国的地位渐趋动摇。第二个原因,18 世纪后半期开始兴起的"国学",努力抬举日本文化原本的价值而力图排斥外来的儒学和佛教,这其实又牵涉到对自我和他者的再认识。虽然大半个江户时期,中国的朱子学几乎被幕府定为官方的意识形态,对中国文化的痴迷者,也几乎占了士人的半壁江山,然而在 1857 年刊行的《万国一览》,按国家的强弱和人口的多寡为基准,用相扑的名位排列法进行了排序,东西两边的大关(当时相扑中最高的级别)分别是俄国和英国,"满清十八省"则被排在了很下面的表示行将退役的"年寄"一列①。由此可知,中国的地位在日本人心目中的逐渐跌落,并不始于 19 世纪末期的甲午战争之后,实际上在大航海时代以后就开始发生了明显的变化。

1854 年日本被迫打开国门后,尤其是进入明治时代以后,以西方为楷模,励精图治,至 1890 年代时,基本完成了从前近代向近代国家的转型,甲午一战的胜利,又使它跻身于所谓"文明国家"的行列,无论是"脱亚论"者还是亚洲主义者,日本是东亚盟主的意识已经在日本朝野深入人心。而经过了 1874 年的出兵台湾、1879 年的吞并琉球,一直到甲午战争,步步退却的中国,几乎已经完全被日本人贬在了脚下。但亚洲主义者还是愿意联手中国,一来是由于近两千年来中国与日本在文化上的深厚渊源,日本毕竟在东亚大陆文化中浸润久远,其内在的情结一时难以割舍,二来是因为庞大的国土和众多的人口,一定是图谋扩张的日本利益的最主要的源泉。日俄战争以后,联手中国的言论,逐渐被引领和俯视式的帮助、甚至是控制中国的思潮所取代。这样的对华认知,或有色彩的浓重不一,形态的大小变异,一直左右了战败前的绝大部分日本人。

---

① 鸟井裕美子:《近世日本のアジア认识》,沟口雄三等编:《交错するアジア》,东京大学出版会 1993 年,第 247 页。

但仍有少部分日本人，出于其非主流的思想背景和个人的独特体验，仍然保持了对中国相对清醒的认识，并试图通过自己的言论和行动努力地表现出来。大正时期的吉野作造就是一个不可忽视的典型。

二、吉野作造的中国因缘

有点诡异的是，吉野作造在很长的时期里，对中国一直没有什么兴趣。

吉野作造的家里曾兼营报纸书籍的销售，很早与书报结下了不解之缘，他自幼天资聪颖，小学、中学都以第一名毕业，儿时数学成绩尤其出色。免试进入了第二高等学校（东北大学的前身）法科，1900年时考入东京帝国大学法科大学政治学科，4年后以第一名的成绩毕业，再进入大学院深造。他的青年时代，有两点值得关注，第一是他在20岁时正式信奉基督教，接受了教会的洗礼，此后，基督教思想是他一生中最为重要的精神资源之一；第二，他开始倾向社会主义，阅读了多种西文的社会主义文献，参加社会主义读书团体活动。19世纪末20世纪初，正是西方的社会主义思想在日本广为传播的时代，出现了幸德秋水、堺利彦、片山潜等一批社会主义活动家，甚至还有幸德秋水的《廿世纪之怪物帝国主义》《社会主义神髓》的问世，吉野作造从基督教思想出发而关注社会主义思想，自有他内在的成长逻辑。在他日后的言论中，虽未表现出明显的左翼倾向，但追求平等的社会主义，也一直是他思想的底流之一。

以吉野学业的出色，他本可以在东大任教，却一时未能如愿。1905年底，时任法政大学校长的梅谦次郎推荐吉野去天津出任直隶总督袁世凯的长子袁克定的私人教师。在此之前，吉野作造与中国几乎没有什么交集，没有充分的迹象表明他对中国的事物具有浓厚的兴趣，他似乎也没有表现出在中国古典上的学养。据他自述，他最早读的汉文著作是水户藩的青山延于根据他自己的著作《大日本史》改写的《皇朝史略》，那是在他9岁的时候，他的两个姐姐辅导他的，之后又读了赖山阳的《日本外史》①。从他自传式的文字中，几乎没有找到他阅读中国古典或有关中国历史的记述。这一情形与他同时代的人似乎有些不同。他去中国最初的动机，或许只是为了谋生。

1906年1月24日，吉野携带妻女乘坐山东丸从神户启航，抵达山东芝罘（今烟台）后再换乘德国客轮驶往秦皇岛，经铁路到达天津。由于在待遇上双方的理解有误，袁家并不负担吉野的食宿，一开始的半年，生活有些困顿，时常要依靠朋友的借款度日。同年6月，袁克定被任命为奉天省督连处总办，7—9月吉野随袁克定一同去了奉天（今沈阳），去之前，袁世凯见了他一次，吉野对他的印象是"一个穿着粗糙棉衣的老翁"，"见到之后，他笑眯眯地伸出手来与我握手，其神情之随和让我吃了一惊。"②袁世凯只是跟他说了些寒暄的话，便示意会见结束。吉野的工作，就是对袁克定讲授行政法、国际法，及陪他阅读相关的书籍。1907年3月开始，他又获得了直隶督练处翻译官的名目，在督练处每天讲授两小时的战时国际法。听讲者共有七人，"皆曾在日本留过学，通日语，都是督练处的高官。"③ 1907年9月，袁世凯在天津开设了北洋法政学堂，旨在培养法政人才，学生分为两个班，一为"绅班"（行政科），另一为"职班"（司法科），吉野主要在前者任课，讲授"国法学"和"行政学"，薪酬甚高，每月400元。学生中就有后来出任北京大学教授、中国共产党创始人之一的李大钊。吉野的日记中记录了政治学科目考试的两道题目：1）近世文明诸国均尊重个人之自由及利益，其故安在？试说明之；2）说明法治主义之发达之历史④。由此

---

① 《はじめて読んだ書物》，《吉野作造选集》，岩波书店1995年，第12卷，第59页。
② 《清国の夏》，《吉野作造选集》第12卷，第265页。本文的日文引文均由笔者译自原文。
③ 吉野1907年3月25日日记，《吉野作造选集》第13卷，第18页。
④ 《吉野作造选集》第13卷，第59页。

可知，吉野试图把西方近代的人权思想和法治体系介绍到中国来，也可察知吉野本人政治思想的主脉。考试完毕后的当年 12 月，吉野辞去了法政学堂的教职。吉野在中国待到 1909 年 1 月，然后坐船返国。

稍稍有些令人费解的是，三年的在华岁月，并未引起吉野日后对中国的关切，他自己坦言，也未对他后来的中国认知产生什么影响："因为待了三年，社会上误以为我对中国已有了些了解，实际上并不怎么了解。那时我主要居住在北方，接触的都是些官场里的人。我试图与各色人等交往，希望结交一些朋友，实际上真正的友人一个也没有得到。没有遇到可以信赖的人。因此，虽然在中国待了三年，却觉得中国没有什么像样的人物，大感失望而归。我觉得中国没有什么光明的前途，因而以后也就不打算研究中国问题，对中国的事情完全不了解。"① 我的理解是，从吉野的成长经历和教育背景来看，他几乎没有接触过儒家的经典和中国文化，与明治时期的大部分日本人不同，他几乎没有文化上的中国情结，在中国的三年期间，他也几乎没有去踏访过中国的名胜古迹，除了讲课外，日常生活中他也几乎不接触中国社会和中国人，他觉得中国这个国家，未来似乎没有什么希望，对于日本和世界，也不具有什么意义。他倒是一直热心地参与当地基督教青年会的活动，每周去教堂，还对教徒们宣讲社会主义思想。说起来，他从来不是一个亚洲主义者，也不抱有那个时代不少日本人所具有东亚的连带意识。他到中国来，主要的目的是出于谋生，而不是因为对中国有兴趣。他内心关注或倾慕的，似乎一直是欧美。

因此当他回国担任了东京帝国大学助教授后，听说有去欧洲留学的机会，便立即提出申请，最后如愿以偿，1910 年 4 月至 1913 年 6 月，在法国、德国、英国、美国等国游历了三年多，刻苦学习法文、德文、英文甚至意大利文，在各个大学旁听有关课程，并兴

---

① 《支那问题に就いて》，第 13 卷，第 420—421 页。

趣浓厚地旁听了德国帝国议会的竞选演说，列席了日内瓦的世界议员会议、世界和平协会大会等，仔细考察了欧美的政治实状，回国后利用各种场合开始鼓吹欧洲的宪政思想和普选制度，陆续发表了大量政论文章，宣扬民本主义（实质上就是民主主义），最著名的是 1916 年 1 月发表在《中央公论》上长达一百多页的《论宪政本意及贯彻之途径》，正式吹响了大正民主运动的号角。

真正使得他把目光移向中国的，大概有两个机缘。一个是 1914 年 2 月起，吉野到新开设的政法学校授课，由此结识了戴季陶等一大批早期国民党人。1913 年 9 月孙中山策动的第二次革命失败后，孙中山、黄兴等纷纷逃亡日本，试图重整旗鼓，东山再起。1914 年 2 月，曾经担任中华民国临时政府法律顾问的东京帝国大学法学教授寺尾亨博士（1859—1925）在东京发起成立了政法学校，培养训练有志改造中国的中青年人，教员中汇集了一批东京帝大的杰出教授，刚刚从欧美游学归来的吉野也被邀请来讲授政治史，以后一直至 1919 年 6 月学校关闭为止，坚持在这所学校授课，学员基本上都是中国人，吉野因此接触到了一些不同于他往日天津时代接触过的官场的中国人，也多少使他对中国问题萌发了关切。1915 年 4 月，他请戴季陶在东京大学政治史讲座中作了一个题为"支那思想的变迁"的演讲，6 月 5 日在筑地的"同气俱乐部"举行的"外交问题研究"的聚会上，他见到了做演讲的孙中山，之后一起进行了几个小时的餐叙，戴季陶担任了现场的翻译。第二个是受托开始对近代中国革命的进程展开了研究。孙中山的第二次革命失败后，从 1905 年前后开始支持孙中山革命的头山满（1855—1944）、寺尾亨等请吉野从政治学专业的角度研究一下孙中山等人的中国革命史，在日本播扬一下他们的革命精神。头山满在根本上是一个国家主义者，扩张日本的国家利益是他一切活动的出发点，1881 年发起成立了"玄洋社"，但他同时也是一个亚洲主义者，主张东亚国家联手抗击西方势力的进逼，因而支持代表了中国新生力量的孙中山革命党。由于头山满等的委托，吉野才认真地把目光投向了此前的辛亥革命以及此后的革命党动向，除了文献的阅读外，他还积极与戴季陶、殷汝耕等人交往，此后又数度会晤黄兴，从他们那里直接了解革命的宗旨、活动及今后的计划。在1916年7月28日致后藤新平的信函中，吉野提到了他在近日与戴天仇（季陶）、黄兴和毕业于日本陆军士官学校、参加辛亥革命的张孝准等人的往来①。与留日学生为主体的中国革命党人的交往，使得他对以孙中山、黄兴为领袖的试图改造中国的新兴力量，有了比较深切的了解。

1918年5月8日，他从报上获知前一天有几十名中国留学生因为反对《日华共同防敌军事协定》举行抗议活动而被神田警察署拘捕，他当即写信给时任外务大臣、翌年出任东京市长的后藤新平男爵，希望当局能对他们采取"缓和慰抚"的做法，"尚祈男爵得暇会见主要留学生人员，他们之中日后必有在彼地位居要津者，以此之举予彼等好感，对于他日（日本）在支那行事，实为必要。"② 9日的《东京日日新闻》发表了他的文章《关于支那留学生拘禁事件》，呼吁当局对于中国学生不宜如此粗暴对待，应予释放。

1919年，北京爆发了以学生为主体的五四政治运动，之后蔓延至全国的各主要城市。日本的媒体对此作了迅速的报道，《朝日新闻》在5月5日刊发的新闻标题是《北京发生烧抢事件》，小标题是"排日学生的暴动，章公使受重伤，曹汝霖宅邸被放火"。同一天《东京日日新闻》报道的题目是《北京发生排日暴动》，小标题是"一千余名北京大学生，发出立即归还山东的尖声厉叫，闯入曹汝霖氏的住宅"。受媒体的蛊惑，在一般日本人眼中，五四几乎成了暴徒们的狂欢。5月7日，在东京的中国留学生前往中国驻日本公使馆，对中国政府在巴黎和会上的软弱态度表示抗议，结果遭到了日本警局的抓捕，吉野作造为此积极奔走援救。

有关五四的消息，吉野作造大抵也是来自这些日文报纸，但是

---

① 《吉野作造选集》别卷、岩波书店1997年，第22页。
② 同上，第24页。

面对舆论的喧嚣，他却发出了冷彻的声音，在6—7月的《中央公论》和《新人》杂志上发表了《不要谩骂北京学生的行为》《论北京大学学生的骚扰事件》《狂乱的惩罚中国论》等文章，对中国青年的"排日"行为，表示了与一般舆论相左的看法。此时吉野已经认识到，日中之间的友善互动，决不能仅仅止于当局与北京政府或相关地区掌权的军阀之间的财政援助，而应在民间赢得彼此的理解和好感，因而吉野就想到，应该组织北京大学的师生到日本来，与日本的师生进行面对面的交流，借此来沟通彼此内心的真实想法，消除隔阂与误解，此举若有效，再派日本大学的师生去中国。于是他就在6月写信给北京大学的教授李大钊，并把自己发表的有关五四的文章也一起寄给了李大钊。这些信函和文章后来以《吉野博士之我国最近风潮观》为题译载于6月18—19日的北京《晨报》上，受到了中国舆论的好评。李大钊回函表示非常欢迎吉野到中国来访问和演讲。这时有一位名曰冈上的友人去北京，吉野就委托他与李大钊具体商议师生团互访的计划。李大钊表示，派遣学生团去日本，恐怕会在中国引起误解，先派遣青年教授访日较为妥当①。最后的结果是，1920年5月9日至6月10日，由徐彦之、康白情等五名学生组成的北京大学学生团，带着李大钊等三名教授的介绍函访问了日本，一行在东京、京都等地与当地的日本师生进行了较为深入的交谈和交流，吉野也积极参与了活动的安排。作为计划的一部分，日本的学生团原本也要去中国进行交流的，结果由于日本当局的阻挠和其他原因，最后未能成行，吉野本人也未能在北京大学发表演讲，只是在1923年7月，应上海的日本基督教青年会的邀请，在上海做过一次与中国无关的演讲，以后就再也没有踏上中国的土地。

---

① 吉野作造：《日支国民の亲善确立の曙光——两国青年の理解と提携の新运动》，《吉野作造选集》第9卷。

三、吉野作造的中国认知（一）

于上述的中国因缘部分可以知晓，吉野作造对中国的认知，大概可以 1915 年前后为界，分成两个部分。在此之前，他对中国尚未产生真正的关心和关切，或者因为一些机缘，已有一定程度的改变，但对中国的整体看法，比较消极，比较负面。他虽然已形成了基督教人道主义思想、早期的社会主义思想和西方宪政主义思想的背景，但在对中国的认知上，基本上还是为当时日本社会中占主流地位的国家主义所左右，尤其是在前期，日本人的优越意识还是比较明显的。

1906 年到达天津后不久，他就把自己对中国的观察和思考写成了一篇长文《支那人的形式主义》，刊登在当年 7—9 月的《新人》杂志上。这篇长文集中体现了他对中国现状的观察和思考，在整体上他对中国作出了负面的评价："对形式的讲究在今天的中国达到了异常的状态，它是多么深刻地阻碍了人类本性的自然发展，实在是超出了我们的想象。……因此，支那人非常缺乏独立自由的思辨。因为缺乏独立自由的思辨，所以也就没有高远的理想。没有理想，很自然的也就没有进步。大致来说，支那有模仿，但是没有进步，这是我可以大胆断言的。"他接着又写道："最近大家都在说，支那的人心近来已大大的觉醒，积极导入西欧的文明器物，热心改革既往的弊害，因此还将继续迈出进步改善的步伐。确实，与几年以前相比，毫无疑问支那已经面目一新。但是，这些现象真的能够证明清国人心的真正进步么？在我看来，还是有很大的疑问。要说到所谓进步改善的现象，也不过是对日本及欧美文明器物与制度的表面模仿而已。"①

1906 年时，孙中山为首的中国同盟会已在东京成立，试图推翻

---

① 吉野作造：《支那人の形式主义》，《吉野作造选集》第 8 卷，第 181 页。

满清帝制建立共和中华的革命也已进行了若干年,但其时吉野作造好像对此并无清晰的知识。1906年时,清政府已经在着手推动宪政改革,派了五大臣去海外考察欧美和日本的宪政制度,试图若干年后建立西方或日本式的君主立宪制,并废除了科举制度,开始创设新式学堂。这些新气象,吉野作造应该感觉到了,但他觉得这只是"表面模仿而已",还没有渗入一般中国国民的人心,因而中国并未出现真正的进步。

以明治后期的日本政治情状为参照系,他对当时中国制度上的落后表示了相当的失望:"来支那之前,我真没料到在20世纪的今天,竟然还存在着如此弊害百出的政治组织。而且对于这样的制度,支那人并未表现出特别的疑问。"① 但他同时又承认,当今也有不少中国人在批判这样的制度,但他们大部分只是出于自己个人的利害关系,一旦官府用金钱官位来收买他们,他们的态度就会立即改变。原因就在于,"支那的不平党乃至革命党的大多数,并不是那些对现存制度提出质疑的、具有明确政治主张的团体,只是一些对官吏的私利横暴感到憎恶嫉妒的在野党而已。因此只需当局给予他们一官半职和少许的利益,革命党就会转而拥护现存的制度。"② 因而他认为,"有人认为如今的支那正在涌动着革命的暗流或发生革命的机遇已在临近,恐怕这只是皮相之见吧。"中国或许会爆发民众的骚乱,"但这不会是真正的革命,只是暴民的起义骚动的夸大说法。真正的革命,必须具有一定的主义理想来做指导的,但当前的中国正是缺乏这些关键的要素。"③

由于此前吉野作造对中国问题并未予以深切的关注,缺乏相应的知识储备,而来到中国之后,又居于保守势力盘根错节的北方,对于南方以及海外已经风起云涌的革命力量所知甚少。1905年8月

---

① 同上,第183页。
② 同上。
③ 同上,第184页。

在东京成立的中国同盟会,已明确提出了"驱除鞑虏,恢复中华,建立民国,平均地权"的政治纲领,虽然还稍显简略,但在当年10月20日出版的同盟会机关刊物《民报》的发刊词上,孙中山已明确提出了"民族、民权、民生"的"三大主义",并对此进行了详尽的阐述,它在整个理念和立场上与满清政府是完全对立的,因而不可能出现吉野所描述的"只需当局给予他们一官半职和少许的利益,革命党就会转而拥护现存的制度"这一情形。吉野此时对中国政治情状的描述以及他的判断,是基于错误的信息、错误的观察做出的不切实际的结论。他后来也承认:"(东京大学)毕业以后我曾去支那游玩了一阵子,也许是我的足迹多局限在日本人较多的天津吧,对支那的革命之类完全没有兴趣。因而在大正5(1916)年年底(中国的)第三次革命发生之前,对支那的革命等都没有什么的研究。"[①] 由此也可见他当时对中国的社会政治现状、尤其是革命党的理解,是十分肤浅甚至是主观片面的,因而在相当程度上,误导了一般日本国民对当时中国的认知。

吉野对中国社会的负面印象,一部分也来自他在中国的日常体验。1906年7—9月,吉野作造随袁克定到奉天(沈阳)去居住了将近三个月,先在中国人开的面向日本人的旅店住了几天,他的感觉是:"中国人的房屋不洁不便,真是不像话。……食物也非常坏,加之旁边就是马车停聚的所在,有名的满洲苍蝇肆无忌惮地不断袭来,令人苦恼不已。"[②] 后来给他安排的住所,没有厕所,他要求在院子内建造一个厕所,竟然引起了中国人的怪异,他描述说,中国的中上层阶级,居室内备有便桶,而下层民众多在户外随地便溺。这些都加深了他对中国的负面感觉。

1909年初从中国回来后,中国就在他的视线中被移开了。辛亥革命爆发时,他正在欧洲游学。因为前述的原因,1915年开始,吉

---

① 《〈三十三年の梦〉解题》,《吉野作造选集》第12卷,第314页。
② 《清国の夏》,《吉野作造选集》第12卷,第268页。

野把他精力的相当一部分，移到了中国问题和日中关系上。恰好在此时，日本政府借一战爆发之际驱逐了中国胶州湾的德国势力，向袁世凯政府提出了扩张日本权益的"二十一条"。显然这是非常过分的、横暴的无理要求，不仅在中国国内激起了强烈的反对，吉野所任教的法政学校的中国学生，也举行了罢课以示抗议。吉野对此事也非常关注，在当年的 6 月迅速出版了《日支交涉论》，详细讨论日本的对华政策。这本书中，体现了吉野作造两种思想的交织和矛盾。一方面，他已在欧洲经历了三年多的宪政主义思想的洗礼，形成了或正在形成自己的民本主义思想，这一思想中又交织了早期基督教人道主义思想和部分的社会主义思想，同时也开始与在日的中国革命党人士有所交往，正在试图切换自己对中国的认识。而另一方面，从狭隘的日本人立场出发的主流的国家主义思想、所谓张扬"国权"的思想，主导了这一时期包括吉野作造在内的绝大部分日本人的对外、尤其是对华问题的立场。受后者的影响，吉野认为"二十一条"从日本帝国的立场来看，"大致来说是最小限度的要求"，"从帝国将来对中国的发展来看，是极其合适的处置。"肯定了"二十一条"的正当性，这一言论，后来被看作是吉野作造对华观的一个污点，实际上却说明了此时的吉野，尚未脱去几乎所有这一时代的日本人所具有的国家主义情结。但同时从基督教徒、多少有些社会主义思想的宪政主义者的视角，他也明晰地指出："日本对华政策的根本理想，在于帮助中国，与中国合作，中国和日本都作为东亚的强国，在所有领域伸张自己的势力，以此为世界的文明作出贡献。……不可分割中国的领土，要保持中国领土的完整，尊重其独立，充分发挥出他们国家和人民的能力，这必须是我们日本对华政策的根本。"[1] 在这里，吉野表现出了他的两面性：既试图坚持自由平等的基督教甚至是社会主义的立场，同时仍然无法摆脱那一时代几乎所有的日本人都具有的国家主义立场。

---

[1]《日支交涉论》，《吉野作造选集》第 8 卷，第 134—135 页。

四、吉野作造的中国认知（二）

然而自 1915 年年末开始，吉野作造的对华认知开始发生了比较明显的变化。其缘由我在本文第二节中稍有涉及。一个是他在 1915 年底读到了北一辉（1883—1937）寄给他的《支那革命党及革命之支那》。总体而言，北一辉自然是一个国家主义者，但他早年受宫崎滔天等人的影响，从 1905 年前后开始介入以同盟会为主体的中国革命，与宋教仁私交颇好，1911 年 10 月辛亥革命爆发时，他来到南京和武昌等地，协助黄兴、宋教仁等人主导的武昌起义。后来他开始撰写《支那革命外史》，并将写成的前半部分寄给吉野阅读。北一辉在书中除了以亲身的经历叙写了同盟会主导的中国革命历史外，主要表述了两个观点，一是他认为中国革命在本质上是出于救亡图存本能的一种国民自卫运动，是一种爱国的革命；二是中国革命的哲学源泉来自使得明治维新获得成功的日本的国家精神，通过留日的中国学生将学到的这一精神运用到了本国的革命中。北一辉的第一个观点，多少看到了近代中国革命的本质，但第二个观点则多少高估了日本的作用，实际上孙中山等发起的反清革命最初与日本并无关系，黄兴等人也是在策动的湖南起义失败之后才流亡到日本来的。吉野读到北一辉的书稿后，颇为感佩，他写道："北君在第三次革命发生后不久，发表了长长的意见书，其中把一部送给了我阅读，我不仅对此没有异论，反而是非常敬佩他见识的高迈，特意去了他在青山的隐宅访问，以表示我的敬意。当然，我对他这部意见书的后半部分的有些内容碍难赞同，但对前半部分中对支那革命党奋斗历程的论述，觉得在同类书中堪称佼佼者。"[①] 可以说，这本书在相当程度上改变了吉野对中国革命运动的

---

① 《評論家としての自分并佐々木政一先生のこと》，《吉野作造选集》第 12 卷，第 7—8 页。

认识。

另一个是他这一时期结交了戴季陶、殷汝耕等一批中国革命运动的主要参加者,戴季陶等向吉野推荐了宫崎滔天的《三十三年之梦》。滔天在这本 1902 年出版的书里,以自己的亲身经历和生动的文笔,详细叙写了孙中山主导的中国革命运动,对中国革命者的奋斗精神大加激扬,使得吉野对近代中国革命刮目相看。他后来写道:"尤其是(书中体现的)对支那革命始终如一的纯真的同情,其心境的公明正大,其牺牲精神之炽热,都使得我油然生发出崇敬之情。我在这里坦率地告白,我不仅从这本书中认识到了支那革命早期的史实,且切实体味到了支那革命的真精神。若要我举出十种最爱读的书,此书一定是其中之一。"①

上述的两本书是吉野作造对中国认知发生变化的重要契机,同时这一时期他与戴季陶、黄兴、张继、张群等同盟会骨干的深入交往,也使得他实际感受到了中国革命党人的主张和实际做派。另一个不可忽视的因素,是在他思想核心中占主导地位的基督教人道主义思想和宪政主义思想,使得他能以相对平等的姿态来看待周边的邻国。从 1916 年底开始,他对中国的认知,进入了一个新的阶段。

1916 年 3—4 月,吉野奉政府之命考察了韩国和满洲的部分地区,撰写了《对满韩的考察》一文。在文章中对日本的所谓满州"经营"提出了建议,警告日本不可过分贪欲,过于露骨地强调日本的利益。对于当时中国人对于日本的排斥和抵抗心,他表示:"(中国人的行为)虽然有些狂热,但总体来说爱国心的勃发是今天在谈论现代中国时不可忽视的重要方面。因此,现在中国的民心,一方面是主张领土的完整和主权的独立,另一方面则是唤起了对外国侵入的强烈反抗。"同时他认为,这样的爱国心,也很容易转化为排外的精神②。作为一个民本主义和人道主义者,他一直反对暴

---

① 《〈三十三年の梦〉解题》,《吉野作造选集》第 12 卷,第 313—314 页。
② 《吉野作造选集》第 9 卷,第 42 页。

力和过激的政治行为。

令我比较感兴趣的是，在1916年的时候，在述及日本对待中国的政策时，吉野使用了"跋扈""侵略"这样的词语，这在当时是极为难得的。在《日支亲善论》一文中，他指出，中国原本一直以中华大国自居，看不起小国日本，却不料小国日本如今却成了东洋的强国，趾高气扬，飞扬跋扈，有时以高傲的姿态蔑视大国的中国，自然无法使中国对日本产生亲切的感情，"而从日本方面来看，其对外扩张的态度，有时也就变成了它不得不对外侵略的理由，而对中国持以侵略性的态度，自然就会与中国发生冲突。"①，因此，若要与中国建立起真正的亲善关系，日本对华的扩张政策就必须改弦更张。

受托开始研究中国革命党的历史后，吉野意识到了中国的新兴力量和未来的希望在于孙中山一派的革命党身上。当时日本的主流看法，都把当时中国南北之间的力量角逐看作是权力的争斗，吉野却认为革命党的主张和行动体现了"改革弊政、建设新中国的勃勃富有生气的全民族的诉求"，代表了中国未来的新兴力量②。1917年8月，吉野出版了他花了大半年时间撰写的《支那革命小史》，这本书由八章和一个附录组成，内容相当详实，不只是一部革命史，实际上是自甲午战争前后开始一直到第三次革命为止的一部风起云涌的中国政治史，他在序言中说："最近二十年的中国革命运动，可谓是催生新中国诞生过程中的一段苦涩经历。中国是否有未来，恐怕将取决于革命运动的前途如何。……《支那革命小史》实际上是我坦直地叙述中国人为达到民族复兴而努力奋斗的一部书，同时也借此机会表示我对中国民族的敬意。"③

也就是说，1916年以后，吉野作造的中国认知发生了重大的转

---

① 《吉野作造选集》第8卷，第206页。
② 同上，第257页。
③ 《吉野作造选集》第7卷，第3页。

变,中国革命党人的屡战屡败、屡败屡战的不屈精神深深感动了他,他虽然深知前途恐怕还是崎岖坎坷的,但也相信只要这批新生的力量仍在发展,中国应该还有未来。而那时大部分日本人,包括资深的中国研究家内藤湖南等,都觉得靠中国人本身的力量已经很难改变中国,而须借助日本的力量,由日本来帮助中国的改造(内藤湖南《支那论》,1914年),而吉野却较早地洞察到了中国新兴力量的崛起,在他们身上,他看到了中国有些微明的将来。

1919年五四运动爆发后,面对舆论的喧嚣,出于他宪政主义思想家的立场以及对中国的新的认知,他发出了冷彻的声音,表示了与一般舆论相左的看法:"要根绝中国排日的不良事件,其良策不是去帮助章曹诸君的亲日派、压迫民间的不平之声,而是我们要自我抑制军阀财阀的对华政策,让邻邦的友人了解日本国民内心希望和平的要求。为此吾人多年来一直在努力,力图把我们所爱的日本从军阀财阀手中解放出来。在这一点上,北京的学生运动与我们的目标志向不也完全是一致的吗?"[①] "北京最近所发生的事件,不能把它看作此前屡屡发生的单纯的盲目的排日运动。第一,他们的行为完全是自发的,没有受到任何人的煽动;第二,在他们的运动中,涌动着一种明确的精神;第三,它们的运动并不是单一的排日。……只是他们所采取的手段是狂暴的、极端不文明的,我只是对此感到遗憾。"[②] 吉野是一个虔诚的基督教徒和宪政主义者,他主张所有的诉求都必须通过和平合法的方式来表达,对于北京学生殴打章宗祥、火烧赵家楼的行为,他自然是不赞同的,但他却从北京学生的举动中,看到了以军阀财阀为主导的日本政府对华政策的强硬霸道的一面,也隐约告示日本民众,北京学生的行为,实际表达了中国人的合理诉求,并不是简单的排日,其内在,是有一种精神在涌动的。吉野在文章中花了较大的篇幅介绍了最近两三年来北京

---

① 《北京学生団の行動を漫罵する勿れ》,《吉野作造选集》第9卷,第238页。
② 《北京大学学生骚扰事件に就いて》,《吉野作造选集》第9卷,第239—240页。

大学所出现的新思想:"在校长蔡元培的导引下,洋溢着浓厚的欧美的新空气。最近出版了《新潮》和《新青年》这一类杂志,竭力鼓吹新思想新文学,他们将此称为'文学革命'。站在这新运动前阵摇旗呐喊的,有陈独秀、胡适之,有钱玄同、傅斯年,有的认为孔孟之教已经不适合如今的世道,有的主张言文一致的新文体。"①这似乎是笔者所看到的向日本民众介绍中国新文化运动的最早的文字。在翌年的 1920 年 11 月,才有中国文学研究家青木正儿(1887—1964)在京都帝国大学的《支那学》杂志上发表了《以胡适为中心的涌动着的文学革命》,较为全面地介绍五四新文学运动。作为一个评论家,吉野的眼光和感觉还是相当敏锐的,而且这一阶段的吉野,他力图把军阀的日本与民众的日本区分开来,他试图告诉日本的民众,军阀的日本努力在中国所谋求的,主要只是军阀阶级的利益而已。

1920 年以后,吉野的精力主要转向国内的大正民主运动和明治文化研究,发表的有关中国的文字不多,但每当日本与中国发生利益纷争时,他也尽可能地发出自己的声音。鉴于当时中国国内动荡的形势,吉野也在一定程度上赞成日本要设法保有自己的既得利益,尤其是在满蒙(中国东北)的特殊权益,1927 年 4 月,当北伐军不断向北推进时,吉野撰文表示:"我国在支那既有的特殊地位中,只是为了一部分阶级满足私欲的部分暂且不论,与我国民众的一般生活有直接关联的部分,不管它的发生原因如何,应对其加以合理的稳妥的考虑。"② 希望有可能掌权的中国南方政治力量考虑与民众相关的日本利益。但是对于 1927 年 5 月田中义一政府以保护侨民为借口出兵阻挠北伐军北上的行为,吉野认为这完全是无礼之举:"(日本侨民)若是不愿自己的财产受损,可临时迅速撤回国

---

① 同上,第 240—241 页。
② 《无产政党に代りて支那南方政府代表者に告ぐ》,《吉野作造选集》第 9 卷,第 337 页。

内。"① 而当 1931 年九一八事变发生时，日本国内的舆论环境已经相当恶化，即便像吉野这样有影响的舆论领袖，也已很难自由地表达自己的意见，有时不得不将敏感词用 XX 来表示，比如当陆军当局出兵占领了几乎整个中国东北时，吉野便指出："如此下去的话，实际上就成了 XXXX 了。"②《吉野作造选集》的编者将 XXXX 还原为"侵略行为"。不过，此时以及此后，他的声音已经越来越弱了。

1920 年代到 1930 年代初，吉野在日本与中国问题上的立场，大致在民本主义思想与国家主义思想之间摇摆。一方面，他觉得出于日本民族的生存考虑，可以在中国扩张一部分"合理的"利益，然而当日本蛮横地通过武力的手段在中国大肆攫取利益时，他又感到这是一种帝国主义的侵略行径。这恐怕也是当时相对富有理性的日本知识人在对华问题上的内心纠结。

五、结语

自 1880 年代的明治中期开始一直到 1910 年代的大正时期，在对中国的认知和态度上，大体有两大思潮，一个是以福泽谕吉等为首的"脱亚论"，主张日本抛弃中国和朝鲜这些顽冥的邻国，以西洋为楷模，独自完成国家的转型，跻身于欧美的行列；另一个是以"兴亚会""振亚社""东亚同文会"等为代表的亚洲主义思潮，主张联手中国、朝鲜、菲律宾、印度等亚洲国家来共同抗击欧美白种人势力的进入，但日本必须是这个联盟的盟主，这些亚洲国家应该听命于日本的指导，头山满、内田良平、北一辉等是这一流的主要人物，他们曾对孙中山的革命运动伸出过援手。

而从思想上来说，吉野作造既不是一个"脱亚论"者，也不是一个亚洲主义者。他的思想资源是基督教和平思想、社会主义的平

---

① 《对支出兵问题》，《吉野作造选集》第 9 卷，第 344 页。
② 《民族と阶级と战争》，《吉野作造选集》第 9 卷，第 360 页。

等思想和宪政主义思想，在大正时代一片"支那改造论"、"大陆经营论"的国家主义声浪中，吉野作造一开始虽然未能完全摆脱国家主义的立场，但他对中国（包括对朝鲜）的认知，他的基本立场是基于宪政主义的自由主义和民主主义，在同时代日本人中，表现出了相当的异色。异色一，是强调对中国的尊重，即尊重中国人的国民情感以及领土完整和主权独立。异色二，是通过革命党人的第三次革命以及五四运动，看到了中国新生力量的兴起，看到了五四在民族觉醒和思想启蒙上的意义。上述的异色，是同时代的日本人中几乎没有的。这一流脉，在 1930 年代的尾崎秀实（1901—1944）的中国研究和中国认识中得到了沿承。但尾崎在思想上基本上是一个马克思主义者。然而同时，吉野作造在他的晚年，也始终未能彻底摆脱一直是那个时代日本政治主旋律的国家主义的阴影，这种阴影甚至在他最为明亮的岁月中，也未能完全褪去。

日本史上最著名的"贸易自由论"和"贸易保护论"之争

——田口卯吉和犬养毅论战述评

冯 玮

（复旦大学历史学系）

明治以后，随着开国路线的不断推进，日本国内市场遭受外来商品的强烈冲击，外贸入超严重：1877 年 407.2 万日元；1878 年 688.7 万日元，1879 年 477.7 万日元，1880 年 823.1 万日元。[1] 以此为背景，田口卯吉和犬养毅分别以《东京经济杂志》和《东海经济新报》为阵地，就应实行贸易自由主义还是贸易保护主义，进行了持续一年多的论战。必须强调，作为英国学派代表的田口卯吉和作为美国学派代表的犬养毅之间的论战，不仅是日本史上就此问题展开的首次、也是最著名的一次论战，而且折射出当时日本各界人士在这一问题上的政策意见分歧。鉴于中国学术界对这场论战尚无述评，鉴于这种对立对以后日本社会发展方向具有不可忽略的影响，同时鉴于当今世界正面临"贸易保护主义"日益抬头的威胁，因此追溯这场论战，认识国力和贸易的关系，以及实行贸易"自由"或"保护"的利弊，不仅具有学术意义，而且具有现实意义。

---

[1] 东洋经济新报社编：《明治大正国势总览》，东洋经济新报社，1988 年（复刻版第 4 次印刷），第 445 页。

一

田口卯吉（1855—1905），日本著名经济学家和历史学家，曾任众议院议员，字子玉，号鼎轩，出生于江户目白台（今东京都文京区目白台），其父为幕臣，因出生于乙卯年而得名"卯吉"。田口卯吉5岁丧父，6岁失兄，在举行"元服礼"（武士之子的成人礼）后即成为"家督"（家长）。田口卯吉早年曾就学于昌平坂学问所，幕藩体制瓦解后逃亡横滨，入一古董店营生，同时跟随一美国长老派传教士学英语，由此开始了青睐西学的生涯。1871年，大藏大辅井上馨和大藏少辅涩泽荣一创办了作为人才培养机构的大藏省翻译局，18岁的田口卯吉作为优等生被录取，在该局系统学习了西方经济学和西洋文明史。1878年，田口卯吉发表了《自由交易日本经济论》，并因此作为自由主义经济学者闻名，被"日本资本主义之父"涩泽荣一誉为"日本的亚当·斯密"。

关于《自由交易日本经济论》的写作经纬，田口卯吉在书中有如下说明："明治七年末，余与一绅士讨论我国对外交易之得失，开始起稿，尔后考究近3年，终成此书。今题名日本经济论并冠以自由交易4字，盖以此作为主义"。在这本论著中，田口卯吉以"作为人为现象的运动周转"比喻人类社会的结构和运动，并将"周转"现象分为两种：一、通过权力和政治力量强制发生的周转；二、以自由放任为基础的周转。按照田口卯吉的论述，前一种周转发生于封建社会，后一种周转则是"服从人的天性的自然分配。"

何谓"人的天性"？按照田口卯吉的解释："人的天性是贪图私利"。"服从人的天性的自然分配"，就是人类顺应利己的欲求而自然进行的分配。按照他的观点："需求多而多分配，需求少而少分配"的社会机制，就是由此产生的。他举例道："街上酒店多米店少，是人的天性使然"；"栽稻的田，制绢的乡，种茶的园，传播知识的学校的适度分散存在，也是人的天性使然。"同理，"若对人的天性予以自由放任，则社会中政府和人民、城市和农村、资本家和劳动者之间的相互关系，就会如同人体各种器官的相互关系那样，形成自然平衡。"田口卯吉强调，自由放任是保障作为一种有机体的社会平衡或社会秩序的原动力。在自由放任的基础上，经济活动的各种财富和资源，会自由地在社会各机构中运动周转，最终形成社会各机构和每个个人之间应有的秩序和平衡。使社会的各种职业形成合理分布。"他强调："人总是受利己心驱使，为求取财富而忙碌。因此，个人若追求富贵荣华，则国家将趋向富贵荣华。""亚当·斯密所谓人的利己心将推动社会进步的意义，就在于此。"①

基于上述理论，田口卯吉提出不仅一个国家能够形成上述状态，而且整个世界也能不受政治的强制介入，实现"贸易无国界"。因为，"人性的自然分配"将使各个国家充分利用其"天赋之利"，最合理地配置其产业部门，通过（剩余）产品的自由交换，使全世界"利益均沾"。他这样写道："经济世界各独立国家的并存，完全如同人体各种器官的并存。"在各国分布不均的各种资源，若没有各国之间的政治对立，必然可根据各国的需要，通过自由的周转循环运动，"以输出和输入平衡的方式逐渐分配各地"。"在达到平衡点之后，交易将会停止"。所以，国际分工将使世界各国达到普遍富裕。田口卯吉强调："通过竞争使物资分配达到平均，是造化之奇妙分配。"②

按照田口卯吉的看法："英国以富强傲视天下，不在于其国拥有物产，而在于其将欧洲大陆之货物贩运至其他大洲，再将其他大洲之货物贩运至欧洲。"因此，"伦敦不仅是英国的都市，而且是欧洲的都市，不仅是欧洲的都市，而且是世界的都市。"他提出："今日若要增长我国力，唯繁荣贸易一途。若使贸易繁荣兴旺，则人民

---

① 鼎轩田口卯吉全集刊行会编：《鼎轩田口卯吉全集》第3卷，吉川弘文馆，1990年，第5、14、414页。
②《鼎轩田口卯吉全集》第3卷，第277、11、21页。

将因此获得福乐安康，国库亦将因此增加岁入。"他同时指出了日本适于发展贸易的地理优势："（日本）西有亚细亚大陆，东有南北亚米利加，处在两个天下之富庶地区之间，是适合发展商业的天作之合。"田口卯吉特别强调："我日本虽土地贫弱，但我政事家若能停止对海外贸易之政治干涉，撤海关，废关税，使商人能自由进出口货物，则我日本诸港当成为支那物产之都市……不仅支那，美洲亦将成为我制产国，欧洲亦将成为我制产国，东京将成为商业共和国之大都会，其繁荣将无敌于天下。"①

在《自由交易日本经济论》的第三章，田口卯吉以"保护税之害"为题，提出了反对征收保护税的四条理由："第一，保护税虽能使得到保护的职业发展，但难以增一国之利益。第二，保护税在国内市场给予国内的人以专卖权，因此劳动力和资本将集中于受保护之物品，消费者将不得不购买高价物品，国家也将因此受到损害。第三，政府没有将某人之利益给予他人之权力。第四，为了使日本之士族自食其力，当驳斥课保护税之说。"在对这四条理由逐一进行论证后，田口卯吉最后概括了"保护税之害"："总论以上之弊害，若论政府当如何颁布法令方能获取国家利益，则唯有使人民之资本投向自己喜好之职业。除此之外别无他途。以一定之资本产出较多之利润是人的基本判断，是显而易见的道理。因此，欲使一国利益最大化，唯采取自由放任政策。以上所述，乃经济学之真理，适用于任何国家。"②

按照杉原四郎、冈田和喜的评价："田口卯吉的代表作《自由交易日本经济论》是由日本人撰写的最初的自由贸易论启蒙书。田口卯吉正是通过这本书，系统论述了自由贸易的经济合理性。"③

在发表《自由交易日本经济论》后，田口卯吉辞去了大藏省的

---

① 《鼎轩田口卯吉全集》第3卷，第141—142页。
② 《鼎轩田口卯吉全集》第3卷，第25页。
③ 杉原四郎，冈田和喜编：《田口卯吉和东京经济杂志》，日本经济评论社，1995年，第199页。

工作，专心著译。不久，大藏省银行课长岩崎小二郎和第一国立银行"头取"（行长）涩泽荣一等，打算将大藏省银行局的《银行杂志》和银行家团体"择善会"（银行集会所前身）的《理财杂志》合并。田口卯吉闻讯后，认为这是实现其拥有一份日本版《经济学人》杂志的好机会，遂接手了这两份杂志并对其进行改组，于1879年1月创办发行了《东京经济杂志》。这份杂志日后成为田口卯吉和犬养毅进行论战的"前沿阵地"。

二

犬养毅（1855—1932），通称仙次郎，号木堂，曾任日本第29届内阁总理大臣。犬养毅出生于备中国贺阳郡庭濑村（今冈山县冈山市川入町），其父原为大庄屋犬饲源左卫门，后改姓"犬养"。犬养毅少时在二松学舍求学，最终学历为庆应义塾大学肄业。据称，肄业由他主动要求，理由是未能以"首席"的成绩毕业。犬养毅作为政坛人物而闻名，在1932年"五•一五事变"中被蹶起的士官生枪杀于首相官邸。但在年轻时犬养毅已作为经济评论家闻名全国，并因言辞犀利而获"毒舌"雅号。1880年8月，犬养毅受三菱财阀岩崎家资助，创办了《东海经济新报》。这份刊物成为犬养毅宣扬贸易保护主义、与田口卯吉主办的《东京经济杂志》对垒的理论阵地。

在作为《东海经济新报》发刊辞的社论中，犬养毅即开宗明义阐明了自己的贸易政策主张："吾辈认为，对日本经济当行世之所谓保护政策。以后我们将连篇累牍辩护讨论的，将全部是有关对日本经济施行保护主义的主张。"随后，他的笔锋直指田口卯吉主张的贸易自由论。他这样写道："一国之经济不同于世界一般之经济，亦不同于一人一家之经济。于一人一家和世界一般人类之间创立一社会集团，与其他集团相离，屹然特立，此谓国家。各国人种系统相异，语言文字不同，风俗习惯各殊，法律制度有差，文明进度参差，故其利害关系难以同一。利害既然不同，各国之经济状况亦不可能万国同一。夫欲确定万国普通之经济，则必先合并万国使之成为一个社会，使万世没有战争、没有分裂、没有国体之差异，没有利害之迥异。否则，则自当难有万国同一之经济。故欲论一国之经济，必须先详该国之形势时情，计该国之利害得失。如此，方能发达完遂该国固有之洪益。"

特别针对田口卯吉在《自由交易日本经济论》第三章"保护税之害"中提出的四项理由，犬养毅逐一进行了批驳。

针对第一项理由，即"保护税虽能使得到保护的职业发展，但难以增一国之利益"，犬养毅批驳道："若听任贸易自由，完全不对日本制造业予以保护，则外国莫大之资本将直接压垮我寡少之资本，彼熟练之巧技将即刻驱逐我未熟练之拙工，复使之无法进入市场。盖自由贸易就是让贫富强弱者同场竞技，冷眼旁观。今我作业难以与彼争斗，我资本难以与彼匹敌，若任其自然展开竞争，则胜败不战可知。若此属一时之败，犹可忍耐，然实则绝非如此。不可不知，今若不予保护防御，则将尝永世之败绩。"

针对第二项理由，即"保护税在国内市场给予国内的人以专卖权，因此劳动力和资本将集中于受保护之物品，消费者将不得不购买高价物品，国家也将因此受到损害"，犬养毅指出，这一理由似是而非。因为，若课税太轻，则国内产品将无法和国外产品竞争，外国商人将垄断市场，控制价格，然后将其所缴税款全部计入商品价格转嫁给消费者，让消费者间接支付。唯有以保护国内产业为目的课税，方能迫使外国商人为了使其商品不致因过于昂贵失去竞争力而采取其他措施。但是，无论通过减少贸易利润，抑或通过压低工资成本，最终都将由外商自己"买单"。只有如此课税，方能使国内产业与之竞争，使之无法垄断市场。

针对第三项理由，即"政府没有将某人利益给予他人之权力"，犬养毅如是写道："有人认为，人间万事当听任自然。若听任自然，虽即便有一时之弊害，最终亦仍会归正。若政府不待自然归正而予以救济，则反生许多弊害。此种观念，我谓之任他主义。任他主义因古代政府行不当之干涉并生弊害，欲与之抗衡而产生。若论政府不当之干涉，则即可列数政府决定物价工资，禁止工人结社，给予特权特许，妨碍出版自由等，并可当即用于指代今之政事，驳斥保守主义。然此一时，彼一时也。古今之政府干涉，性质迥异，如此相提并论，不堪一驳。因为，古代政府尝为政府不当为之事，其干涉世人皆以为非，无需喋喋辩论。但是，当今吾辈不仅不认为政府正为其不当为之事，而且期待政府应尽其当尽之责。所谓当尽之责，即保护国内人民之安宁幸福，防止外国侵掠致我衰颓。"

由于第四项仅是前三项的应用，因此犬养毅未予以特别关注和批驳。①

必须强调，犬养毅虽然对贸易自由主义进行了严词驳斥，但他并不认为贸易保护主义政策是可跨越时间和空间而推行的政策。犬养毅认为，贸易保护主义政策当仅用以保护"文明劣等国家"各项产业的培育生长，使之免遭"文明优等国家"的压迫。犬养毅在抨击田口卯吉的贸易自由主义论时，经常以约翰·斯图亚特·密尔（John Stuart Mill 1806—1873）的自由主义理论作为论据。他明确表示："保护是防御，是保护国家之公益，防止外国之专卖，是保护文明劣等国家之作业，防止文明优等国家产品之滥入。是故，所谓保护税者，实为制造未起、通商未振之国家必须采取之政策，惟其是必须采取之政策，故若无保护政策，则无法进行作业，无以推进技术，只能举国农耕，使有形或无形之天赐利益悉数湮灭，只能无奈地目睹国家贫弱。"② 因此，他的贸易保护主义理论被称为具有"经济民族主义"特征的"幼稚产业保护论"，亦被称为后进国家"国民经济形成论"。

同时必须强调，犬养毅对政府保护特定资本的政策措施，也持

---

① 《何谓保护》，载《东海经济新报》第 1 号，1880 年 8 月 21 日。
② 《何谓保护》，《东海经济新报》第 1 号，1880 年 8 月 21 日。

批判态度。他认为,政府对少数特定会社进行保护,不是"真正的保护"。"唯通过海关关税保护国内产业,才是政府真正的职责。"在回答《东海经济新报》读者"质问保护会社之利害"时,犬养毅这样写道:"我辈欲保护国内物产,必须通过海关,用课税方式进行保护。……仅保护两三家会社,是政府最有害之干涉。因为,这样将压制独立之人民,阻止国内之竞争;扶助卑屈之人民,助长依赖之心理。若以保护税保护产业,其结果将完全与之相反,将祛除外人侵入之害,唤起国内竞争,增殖普通人民之利益。"①

三

对于犬养毅的批驳,田口卯吉在《东京经济杂志》上以《自由交易论》为题,逐一进行了反驳,并进一步强调了自己的观点。②而犬养毅则在《东海经济新报》上刊登了题为《保护税论》的论文予以回击。两人由此展开了激烈论战。

《保护税论》由前后两篇构成。前篇《议论之源流》刊登于《东海经济新报》第7号至第9号,主要对田口卯吉的贸易自由论进行全面反驳。后篇《驳经济杂志》刊登于该刊第10号,主要对田口卯吉在《自由交易论》中提出的论点进行反驳。为了叙述便利,拙搞试通过犬养毅的论文,扼要阐述双方论战的内容。③

《保护税论》上篇《议论之源流》将双方的争论归纳为七点,并逐一进行了批驳。

一、田口卯吉强调"贸易无国界"。针对这一观点,犬养毅指出,这是属于"宇宙之空理"的"四海兄弟主义",提醒田口卯吉必须懂得"一国特别之利害",并认为"这一问题之清楚明了,犹

---

① 犬养毅:《质问保护会社之利害 右答》,载《交询社杂志》第22号,1880年9月,第2—6页。
② 《鼎轩田口卯吉全集》第3卷,第186—193页。
③ 《东海经济新报》第7号至第10号(发行于1880年10月25日至11月25日。)

如判断金石和羽毛孰轻孰重"，一目了然，不值一驳。

二、针对田口卯吉提出的"制度风俗迥异之人类的截然区别，是否人类本来之通义，是否应消除各国自他之区域，使人类混同形成一个集团"，犬养毅指出，风俗迥异、天惠各殊是世界之现实，短期内不可能消除。他强调，如瑞士、丹麦之类天惠甚薄的国家"尚且尽智尽力，在天之未禁之所，获取人生必需之物产"，"何况我国土壤沃饶，气候中和，不乏山矿海利。若能防御外国之专制，即可成自支自足之富国。"他同时讥讽道，"不尽人事，徒待天命，乃自由贸易家主义。其与太古无为之民，何其相似乃尔。"

三、田口卯吉质问犬养毅："一国政府应在彼我贸易之间施行所谓至当之政治，还是应在贸易百事方面对内外人民一视同仁，不对外人设置特别之制度法律"。对此质问，犬养毅反诘道，对伪造通货、进行毒品交易等，政府是否应予以干涉？他强调："凡国体若有区别，则无有比海关更重要者。海关实质上就是明确国土境界之设置。"

四、田口卯吉认为，"自由贸易将给予双方平分之利益"。但犬养毅认为，真正的自由贸易，只能在实力对等的国家之间进行："若无制驭外人之法而开张对外贸易，则犹如裸体徒手与劲敌搏斗。未待搏斗开始，便可察知生死。"他以自古以来行自由贸易而衰亡的国家，如葡萄牙、土耳其、印度、加拿大等，以及蒙受英国鸦片输入之害的中国为例，指出："夫让劣等人民和优等人民同场竞技，让其各谋私利，若论孰利孰损，自然是素朴者遭损，狡诈者获利。"

五、田口卯吉质问："若防止贸易上的掠夺是国家不可不为之事，则政府岂能为了国家之自存、自足而对彼课税以自助乎？"对此质问，犬养毅的回答是肯定的。不过，他特别强调，保护政策绝不能导致垄断的产生。按照他的观点："保护之政策必须公平，必须谋社会之整体利益，必须使人民随社会趋向进步，而不是仅有利于生产者个人。在海关设置樊篱，仅仅是制止外人参与竞争，在樊篱内则应展开个人竞争之自由。"

六、田口卯吉质问："对于为助人民兴办企业，开拓富源，以及为助国家存立者，政府是否有必须以公共之经费给予帮助之义务乎？"犬养毅的回答虽然是肯定的，但他强调，保护主义并不是无视国情的、绝对的"主义"。并非所有的政府均必须承担此项义务。他就此作了如下说明："被称为英国经济学中兴之祖宗、受自由贸易家尊崇的约翰·斯图亚特·密尔，虽然在经济书中竭力抨击保护政策，主张自由贸易。但是他明确表示，这是未开化之国、制造业未发达之国不得不采取的政策。他对如英国那样作业大成之国的政府过当干涉，是予以排斥的。"

七、对田口卯吉以"国际分工论"为立足点的质问，即"输出未制成品（原料），待其他国家将其制成加工后再予以输入，宛如各国有分工协作之制，甲国专事农业，乙国专事制造。似此，在经济上究竟有利还是不利？"犬养毅明确回答，如此"分工协作"对"农业国家不利"，并列举了三点理由：其一，农业国同辽远之国交易，对输出品和输入品均须支付"莫大之运费"，而工商国家不必支付如此费用；其二，"农业一途之国易陷于饥馑，无法保障职业之安全"；其三，农业国"由于输出形状数量巨大之物品，输入体积较小之制成品，将耗尽土地之生产力"。他进而补充道："以上三种不利条件，不待吾辈喋喋不休议论，凡读过凯利（按：美国经济学家 H. C. Carey）之经国论者皆因熟知。"

《保护税论》的下篇《驳经济杂志》，主要驳斥田口卯吉的《自由贸易论》。按照田口卯吉的观点："夫外国货物虽使我同种物产衰零，但却对我消费者有利。外国货物如果价廉，我消费者就能购买。若我消费者购买，则我相应的物产就会衰零。例如，棉布输入我国，农民皆获利，而织夫则遭损。今保护论者为此担心，并主张通过征收保护税使织夫获利，农民遭损。……织夫之利当以农民之损补偿乎？然决定一国利于不利者，其实就在于此。"针对田口卯吉的观点，犬养毅首先指出："杂志记者（按：即田口卯吉）上述比较根据什么算法，依据何种推理，吾辈实难以理解。"之后对田口卯吉繁琐的例证逐一进行了同样繁琐的反驳，最后显示"毒舌"本性，以嘲讽的笔调写道："依此比较，记者似不懂真正的自由贸易论。然记者亦已成一家者，何以提倡如此泛泛空论矣。想必肯定是一时失言。"

余论

必须强调，田口卯吉的理论虽然具有"乌托邦"色彩，但他的"四海兄弟主义"的立场使他对日本军备和领土扩张持批判立场。在日本开展"日清战后经营"、全面推行军事扩张路线时，田口卯吉痛斥军备扩张是"固着于我财政的一个病根"。① 相反，主张"贸易保护主义"的犬养毅，虽然其理论具有合理性，但他的"经济民族主义"立场却使他成为扩张主义路线的忠实追随者。犬养毅曾广泛与亚洲各国的独立运动志士结交，给予"援助"。1897年，犬养毅结识了孙中山。之后，他不仅在1905年中国同盟会成立时出力相助，而且在1911年辛亥革命爆发后与头山满、寺尾亨等赴上海、南京、武昌等地"视察情势"。1931年九·一八事变爆发后，犬养毅出任日本首相，积极推行侵华政策。因此，考察一种理论主张，不仅要考察其自身的合理性，而且要考察隐藏在这种主张背后的根本动因。可以认为，通过这场论战我们可以看到，田口卯吉和犬养毅的贸易自由主义和保护主义之争，不仅是经济政策之争，而且是国家发展道路之争。

---

① 《鼎轩田口卯吉全集》第5卷，第396页。

明治时代天皇信仰的重构

张 博 李若愚

(复旦大学历史学系) (四川大学历史文化学院)

七七事变之后中国军民经过了八年艰苦卓绝的抗日战争才赢得了胜利。处于被侵略国的立场,我们自然会追问"日本发动包括侵华在内的对外侵略战争,其思想根源在哪里?"为了防止日本再次走上侵略扩张之路,我们也会思考和研究:"不少日本人为何至今仍缺乏战争责任意识?为什么有些日本人极力美化侵略战争?最近日本有所抬头的军国主义思潮其思想与社会的基础何在?要从根本上建立中日睦邻友好关系,中日两国的政治家、学者和普通民众需要什么"。

上述问题都是极其重要的,不过作为日本思想文化的研究者,从日本这个侵略国内部发出观察的视线也同样重要。19世纪以来,走上侵略扩张之路的近代民族国家绝非仅有日本。但怀着战死的心理准备,头缠"七生报国"标语,以有组织、成规模的自杀式战斗企图挽回战争劣势的国家仅有日本。

日本所发动的侵略战争的一大特征即极端的反理性。尽管一切侵略战争都可说是反理性的,然而日本在丧心病狂的战争之路上走得更加歇斯底里。甲午战争时福泽谕吉就呼吁日本国民:"一旦事态迫切,将财产尽数抛弃理所当然。不分老少,以战至相斫而人种尽绝之觉悟而战"。及至太平洋战争末期,日本军部甚至准备实施"一亿国民军民全体玉碎以令盟军仓惶撤退"的总力战体制设想。这其中所显示的极端的反理性主义是近现代战争史上罕见的。

日本侵略战争理论家福泽谕吉和侵略战争实际领导机构军部，令他们有信心说服民众哪怕全体战死也要胜利的文化基因为何？将日本全体人力、物力整合为一台高速运转的战争机器的精神力量为何？笔者以为答案就在明治以来日本政府不断制造、完善、宣传、普及的近代天皇信仰。

一、明治初期官方制造的天皇形象

通过明治维新，镰仓时代以来由武家掌握的政权从大义名分上回归于天皇为首的朝廷。但是在维新的过程中天皇并未起到实际作用。发动和领导维新的西南强藩的实权者为了获取新政权的正统性才不得不依赖尊王思想。他们实际上并不真心希望天皇成为新国家的实际统治者。1969年9月岩仓具视在呈交三条实美的意见书中称：

抑言大政维新之鸿业由何成就者？即不得不云由天下之公论所成就也。……此言虽应为臣子之分者惮，然主上虽天资聪明英智，犹在弱年，非能亲谋中兴之业者也。使主上闻天下之公论，然后归之以宸断，方为公明正大之圣业。①

这一年明治天皇16岁，勉强可称为"弱年"。按照岩仓具视的意见，天皇在明治日本这个新政权的建立中并不需要活跃于具体的政治事务，他也不被允许有个人的主张，只得听取"天下之公论"。虽然形式上天皇是最高统治者，公论也需要归于他的"宸断"，但"宸断"只能在公论的基础上，即政策的具体内容是天皇所不能掌握的。而且天下人不可能人人向天皇请愿，代天下人向天皇提出"公论"的显然是作为政权实际控制者的西南藩阀。最后，上述岩仓具视建议的决策机制并非一时或阶段性的，意见书中并未提及当天皇不再"弱年"时，万机是否仍应该决于"天下之公论"。

---

① 多田好问编，香川敏三阅：《岩仓公实纪》，中卷，皇后职，1906年，684页。

岩仓具视的意见书在当时是只有明治政权核心的少数人物才能接触的秘密文件。因此意见书中的天皇形象仅限于政治密室之内，不为权力核心之外的官员或普通民众所知。另一方面，明治政府为外围官员和以知识分子为代表的社会中层，以及海外（尤其是欧美）的日本观察者所展示的"天皇"是一位"亲自参与政治的近代开明君主"，他正"命令一下而天下栗动"地亲自领导着维新大业。

　　比岩仓具视意见书早一年多，1968年1月大久保利通在《大阪迁都建白书》中就描绘了上述"开明专制"的天皇形象："言主上之在所为云上，唱公卿为云上人，则拜龙颜亦难矣。皇上玉体不踏寸地，斯所谓推尊者，窃以为自过分尊大高贵，遂成今日上下隔绝之弊习也。虽曰敬上爱下乃人伦之大纲，然过之，则失君道，失臣道，反生害矣。……以迁都为一新之机会，以易简轻便为根本，拔除数种大弊，使主上得履行天赋之为臣民父母之君道，命令一下而天下栗动。非立此大基础，则不能辉耀皇威于海外而成与万国相对而立之事也"。①

　　这天赋的"君道"的具体体现，大久保利通认为是"兴海陆军，取外国交际之道，掌富国强兵之术改守之大权"②。在大久保面向中央政府所有官员的建白书中，天皇尽管年方15岁却是维新大业的实际领导者。

　　大久保希望改变镰仓时代以来天皇远离实际政治事务的传统，乃是因为维新伊始日本政府面临的最大的急务是获得"与列强对等的关系"。面对西方世界的殖民威胁，明治政府希望通过获得列强认可日本是一个近代文明国家，而能在较为平等的立场上与西方进行外交交涉。明治天皇效仿西方民族国家的君主，从隐居的京都御所走向政治前台亲自发号施令，"履行天赋之为臣民父母之君道"。这样的"天皇像"和鹿鸣馆的舞会一样都是为了成为近代文明国家

---

① 《大久保利通文书》，第二卷，日本史籍协会，1927年，193—194页。
② 《大久保利通文书》，第二卷，日本史籍协会，1927年，194页。

的日本所学习吸收的西洋文化。

大久保利通描绘的这个大权独揽又虚怀纳谏的明君形象，在随后主要通过政府内公开传达的公文，天皇对官员的诏勅和官员对天皇的奉答，进一步构建、宣传。例如1875年5月关于开设地方官会议的问题，明治天皇和木户孝允就用诏敕和奉答进行了如下一番表演：

兹始地方官会议，朕亲临汝各官等，诏曰。朕尝思经国治民之不易，深望兴公论众议。今，汝各地方官，居重任而亲知民情。如诚能同心协力，事绪多端而先务其急，议有异同而得归于一，专为众庶以谋利益，则此会议必始开国家无疆之幸福。汝各官员切体斯旨。

臣等恭奉圣意。兹列地方官会议，窃惟此会议为臣等尚未实验者，所以虽自行之，亦不保其一定功成也。然幸籍圣意仁慈，臣等他日上奏众议所尽，于此实验或可图众庶公益之万一，非单不令圣旨化为虚令，更可见会议之效绩，是臣等所黾勉冀望者也。①

在这类诏勅和奉答中，天皇并非岩仓具视建白书中"非能亲谋中兴之业"之主，他积极地以"朕亲临"的遣词表达个人对国家前途的考虑。木户孝允在奉答中所代表的地方官也非总结并上奏"天下之公论"等待天皇"宸断"的能动的建议者。他们只是在"恭奉圣意"、"圣意仁慈"之下履行天皇耳目的职责"上奏众议所尽"。

天皇"开明专制"的形象在一部分外国观察者中获得了成功。1880年6月19日《The Japan Weekly Mail》的记者报道："明治维新结束了此前天皇被看作半人半神（demigod）的不正常状态，明治是天皇重新成为真正意义上的国王的时代。"②

---

① 柴田勇之助编：《明治诏勅全集》，内治篇，皇道事务所，1907年，27—28页。
② 远山茂树校注：《日本近代思想大系2 天皇与华族》，岩波书店，1988年，97—98页。

不过，明治政府苦心孤诣创造的这个属于近代的且西化意味浓重的"开明专制君主"并不适合当时一般日本百姓的口味，也不能激起他们的忠诚心。从维新一开始明治当局就明白这一点。木户孝允在明治天皇刚刚结束东北巡幸的1876年8月4日写信给日本西化运动的强力推进者井上馨，他抱怨道："此时此刻百姓之壮年人，十中十人是愚物，世间之事全然不解。"① 为了令毫不理解西洋文明的日本下层百姓支持维新政府的近代化政策，能激发他们忠诚心的作为创世神子孙的天皇粉墨登场了。

1869年京都地方政府为了向百姓说明明治政权为何比德川政权更优越更应该效忠而颁布了如下告谕："抑云神州风仪胜于外国者，盖因太古天孙辟此国，立伦理，树皇统，御代代以继，治此国也……既因天孙辟此国，则此国中之物皆天子大人之物……既开辟以来我先祖代代蒙圣恩而度日，自今以后我子孙无穷亦赖圣恩而生长。"② 该告谕因"言语简易，俚俗易通"而受到行政官（明治新政府总辖国内行政事务的机构）的褒奖，行政官命令将其颁布全国，"每户藏之，每人诵之，使上下意趣不相违戾，是为政教并行之基也"③。在这个告谕中，天皇的形象显然是前近代的，他是"溥天之下莫非王土，率土之滨莫非王臣"思想中的天皇。按照这种思想，作为一个日本人，一旦出生就背负了对天皇的债务（或者说恩情）。天皇是他生存所需一切物料的最终拥有者，天皇的祖先是他的祖先生存所需一切物料的最终拥有者。日本人一生应该时时刻刻铭记并偿还天皇的债务（恩情）。通过创世神子孙的天皇形象的建立，以天皇为首的明治政府在下层百姓中就获得了无可争辩的政治正统性。

---

① 《木户孝允文书》，第七卷，日本史书籍协会，1931年，70页。
② 内阁官房局编：《法令全书》，第四册，1887年，49—50页。
③ 内阁官房局编：《法令全书》，第四册，1887年，48页。

二、对官制天皇像的挑战

除了赢得欧美国家的身份认同，获取下层百姓对新政权的忠诚之外，为稳固统治，明治新政权还需要获得以知识分子为代表的社会中层的支持。深受霍布斯、斯宾诺莎等人的西方近代政治思想影响的知识分子，他们大多虽然作为中坚官员被吸收入了新政权，但他们却不满足于上述诏勅和奉答中所展现的"近代天皇的开明专制形象"，而希望根据西方先进政治学说令明治日本的政体"更进一步"，亦即使日本成为英国式或德国式的君主立宪国家。

1874年1月板垣退助等人向明治政府提交《民选议院设立建白书》，拉开了以"自由民权"为大义名分反对明治政府专制的运动。自由民权派并不认可明治政府所描绘的天皇"开明专制"的明君形象，他们认为"今之政权，既不在君，亦不在民，乃有司专制"①。

紧随其后对明治政府官方版的天皇像提出挑战的是明六社的加藤弘之。加藤弘之的矛头主要朝向的是明治政府用以愚民的"王土王民"的天皇像。在1874年出版的《国体新论》中他写道："君主人民决非异类，独其权利至斯天地霄壤。生于此徒立悬隔之野鄙陋劣之国之人民，实可谓最上之不幸。……天皇独拥天下国土，以亿兆人民为私有臣仆。我国绝不可以此等野鄙陋劣之风习为我国体之理。……虽曰天皇，其实不过第一等高官。"②

在《国体新论》所代表的一系列政治启蒙读物的影响下，日本民间舆论也逐渐转向支持加藤弘之的主张。例如《东京曙新闻》1880年8月2日的社评写道："彼虽曰帝王，虽曰大臣宰相，究竟乃为保护万民所使役者也，即国民公用之臣仆。"③

---

① 植木枝盛：《植木枝盛集》，第1卷，岩波书店，1990年，37页。
② 加藤弘之：《国体新论》，谷山楼，1874年，第2—18页。
③《东京曙新闻》，1880年8月2日。

面对民众在自由民权运动中逐步走向觉醒的情况，明治政府开始感到他所营造的"王土王民"的天皇像在下层人民中的影响力正在减弱，而"开明专制"的天皇像也无法得到中层市民的支持。而且更令他们忧虑的是对官制天皇像的挑战正与军队的叛乱相联系，逐渐形成真正能撼动现政权的力量。

1876年开始，对废刀令和秩禄处分不满的旧武士不断在各地发起武装暴动。1877年更是爆发了震动日本的西南战争。翌年11月，镇压西南叛军有功的日本陆军近卫部队炮兵大队的下层士兵，因认为行赏与士官差距过大而发起叛乱。这支本应保护天皇的近卫部队的进攻目标正是明治天皇所在的赤坂临时皇居（1873年皇居失火全部烧毁，之后皇居迁至赤坂直到1889年皇居建成）。当时及后世都有人认为这场叛乱是由自由民权思想所驱动的[①]，山县有朋等明治政府掌权者也作此看法。叛乱平定之后，政府以陆军卿山县有朋名义发布的《军人训诫》严格禁止军人"论朝政是非，发宪法之私议，讥刺官省等之布告诸规"。1882年明治天皇下赐海陆军士兵的《军人勅谕》第一条目即是"不惑于世论，不拘于政治，只一途恪守个人之本分忠节"。

在官制天皇像受到种种挑战的过程中，明治政府逐渐察觉了两种天皇形象的缺陷。要继续以天皇的大义名分获得政权的正统性，赢得大多数人的忠诚，明治政府所采取的对策是：一方面，不断加强对舆论的控制，阻止天赋人权、君主立宪等思想由知识分子向普通日本民众渗透。另一方面，统一并加强天皇的"光辉形象"，使其不单是忠诚的对象，更成为日本全民信仰的对象。明治政府通过教则三条（1872），诽谤律（1875），新闻纸条例（1875），刑法中不敬罪、大逆罪的法律条文（1880）阻止知识分子批判政府塑造的天皇形象。同时积极推出更加完善的天皇形象——近代天皇信仰，

---

① 竹桥事件百周年纪念出版编集委员会：《竹桥事件的士兵们》，现代史出版委员会，1979年，35页。

而后者的制造是通过甲午、日俄两场侵略战争才完成的。

三、侵略战争期间天皇信仰的制造

当明治政府面对自由民权派等知识分子日益高涨的政体改革的呼声以及下层人民（尤其是下级士兵）对境遇的不满情绪的时候，他们进一步完善天皇形象的最为首要目的是合理化人民与国家的关系，令大部分的人民甘于政治上无权，经济上受剥削的地位。

在解释人民与国家关系时，明治政府并未直接援引近代西方的国家论，而是活用了上文提到的京都府告谕书中天皇的形象，即神话中创世神之子孙的天皇形象。但是与告谕书中"王土王民"天皇不同的是，新的天皇形象是属于近代的，这个天皇在现实世界而非神话世界中切实地发挥着作用。作为创世神子孙的天皇因其血统而拥有日本中一切之物，但是明治政府进一步制造出的属于近代的天皇，不但是神的子孙而且有神的威力，这种威力常被明治政府称为"圣威"、"皇威"或"御棱威"。

为证明这种神威的真实性，明治政府宣称天皇是日本在甲午战争中以小国战胜大国，以弱军战胜强军的决定因素（甚至是唯一的原因）。明治政府希望人民相信天皇的威力能保证日本军队在海外侵略战争中常胜不败。

明治政府主要通过甲午、日俄战争期间天皇对军队司令官所下的勅语和司令官所作的奉答制造战争胜利取决于天皇神威的"神话"。需要引起注意的是，与上文所叙的天皇和政府官员间进行的诏敕和奉答不同，天皇与军司令官之间的勅语和奉答几乎全部登载在热切关注战况的报纸中。因此侵略战争期间的勅语和奉答并不仅是政府内部的公开文书。通过它们，在全日本人民面前，天皇和领导侵略战争的指挥官公开表演出了近代现人神天皇的宣传剧。

例如1894年9月17日天皇下赐陆军卿山县有朋的勅语是："朕接我军平壤大捷，初进本营之报。深察将校下卒之勤劳，嘉尚速奏特伟之功绩。"① 同月 28 日山县有朋奉答道:"鸭绿江畔一战,远击敌兵于满洲之野,我军得进袭清国境域。是此全赖陛下圣威圣德。"②

1895 年 3 月 15 日,"营口地方战捷"之后天皇向第一军司令官野津道贯所下的勅语为:"其军占领海城以来,能堪冱寒,屡屡击退来袭之敌。今又进兵,转战鞍山站,牛庄地方,与第二军之一部共移营口地方,则略收盛京省重要之地点。殊于牛庄,以激烈之市街战大挫折敌兵。朕深嘉尚之。"③ 同日野津道贯的奉答为:"今后出兵得扫攘鞍山站,牛庄,营口地方之敌兵,诚乃陛下覆载之恩与皇威圣德所致,固非臣等之力也。"④

1906 年 1 月 14 日天皇在"凯旋之际"向第三军司令官乃木希典下赐勅语:"卿指挥第三军,攻略坚固之旅顺要塞,且据同港,击沉舰船。尔后各地咸奏战斗伟功。克达其军任务。洵副朕望。朕今亲听作战经过,更嘉尚卿之勋绩于将帅之忠勇。"⑤ 同日乃木希典奉答:"本军得以达成作战目的,诚赖陛下之御棱威与上级统帅部之指导及友军之协力。"⑥

除了勅语和奉答外,以军队司令官名义撰写的,旨在向国内后方民众介绍战争过程的《战斗详报》也毫不吝惜笔墨地将战争的胜利归功于天皇的神威,如 1905 年 5 月以东乡平八郎的名义出版的《战斗详报》中这样写道:"我联合舰队能制胜,收如前期之奇绩之功,诚天皇陛下御棱威所致,固非人为之能也。"⑦

京都府告谕中那个作为创世神子孙的天皇,他虽然是日本人赖以生存的一切物料的最终拥有者,是前近代的"王土王民"思想体

---

① 柴田勇之助编:《明治诏勅全集》,军事篇,皇道事务所,1907 年,50 页。
② 柴田勇之助编:《明治诏勅全集》,军事篇,皇道事务所,1907 年,51—52 页。
③ 柴田勇之助编:《明治诏勅全集》,军事篇,皇道事务所,1907 年,64—65 页。
④ 柴田勇之助编:《明治诏勅全集》,军事篇,皇道事务所,1907 年,65 页。
⑤ 柴田勇之助编:《明治诏勅全集》,军事篇,皇道事务所,1907 年,125 页。
⑥ 柴田勇之助编:《明治诏勅全集》,军事篇,皇道事务所,1907 年,125—126 页。
⑦ 军令部编:《明治三十七八年海战史》,内阁印刷局朝阳会,1934 年,388 页。

系中的"王"。但他的"国土拥有"的根据是抽象的，是属于遥远过去的。接受了这种天皇形象的日本人与国家建立的"恩情—义务"的纽带也是抽象和遥远的。

明治政府通过甲午战争宣传而推出，通过日俄战争宣传而强化的近代现人神天皇，他的"御棱威"在日本现实存在的事务中发挥作用。明治政府希望灌输给人民这样的观念：对外战争的胜利与国民的幸福息息相关。天皇的神威能保证战争的胜利。因此日本人生活中一切福祉事业都能借由天皇的神威达成。

对于人民为何要服从国家的权威，明治政权的解释是：日本是天皇的国家，国家的权威即天皇的神威。既然人民的幸福生活最终须仰赖天皇的神威，那么服从国家、效忠天皇就是符合每个人利益的。

最终在天皇的神威下，人民和国家通过每一天进行的具体生产活动联系了起来。近代现人神的天皇已不再仅仅是人民效忠的对象，他还是名为"国家"的宗教信仰的对象。

四、结论

明治政府在维新之初，为了取得统治正统性而不得不依赖尊皇论的主张。尽管领导明治维新的主力是武士阶级，他们却抛弃了六百年武家政权的传统，尊天皇为唯一的最高统治者。其后，为了进一步巩固政权，明治政府一面将天皇装扮为西化的"开明专制"的实权之君，同时又向人民宣传天皇是创世神的子孙，日本人是居于"王土"的"王民"，理所当然应受天皇为首的明治政府的统治。

然而，随着西方文化不断东渐日本，"民权自由"、"立宪政体"逐渐为知识分子所主张。在文明开化的浪潮中，普通民众也开始意识到"王土王民"不过是封建时代的迷信，面对毫无改善甚至恶化的生活境遇，他们对政府的忠诚心也减弱了。在这样的背景下，不甘于放弃专制政治的明治政府，一面以各种法令禁止人民"不敬"

地议论天皇，一面利用甲午、日俄两场侵略战争的胜利制造保佑战争必胜的近代现人神天皇信仰。

近代现人神天皇信仰尽管也借用了《古事记》、《日本书纪》中"万世一系"、"天孙降临"等皇室相关的神话元素。但其信仰的核心是保佑皇军必胜的神威，这是明治政府的前所未有的创造。甲午战争以后，日本政府公文中多以"御稜威"一词形容天皇的神威。"稜威"一词最早见于《日本书纪》："且排分天八重云，稜威之道别而，天降于日向袭之高千穗峰矣。"① 按折口信夫的研究，"稜威指人所感受到的神的行为、意志的威力"②。"稜威"加上敬语接头词的"御"，组成的"御稜威"一词则是甲午战争后在军事相关的文书中开始使用的。"御稜威"集中体现了近代天皇信仰的双重特性：一是军事性，一是宗教性。

一般来说，近代民族国家在形成的过程中往往伴随世俗政权从宗教权威（如罗马天主教廷）的控制中的脱离，即世俗生活和宗教生活的领导权的分离。但是日本在建立近代民族国家时表现出了相反的动向，世俗政权为维持专制统治而与宗教信仰结合，日本人的世俗生活和宗教生活的最高领袖都是现人神的天皇。天皇的"神性"是日本政府政治统治正当性的依据，天皇的"御稜威"是战争胜利以及与其关联的世俗幸福生活的保证。在这种天皇信仰下的国家中，政治思想的基础决不是一般近代民族国家的社会契约学说。国家的权力不是人民赋予的，然而也不是近代以前一般的君权神授。近代天皇就是现实存在的神明，他的权力没有外在的赋予者，所以天皇的权力也没有被剥夺的可能。换成文部省直辖之"国民精神文化研究所"的法学家大串兔代夫（1903—1967）的说法："统治权并非因何人而获得，而是从现人神的天皇御本质中自然流出的

---

① 坂本太郎等校注：《日本古典大系 67 日本书纪》，上卷，岩波书店，1967 年，140 页。
② 折口信夫：《折口信夫全集》，第二卷，中央公论社，1965 年，123 页。

稜威的一种作用。……稜威即现人神的统治。"① 于是日本政府得到了空前稳固的统治正当性。

正如上文所述，明治政府将甲午、日俄战争的胜利作为现人神天皇的"神迹"而制造并宣传了近代天皇信仰。天皇保佑战争获胜而给日本军民以莫大的信心，所以这种被制造出的信仰一旦确立又成为新的侵略战争的思想动员基础。

九一八事变之后，服务于日本政府的国学家进一步对天皇的神威进行诠释。他们向人民宣传天皇作为现人神，他的神力并不限于生者的世界，"于显幽不二之精神世界皆可感到天皇之御稜威"②。日本人生时死后都是天皇的臣民，都要为天皇的朝廷牺牲贡献。在侵略战争中战死的"有功之臣"可以在靖国神社中得到天皇的犒劳。这即是日本政府所以能鼓动士兵头缠"七生报国"标语，以有组织、成规模的自杀式战斗挽回战争劣势的信仰基础。另外，九一八事变后对天皇神威的新诠释还包括现人神的天皇由于其优于其他国家领导的卓越性而理所当然地有统治他国的权力。"天皇的稜威辐射八纮……满洲皇帝以天皇稜威为依凭，行使权威平定了满洲国。"③

综上所述，日本近代天皇信仰是明治政府为巩固其专制统治，借由甲午、日俄两场侵略战争的胜利而制造出来的。这种战争中诞生的信仰又成为新的侵略战争的精神动力，将日本全体人力、物力整合为一台高速运转的战争机器，最终给日本人民带来深重的灾难。

---

① 神道研究会编：《神道研究（复制合本）》，第一卷，皇学馆大学出版部，1984年，136页。
② 神道研究会编：《神道研究（复制合本）》，第一卷，皇学馆大学出版部，1984年，135页。
③ 神道研究会编：《神道研究（复制合本）》，第一卷，皇学馆大学出版部，1984年，138页。

图书在版编目（CIP）数据

全球史中的东亚世界/商兆琦主编. —上海：上海三联书店，2020.12
（世界史论丛. 第二辑）
ISBN 978-7-5426-7316-9

Ⅰ.①全… Ⅱ.①商… Ⅲ.①东亚-历史 Ⅳ.①K31

中国版本图书馆CIP数据核字（2020）第265990号

全球史中的东亚世界

主　编／商兆琦

责任编辑／徐建新
装帧设计／一本好书
监　制／姚　军
责任校对／王凌霄　邓　珩

出版发行／上海三联书店
　　　　　（200030）中国上海市漕溪北路331号A座6楼
邮购电话／021-22895540
印　刷／上海惠敦印务科技有限公司

版　次／2020年12月第1版
印　次／2020年12月第1次印刷
开　本／710×1000　1/16
字　数／250千字
印　张／18.5
书　号／ISBN 978-7-5426-7316-9/K·626
定　价／70.00元

敬启读者，如发现本书有印装质量问题，请与印刷厂联系 021-63779028